国家出版基金项目
NATIONAL PUBLICATION FOUNDATION

良善司法的制度逻辑与理性构建

LIANG SHAN SI FA DE ZHI DU LUO JI YU LI XING GOU JIAN

江必新 ◎ 著

"十八大与法治国家建设"丛书
SHI BA DA YU FA ZHI GUO JIA JIAN SHE CONG SHU

深入学习宣传贯彻党的十八大精神主题出版重点选题
"十二五"国家重点图书出版规划项目
国家出版基金资助项目

中国法制出版社
CHINA LEGAL PUBLISHING HOUSE

总　序

　　人类很早就意识到法治与国家治乱兴亡之间的规律性关联。秦商鞅说，"以治法者强，以治政者削。"汉王符说，"法令行则国治，法令弛则国乱。"古希腊柏拉图也观察到，现实中的那些统治者能不能服从法律乃是决定城邦兴衰成败的关键问题。数以千计的历史年轮已经充分展现了这样一个规律：法治是迄今为止人类所能找到的治国理政的最好方式。然而，历经时空层层打磨后的"法治"二字，其内涵绝不仅限于字面。作为"规则之治"，法治塑造着人类生活的规范性、制度性和程序性；作为"法之统治"，法治要求法律规则的权威性、统一性和至上性；作为"良法之治"，法治内含了公平正义自由秩序等诸种价值；作为"程序之治"，法治强调程序的合法性、正当性以及程序相较于实体的优先性；作为"理性之治"，法治要求奉法者执中守正、辩证施治、莫走极端。法治所蕴含的从人类日常生活和历史实践中所积累出来的智识、思维、价值、信仰、模式、程序，深远而现实地影响着每一个人的生命和生活，左右着每一个国度以及民族的盛衰和荣辱，揖别人类的过往并祈祷着人类社会的未来。

　　党的十八大是中国法治建设的重要里程碑。以习近平为总书记的新一届中央领导集体，举"法治中国"为纲，张"法治国家、法治政府、法治社会与依法治国、依法执政、依法行政"为目，法治成为治国理政的基本方式，法治思维和法治方式成为新时期领导干部的基本准则，依法办事成为举国上下的第一遵循，科学立法、严格执法、公正司法、全民守法成为推进法治中国建设的宏伟阶梯，维护宪法法律权威、深化行政执法体制改革、确保依法独立公正行使审判权检察权、健全司法权力运行机制、完善人权司法保障制度成为法治改革的五大重心，法治理念、法治精神、法治思维、法治方式、法治文化、法治环境编织起法治中国的立体网络。这份决心和担当所诠释的共同体认是：法治是建设中国特色社会主义的重要内容，是党领导人民治国理政的基本方略，是实现中华民族伟大复兴的重要支撑，是如期建成小康社会的捷径快道。

毫无疑问，一个通过全方位法治化而实现国家治理现代化的中国正在熔炉中锻造。笔者以为，法治中国这一宏大命题比依法治国、依法行政等命题拥有更加丰富的内涵："法治中国"是人类法治文明成果的"继承版"，是法治国家建设的"中国版"，是中国法治建设的"升级版"。从依法治国到法治中国，是中国法治建设的一次极为重要的升级，是中国共产党探索治国理政规律的一个极为重要的成果，是中国政治文明进一步提升的一个极为重要的契机。佐证这个结论的是这样一些正在发生的细节性事实：中国正在经历从有法可依向科学立法、民主立法的提升，从强调法律体系和规则体系向强调理念、体制、制度、机制四位一体的提升，从倡行法律面前人人平等到力求权利平等、机会平等、起点平等的提升，从依法管理向依法治理的提升，从简单地强调政府严格执法向强调公正文明执法的提升，从规范执法行为向从行为到程序、从内容到形式、从决策到执行一体规范的提升，从事前授权、事后纠错的控权方式向建立权力运行的监督制约体系的提升，从注重私法权利向不仅注重私法权利而且注重公法上的权利保障的提升，从严格司法向公正司法的提升，从强调执法司法队伍建设向强调所有法治环境和法治条件改善的提升……据此必可期待，未来之治理必定滋养于法治，未来之中国必定享誉于法治的成就，未来之人民必定受益于法治中国建设的红利。

建设法治中国，仍需在规则治理上完成未竟事业，尤需在中国特色上凝心聚力，更要在制度建设上大展宏图；既要在"加快建设"上争速度，又要在"全面推进"上"舒广袖"，还要在有效治理上见成效。这无疑是一项重大而艰巨的时代任务。笔者深感，于法治中国建设方兴未艾之际，亟待进行系统研究和深挖细嚼，以彰显法治中国之精义，描绘法治中国之图谱，拓展法治中国之路径。有鉴于此，笔者搜几十年法学研究之思虑，索数十载政法工作之体验，不揣浅薄，于工作之余，梳理法治国家、法治政府、法治社会之宏旨，阐释良善司法、辩证司法、程序法治之大要，研究法治思维与法治方式之运用，探求法治中国之制度逻辑与构建方式，拢此八本为"十八大与法治国家建设"丛书一套，愿能藉此弘扬法治之精神，略陈法治建设之己见，以陋砖而引真玉，以个人短视而发方家之真言。

还记得儿时的夏夜，每当在屋外稻场纳凉的时候，祖母总是指着遥远的星空，让我辨识一个又一个的星座。从那时起，我就感到宇宙之宏大无穷，而个人之渺小不足道；人类对于真理的认识和接近太过于艰难。而此时，耳边又似响起祖母的教诲："好好学习吧，将来做一个对公家有用的人。"谨以此丛书献给我敬爱的、伟大的祖母——易诗秀老人!

　　本丛书入选国家新闻出版广电总局"深入学习宣传贯彻党的十八大精神主题出版重点选题"、"'十二五'国家重点图书出版规划项目",并获得国家出版基金支持。邹雅竹、蒋惠等帮助整理了部分文稿;我的博士后、博士生李春燕、刘润发、杨科雄、何君、王红霞、鞠成伟、张宝、刘耀辉、郑雅方、罗英、廖希飞、杨省庭、兰燕卓、郑礼华、刘琼、石毅鹏、蒋清华、曹实、贺译葶、张雨、邵长茂以及最高法院的梁凤云、李纬华、阎巍、周觅同志、北京高院的程琥同志、重庆高院的王彦同志、江苏高院的杨志刚同志、江西财经大学的方颉琳老师帮助整理了部分讲座录音稿,个别章节也有他们的合作参与(程琥、李春燕、王红霞、邵长茂等)。中国法制出版社总编辑刘时山、编辑马颖等同志在项目申报、文字审校和最终出版方面付出了辛勤劳动。没有这些深情支持和热心帮助,就不能有这套书的面世,在此谨致以衷心感谢!

　　是为序。

江必新

甲午仲夏于地坛寓所

目 录 CONTENTS

绪　　论

什么司法是最好的或良善的司法？司法机关应当如何应对人民群众日益增多的司法需求？如何实现党和人民所期望的司法状态？这是司法机关和司法人员不能不回答的问题。

党的十八大对司法机关和司法工作提出了一系列更高的要求；人民群众对司法机关和司法工作寄予了越来越多的新的期待；各级司法机关为人民群众提供了越来越丰富的司法产品。这一切，为我们回答上述问题创造了条件。

提出良善司法要求的必要性和重要性主要表现在以下几个方面：

提出良善司法的要求是建设法治国家、构建和谐社会、落实科学发展观的必然要求

就建设法治国家而言，司法的良善不仅是法治国家的重要组成部分，而且是法治国家其他要件得以实现的重要保障。就构建和谐社会而言，没有良善的司法，不仅无法在全社会实现民主法治和公平正义，而且诚信友爱、充满活力、安定有序、人与自然和谐相处等基本特征也难于实现。就落实科学发展观而言，任何追求单一目标的司法都不是科学发展的司法；没有良善的司法做保障，科学发展观也难于落到实处。

提出良善司法的要求是满足人民群众日益增长的司法需求的迫切要求

随着体制的转轨和社会的转型，人民群众对司法的需求，无论在广

度上还是在深度上都发生了重大变化。这些司法需求，无论以何种形式表现出来，总的来说是要求愈来愈高、内容愈来愈丰富，而且是多种价值并存，甚至是要求"鱼"和"熊掌"兼得。在这种情势下，如果司法机关仍然以单向度的思维、单一的价值追求和极其个性化的工作要求来加以应对，就无法满足大众的司法需求。

提出良善司法的要求是克服司法方面的价值单一、价值偏向和价值扭曲的必然选择

经验告诉我们，单向度的思维、单一的价值追求容易发生价值偏向和价值扭曲；而具有偏向或扭曲的价值既不能全面发挥作用，也不能持久。而良善司法要求司法机关和司法人员尽可能地满足人民群众多元的司法需求，实现多种价值的整合与平衡，这无疑有利于克服形形色色的价值偏向和价值扭曲现象。

提出良善司法的要求是提升司法新境界、为司法发展提供强大牵引力的重要举措

一个成熟的司法体系必然有一个成熟的司法理想，实现司法的新发展必须有新的发展目标。良善司法是人们关于司法的理想和愿望，是司法的高级境界，是评价司法活动和司法行为的普适性标准，是特定社会关于司法的价值体系。提出良善司法的要求意味着给司法提出了更高要求，树立了更高标准，这必然有助于提升司法的新境界，给司法的发展提供一种强大的牵引力。

古往今来，人们关于司法理想状态的描述不尽相同，不同时代、不同国家、不同种群、不同文化的人对司法有着不同的看法和观念，但这并不排除人们对司法的应然状态或理想形态会有某些相同的期待和愿望。正是这些相同的期待和愿望，构成了良善司法的基础和基本要义。总结这些共同的期待和愿望，观察我们所处的时代要求，以及我国的主流价值观和国情，拟对良善司法的基本要义做如下归纳：

（一）公正司法

公正司法是良善司法的核心要素和价值，在良善司法中占据主导或支配地位。司法失去公正就绝无良善可言。但何谓公正，仁者见仁、智者见智。在中国传统文化中，通常将公正与公、正、平、直、中、义等概念联系起来，并用无私、无偏、无颇、无曲、无滥等实践理性对公正加以具体阐释。在西方传统文化中，主张实质公正者，则往往将公正同正义、公平、平等、正当等概念联系起来，并用人的自然理性、自然法则或神意等加以说明和演绎；主张形式公正者，则强调依法司法或遵守正当或法定程序，并用主权者的命令、多数人的意志、多数人的最大利益等加以阐释。

在笔者看来，理想的公正司法应当做到合法性与正当性的统一，具体说来需要做到实质公正与形式公正的统一、实体公正与程序公正的统一、形象公正与实际公正的统一、客观公正与主观公正的统一、个案公正与社会公正的统一、现实公正与历史公正的统一。在依法治国的今天，司法必须以法律为准绳，但由于法律具有天然的局限性、不完善性和滞后性，必须以实质公正的理念弥补形式公正之不足；只有具有高度正当性的程序才有可能导向实体公正，在程序法治不完善和程序的操作缺乏正当性的情况下，必须高度重视实体公正的要求；实际公正和客观公正无疑是最为重要的，但要使公正被当事人和社会所理解，要尽可能地让这种公正以当事人能感知、看得见、可理解的方式、形式、路径和表象实现；公正本身具有一定的相对性、历史性，因而在处理案件时，既要注意个案公正，又要注意社会公正；既要注重现实公正，又要注重历史公正。

（二）规则司法

在依法治国的语境下，规则司法具有可预测性强、预见度高等优势，愈来愈受到重视。规则司法即严格依照法律规范进行司法，它要求司法必须服从规则之治；要求司法行为必须规范化；要求司法裁判必须以法律为准绳；要求司法处理的结果必须有明确的导向，以增加人们的可预测性。

（三）廉洁司法

廉洁司法既是公正司法的保障，又是司法所必须具备的品质。不廉洁的司法即使是公正的，公正也被铜臭所腐化，被腐败所销蚀，为国民所不齿，为君子所唾弃。

廉洁司法意味着实行严格的收支两条线，司法收取的任何费用与司法保障完全脱钩；意味着案件本身不包含司法主体或司法人员任何个人或小集团的利益；意味着司法人员在任何时候均不得接受当事人、代理人或请托人应允或给予的与司法工作有关的任何好处；意味着司法人员不得参与任何有可能影响司法廉洁性或有可能对司法人员的廉洁性产生合理怀疑的活动。

（四）廉价司法

只有当司法是廉价的时候，司法才可能成为全体国民均可利用的司法，人民群众才有可能成为正义、平等、公平等价值的消费者。昂贵的司法不仅使司法成为富人的特权，而且使弱势群体的权益失去司法的保障。

廉价司法必须是高效率的司法，案件久拖不决不仅会"使貌似公正的审判变成一场骗局"（列宁语），而且使当事人的境况雪上加霜，应当尽可能地在不妨碍实体公正的获得的前提下，缩短司法的周期。廉价司法应当是低成本（包括物质成本和精神成本、显性成本和隐性成本、直接成本和间接成本）的司法，并且应当在国家和当事人之间公平合理地分配这些成本。廉价司法还应该是程序便捷的司法，应当在确保程序正当与合法或者在实体公正得到保障的前提下，尽可能地给程序参与人提供便利。

（五）和谐司法

从本质上说，司法是一种寻求和谐的治理机制，和谐是司法的内在精神。司法的直接目的是定分止争、除暴安民，恢复原有的社会关系和社会秩序。在构建和谐社会的语境下，和谐司法显得尤为重要。如果司法的结果不能缓和冲突、协调关系、增进团结、促进友爱，甚或加深矛盾、破坏和谐、引发更大的冲突，则显然与司法的目的和精神相悖。

和谐司法要求司法以"无讼"、"刑期无刑"和"以杀止杀"为目标；要求司法主体既相互制约，又相互协调；要求司法过程和平而有秩序地进行；要求在足以实现司法秩序的目的的前提下尽可能地减少司法强制手段的运用；要求尽可能以和谐的方式了结争端，使争议得到实质性解决；要求案件处理结果具有和谐导向并能够最大限度地促进社会和谐。

（六）人本司法

以人为本的执政理念必然要求司法以人为本。司法如果背离以人为本的理念，必然成为酷虐的帮凶和暴政的走卒。

人本司法意味着最大限度地满足人民群众的司法需求，把维护人民权益作为根本出发点和落脚点，着力解决人民最关心、最直接、最现实的利益问题，为人民安居乐业提供更加有力的法治保障和法律服务；意味着最大限度地维护人的尊严、保护人民群众的基本人权，实现司法的人道主义，高度重视文明司法，力戒粗暴作风和野蛮行为，严禁对当事人、犯罪嫌疑人实行非人道待遇；意味着对所有诉讼参与人实行人文关怀并尊重其基本权利，尤其要高度重视对弱势群体的生存照顾和权益的特别保护；意味着司法过程及裁判结果有利于促进人的自由、人的发展和人的完善，有利于"把人的关系还给人自身"。

（七）民主司法

在民主政治的语境下，在以人民群众当家作主为重要内容的法治国家语境下，精英司法已经显得不合时宜，而民主司法的理念将会大行其道。

然而，民主司法并不意味着每一个案件都由大众来决定，或者裁判结果完全由舆论所左右。民主司法是实现人民意志和根本利益的司法，是具有高度透明度或能见度的司法，是公民理性而有序参与司法过程（如陪审、旁听）的司法，是在可能情况下充分尊重当事人选择权的司法，是实行多数决但又尊重少数人意见的司法，是司法机关及司法人员自觉依法接受理性监督的司法。

（八）修复性司法

修复性司法是指一个特定侵害的相关各方集聚在一起，以积极的态度处理和解决该侵害所致现实后果及其对未来产生积极影响的过程。修复性司法所修复的对象是被害人、加害人和社区，其内容包括财产损失、人身伤害、安全意识、尊严、权利意识、民主、和谐和社会支持，等等。

修复性司法的基本目标是：尽可能满足被害人和其他受到违法犯罪影响的人在经济、情感和社会方面的合理需要；创造加害人融入社会的条件并防止其重新违法犯罪；促使加害人对其行为主动承担责任；重建一个有利于加害人回归、被害人康复的主动预防违法犯罪的社区环境；等等。

修复性司法要求高度关注受损害人的损害及其补偿；要求司法机关积极修复因犯罪或侵权而被破坏的社会关系；要求对受司法程序损害的人给予补偿或赔偿；要求司法机关在实施制裁或惩罚时充分考虑违法犯罪者回归社会的需要。

（九）权威司法

司法没有权威，犹如不燃烧的火、不发光的灯、不长牙齿的老虎。没有权威的司法，不仅无法履行其职能，而且会失去人民群众的信任；

不仅使司法无立足之地，而且使法律丧失权威。

权威司法要求司法在国民心中具有崇高的公信力，对法律规范的严格执行力，对被侵害权益的有效救济力，对违法犯罪的强大遏制力，对党和国家大局和中心工作的充分保障力，对社会风气的明确导向力以及对司法裁判的极强的实现力。

司法的权威主要来源于司法的公正、高效等品质，但并不是具有公正高效品质的司法就一定或当然具有权威。要树立司法的权威，必须进行特别的制度安排。

（十）能动司法

司法不能过分主动，因为司法必须坚持"不告不理"的中立立场，必须遵循私法自治原则和当事人对自己权利的处分，否则就混淆了司法权与行政权的界限，就有可能丧失中立立场，失去当事人对司法过程和裁判结果的信任。但司法也不能过分被动，因为"徒法不足以自行"，司法过程决不像"自动售货机"那样输入法律就可以自动得出裁判结论，尤其是在转型社会的转轨时期，在法律的正当性、科学性还不可能十分理想的情况下，过度消极或者过度积极的司法都不具备良善性，而适度能动的司法不仅是必要的，而且是有益的。

适度的能动司法要求法官最大可能地实现司法程序的正当性，而不是简单地法律规定多少程序就遵循多少程序；要求法官最大限度地实现当事人各方在事实上的平等或对等，而不是简单地一视同仁、平等对待；要求法官尽最大可能发现客观真实，而不是简单地停留在按证据规则办事的阶段；要求法官更加精准、全面地理解适用法律规范的精神，而不是局限于法条而机械司法；要求法官最大限度地实现法律效果与社会效果的有机统一，而不是顾此失彼，甚或两者皆失；要求法官充分发挥审判能动作用，与党和国家大局保持合理、良性的关系，而不是孤立办案，无视司法的社会属性。

实现良善司法，须注意处理好几方面关系：司法需求的无限扩张与司法资源有限性；公正价值与其他价值；形式正义与实质正义；纠纷解决与规则治理；道德感化与强制适用；和谐司法与权威司法；打击制裁与保障人权；法律效果与社会效果等。

实现良善司法是一件极不容易的事情，但我们不能因为艰难而放弃。只要我们不断强化良善司法的基本理念、构建良善司法的基本制度、形成良善司法的监督机制、建设良善司法的司法队伍、成就良善司法的社会环境，我们就会不断接近这一宏伟的目标！

第一章　论司法理念

一、司法理念及其定位

（一）何谓司法理念

理念一词源于古希腊文，原意为形象，英文为 idea，意为一种理想的、永恒的、精神性的普遍范型。西方哲学家曾从不同的角度加以使用，或指思想的理念，或指客观的理念。柏拉图认为理念是一种离开具体事物而独立存在的精神实体。① 中世纪经典哲学称理念为共相。康德认为理念是一种超越经验的概念，称为理性的理念，必须设定的理想。② 黑格尔称之为一种客观的理性或精神。③

关于司法理念，学术界做过比较深入的探讨，但没有形成统一的认识，归纳起来存在五种不同的观点。第一种观点认为，司法理念是关于

---

① 参见全增嘏主编：《西方哲学史》，上海人民出版社 1983 年版，第 134 页。柏拉图认为善的理念是理念世界的顶峰，是最高的本体，认识不过是对理念的回忆。他所谓的"理念"是指理智的对象或理解到的东西，是对理念的客观唯心主义本体论的解释。

② 参见［德］康德：《纯粹理性的批判》，商务印书馆 1995 年版，第 1 页至第 2 页。康德在"泛论理念"一节中对柏拉图的"理念"进行详细的评析后，特别论述了"理念"对"制定宪法及法律"的作用。

③ 参见［德］黑格尔：《法哲学原理》，范杨、张企泰译，商务印书馆 1961 年版，第 1 页至第 3 页。黑格尔认为，法学就是法哲学。"法的理念，即法的概念及其现实化"。法作为精神的东西，它的确定地位和出发点是意志，正如重量是物体的根本规定，自由则是意志的关系，是其根本规定，所以他明确指出"法的理念是自由"。

司法的理想和观念；第二种观点认为，司法理念是关于司法的基本理论和观念；第三种观点认为，司法理念是关于司法的基本价值、基本追求；第四种观点认为，司法理念是关于司法的基本指导思想或者指导性的观念；第五种观点认为，司法理念是关于实现司法公正应当具备的必要条件和基本条件。对于司法理念存在不同的表述、不同的认识，各有侧重，均有其道理。笔者认为，从根本上看，司法理念属于一个民族特定的法律观念和法律文化范畴，是历史长期积累和沉淀的产物。司法理念是指导司法制度设计和司法实际运作的理论基础和主导的价值观，也是基于不同的价值观、意识形态或文化传统，对司法的功能、性质和应然模式的系统思考。同时，司法理念作为司法实践的指南和实现司法公正的价值基础，是司法活动的重要组成部分，体现在司法体制、司法组织、司法程序中，并直接作用司法人员，成为司法实践的重要因素。总之，司法理念是一定时期、一定阶段、一定地域的人们关于司法的基本观念、基本理论或者基本价值的总和。

(二) 司法理念的必要性

司法理念产生于一定的社会物质条件之上并受之制约，但是司法理念的发展变化并非与一定社会物质条件的发展变化同步。有一种观点认为，在过去几十年里司法审判工作没有讲什么理念，司法审判工作照样进行，近几年强调司法理念，其效果并不太好，司法权威并没有因此而树立，审判质量并没有因此而提高，相反涉诉信访却越来越多。总之，要不要司法理念成为一个疑问。笔者认为，司法理念有其存在的独立价值，具有以下五个方面的理由。

第一，应然与实然的非同一性。任何时代，对法律制度或司法制度都存在应然和实然判断。应然判断是指某一个制度或事物应该如何，它反映人们对该问题的价值和追求，是一种理想、期盼和期望；而实然判断是指客观现实、事物是怎样的、实际情况如何。应然和实然是一对矛盾，它在法律制度或司法制度中不仅客观存在而且将永远存在。历史上，对于法律制度的应然性和实然性，基于不同的研究视角，出现了不同的法学流派，通常把从应然角度进行研究的流派称为自然法学派或者新自然法学派等，当然其还有不同的分支；从实然角度对法学、司法活动进行研究的，通常称为实证法学派，与之相关的还有其他一些法学派别。这两种现象在司法实践中是不可能终结的，是会永远存在的。

第二，制度设计和构建对理念的需求性。任何制度设计和构建总需要有一定的理念作为先导，总要有一定思想然后见诸于行动，特别是我国的政治、经济制度正处于改革进程中，司法制度本身不完善，还需进一步进行改革。要进行改革，首先必须要有改革的蓝图，需要明确改革的方向。固然，摸着石头过河是一种改革的方法和路径，但是成熟、理性的改革，总是需要先有规划和预期的目标。

第三，法律规则的不完善性。任何法律体系、法律规范都不可能绝对完善，有其滞后性、局限性和不完善性。在此情况下，作为良好的、理性的、良善的司法，其重要的职责不是依葫芦画瓢，扩大或者放任其不完善性，而是在尽可能的范围内弥补它的不完善性。鉴于弥补法律规范不完善性命题的提出，就必须考虑如何弥补，按照何种模式、何种标准、何种观念进行弥补。所以，要弥补法律规范的不足，必须有理念作为指导。

第四，自由裁量的不可避免性。任何法律规范都不可能不给执法者和司法者留有一定的自由裁量空间，在现实社会生活极为复杂、变动极为频繁的情况下，指望某一部法律把任何一件事情规定得天衣无缝是不可能的。要正确地实施自由裁量权，就必须有一个正确的司法理念作指导。

第五，司法实践中发挥作用的自觉性。不管司法理念的称谓如何，不管人们是否发现自身是否以某种司法理念指导行动，客观上每个法官在审理案件时，都在自觉或不自觉地遵循着某种理念，并指导自己的审判行为；不管人们是否意识到，但客观上都有一只"看不见的手"在指挥人们的行动，这只"看不见的手"实际上是一种理念，就是所谓的正义感和良心。所以，司法理念在司法实践中总是客观存在的，理性的、正确的研究和把握司法理念，对搞好司法审判工作，尤其是院长、庭长们积极进行司法管理，处理重大、复杂案件都是非常必要的。

二、关于对若干司法理念的反思

前些年，学术界和实务界对司法理念进行了广泛探讨，提出了各种各样的司法理念，详细划分可能有几十种。例如，公平正义、公开透明、效率效果、平等对等、独立中立、法律至上、消极被动、形式正义、权利本位、职业化与专业化、终局性与既判力等。相当一部分的司法理念如公平正义、公开透明、注重高效和注重效果、当事人地位平等和对等，经过理论的探讨和实践的检验是正确的，是符合国情的，是应该坚持的。但是，某些理念因为理解的不一致，没有做出清楚、明晰的界定，而学术界和学者做了不适当的演绎和扩大，甚至个别理念被不正确地理解，或者产生了误解，或者在产生、确立、主张时就缺乏完整性，加之有的理念本身不完整，或者概括得不准确，因而对其产生不同的意见和看法，实践中也出现了一些不正确的做法。因此，有必要重新进行梳理，重新进行反思，进一步重构或重建。所谓重构或重建，就是重新规定其内涵和外延，重新确定其相关的思想体系和内容，重新建构贯彻实施其应有的配套制度。笔者认为，主要是审判独立、审判中立、法律至上、消极被动、形式理性、权利本位、职业化与专业化、终极性与既判力等理念需要重构或重建。

（一）关于审判独立的理念

1. 审判独立的本来含义

联合国和 WTO 的一系列文件中使用了"司法独立"这个概念，例如，1948 年联合国大会通过并颁布的《世界人权宣言》第 10 条规定，"人人完全平等地有权由一个独立而无偏倚的法庭进行公正的和公开的审讯，以确定他的权利和义务并判定对他提出的任何刑事指控"。1966

年联合国大会通过的《公民权利和政治权利国际公约》第 14 条第 1 款中规定，"所有的人在法庭和裁判前一律平等。在判定对任何人提出的任何刑事指控或确定他在一件诉讼案中的权利和义务时，人人有资格由一个依法设立的合格的、独立的和无偏倚的法庭进行公正的和公开的审讯"。又如，1985 年召开的第七届联合国预防犯罪和罪犯待遇大会通过了《关于司法机关独立的基本原则》，于同年 11 月 29 日获得联合国大会批准。① 该文件指出，对于它的基本原则，各国政府应在国家立法的范围内考虑并针对会员国，确保和促进司法机关的独立而拟定的基本原则，并提请法官、律师、行政和立法机关人员、公众注意。在"司法机关的独立"部分第 1 条规定，"各国应确保司法机关的独立，并正式载入本国的宪法和法律之中，尊重并遵守司法机关独立是各国政府机构及其机构的职责"。1995 年 8 月在北京召开的第六届亚太地区首席大法官会议通过的《司法机关独立基本原则的声明》中有如下规定："司法机关依其对事实和法律的理解自由作出判决，不受来自任何方面直接或间接的不当影响"、"国家应当保证司法机关独立，并由宪法和法律予以规定"、"法官在作出裁决的过程中，机关级别和等级的差别均不得干涉法官个人或法官合议体……自由宣判的权利。"这些法律文件中都规定了有关司法独立的原则和精神。但应当明确，资产阶级有其自己的司法独立观，是代表其阶级利益和价值的。作为社会主义国家，一定要注意与资产阶级司法独立观，特别是与"三权鼎立"模式下的"司法独立"划清界限。我国的司法理念，笔者认为最好是表述为审判独立。第一，体现了国际文献中的一般含义。第二，与我国的宪法规定更加吻合，"人民法院独立行使审判权"是我国的宪法原则。第三，采用司法独立的表述，从字面上容易被误读为司法机关独立于立法机关和党的领导；采用审判独立的表述，被引起误解的可能性小，更加稳妥。

---

① 经联合国大会 1985 年 11 月 29 日第 40/32 号决议及 1985 年 12 月 13 日第 40/146 号决议审核认可。

2. 审判独立具有正当性，是应当坚持的理念

（1）与世界各国一样，审判独立是我国的一项宪法原则。我国宪法和相关法律作了明确规定。如《中华人民共和国宪法》第 126 条规定："人民法院依照法律规定独立行使审判权，不受行政机关、社会团体和个人的干涉。"《中华人民共和国刑事诉讼法》第 5 条规定："人民法院依照法律规定独立行使审判权，人民检察院依照法律规定独立行使检察权，不受行政机关、社会团体和个人的干涉。"《中华人民共和国民事诉讼法》第 6 条、《中华人民共和国行政诉讼法》第 3 条、《中华人民共和国法官法》第 1 条和第 8 条、《中华人民共和国人民法院组织法》第 4 条也有类似规定。[①] 从上述规定来看，审判独立原则在我国不仅被确认为一项宪法原则，同时也是一项司法组织原则和诉讼活动原则。

（2）审判独立是联合国和 WTO 的文件所明确要求和规定的，而且其中相当一部分文件为我国所承认和接受，是我国法律渊源的重要组成部分，对司法机关具有约束力，是人民法院应当执行的依据。

（3）审判独立是实现公正司法的重要条件，而且是一个必要条件。"法治有时被称为法律的最高原则，它要求法官制定判决时，只能依据现有的原则或者法律，而不得受随意性的干扰和阻碍。"[②] 国际社会之所以突出强调审判的独立性，是因为它是人类几千年的经验总结，审判机关要实现公正就必须具有独立性，法院和法官必须独立的作出判断。

（4）国际社会对审判独立看得非常重要，审判独立是国际社会的

---

① 《中华人民共和国民事诉讼法》第 6 条："民事案件的审判权由人民法院行使。人民法院依照法律规定对民事案件独立进行审判，不受行政机关、社会团体和个人的干涉。"《中华人民共和国行政诉讼法》第 3 条："人民法院依法对行政案件独立行使审判权，不受行政机关、社会团体和个人的干涉。人民法院设行政审判庭、审理行政案件。"《中华人民共和国法官法》第 1 条："为了提高法官的素质，加强对法官的管理，保障人民法院依法独立行使审判权，保障法官依法履行职责，保障司法公正，根据宪法，制定本法。"第 8 条，法官享有下列权利：……（二）依法审判案件不受行政机关、社会团体和个人的干涉。《中华人民共和国人民法院组织法》第 4 条："人民法院依照法律规定独立行使审判权，不受行政机关、社会团体和个人的干涉。"

② 《布莱克法律辞典》第 1196 页。

共识，是国际司法界的共同语言，皆认为没有司法独立就没有司法公正；如果我们否认、不接受、不承认司法独立原则，就会缺乏共同语言，丧失建立经济交往的基础，让人心存疑虑，特别是对于投资者，因为在 WTO 规则中，几乎每一个单独的规定中都要写上"救济"，凡是发生纠纷，必须给予救济。如何救济？必须要独立的司法机构给予救济。所以，WTO 文件中不厌其烦地反复重申，凸显国际社会把审判独立当作权利救济的一个必要条件。否则，就认定没有司法保障。

（5）马克思也使用过司法独立这个概念，他批判资产阶级的司法独立，主要批判的是其虚伪性，而不是不要独立。马克思指出，资产阶级立法本身就是偏私的，独立的司法就没有意义。从这个角度看，马克思并不是反对司法独立，而是认为"三权鼎立"模式下的司法独立有其局限性，应该创造出更好的结构形式来保障司法的独立性。

3. 正确理解审判独立的内涵和外延需要注意的几个问题

（1）正确界定审判独立的本质和目的。审判独立所追求的目的是实现司法公正，审判独立是实现司法公正的手段，即公正是第一位的，独立是第二位的；公正的价值高于独立的价值。独立的价值不能高于公正的价值；审判独立本身不是目的，审判独立是一种最重要的途径，是一种保障，是一种手段。1982 年 10 月 22 日的国际律师协会在印度新德里举行的 19 届联会上，通过的《关于司法独立的最低标准》中强调，法官应享有身份独立及实质独立，身份独立指法官的条件及任期有适当保障，以确保法官不受行政干涉。实质独立是指法官执行司法职务时除受法律及良知的约束外，不受任何干涉。所以，独立的目的是不受干涉，实现公正。总之，独立不是目的，是手段；不是第一性的，而是第二性的。

（2）审判独立的实质是确保法官不受任何干涉，确保法官只受法律和良知的约束。不受干涉本身不是目的，进一步说明法官要服从法律，要受法律和良知的约束。应当注意的是除了法律以外还有良知。良知是一种正确的、善良的道德情感。法官服从法律、受法律和良知的拘束是第一位的目的，防止干涉、不受干涉是第二位的目的。

（3）审判独立并不排除依法接受监督和领导。审判独立不仅不能排斥党的领导，而且不能排斥人民代表大会及其常委会的监督，它们之间不存在根本冲突。首先，联合国大会规定审判独立只是一个条件。如联合国《世界人权宣言》第10条规定："人人完全平等地有权由一个独立而无偏倚的法庭进行公正的和公开的审讯，以确定他的权利和义务并判定对他提出的任何刑事指控。""独立而无偏倚"的表述表明宣言没有把独立当成全部或唯一的价值，同时要求无偏袒。无偏袒就是要公正，进行公正和公开的审判。从联合国文件规定本身讲，独立并不是公正的充分条件，只是一个必要条件，这一点与我们的经验相符。即使审判案件时不受任何干预，由于法官自身存在偏私，其道德素质和业务水平不高，同样也可能做出不公正的判决。因此，审判独立只是实现公正的一个条件，不是充分条件、全部条件。要实现司法公正还必须有其他条件，监督就是一个重要条件，它有利于防止权力滥用，有利于防止具有独立性的司法审判人员、司法机关的滥用职权。因此，要牢固树立接受监督的意识，要自觉接受人民群众的监督，确保司法权按人民的意志运作。要牢固树立自觉接受党的领导的意识，高度重视权力机关监督、政协的民主监督作用；要主动通过各种方式听取人民群众对司法审判工作的意见和建议，及时了解社情民意；要确保司法过程的公开透明，以便接受当事人和社会的全程监督；要正确对待舆论监督和人民群众的批评意见，不能以保持中立性、独立性为由排斥合法监督或拒绝听取正确意见。

（4）审判独立并不一定要求司法、立法、行政机关在形式上形成三权分立的格局。从WTO的文件中可以看出，审判独立并不是要求司法机关表面或形式上是独立的，如果司法机构表面上不独立，但实质运作是独立的，法官能够做到独立审判、不受干涉，确保案件公正审理，同样符合加入WTO的条件，不能认为外在形式上司法机关没有完全独立，就不批准其加入WTO。如果这样，20世纪的英国就不能加入

WTO，因为当时英国的司法机关在外在形式上没有完全独立于议会（只是近年来才进行改革）。

（5）审判独立并不意味着可以摆脱、排斥党的领导。审判独立与党的领导之间不是非此即彼、水火不容的矛盾对立关系，而是相互促进的辩证关系。党的领导主要是通过对国家政权的领导来实现的，而司法权本身就是国家政权的一个重要方面。事实证明，党的领导是审判独立的重要保障，在本质上有利于公正审判。当然，党也要尊重司法工作的规律和特性，自觉地在宪法和法律范围内对司法工作进行领导，而不能对司法工作进行非法干预。在个别地方特别是在基层，存在着干预审判的情况，需要进一步改善党的领导，建立更为合理的机制和制度确保公正审判，但不能以此来否定党的领导。

（6）审判独立并不意味着可以忽略社情民意。人民法院审理案件时应充分考虑社情民意。任何法官裁判案件、实施自由裁量权、解释或适用法律、认定事实时都会受到各种因素的影响，如果这个因素是正当的，法官应当考虑。审判独立并不是说法官可以不考虑任何因素，机械地适用法律，事实上也不可能。法官裁判案件必须考虑各种因素，关键这些因素属不属于应当考虑的范围。如果考虑这些因素，有利于实现法律效果和社会效果统一，法官裁判案件时是不能拒绝考虑的。对于社情民意，不能因为审判独立完全不予考虑。对于社情民意是否正确、是否理性、是否符合时代发展潮流要进行认真的辨别，对于符合时代特征的，符合时代发展潮流，符合主流价值观，符合广大人民群众根本利益的，应当充分予以考虑；对那些不理性、不成熟、不正确或者是落后思想观念影响造成的，要做细致的思想工作并进行正面引导。尽管有的社情民意存在不足或缺陷，在某些特殊的情况下，一旦不予考虑可能严重危害社会稳定，危及民族和国家根本利益，也必须予以适当考虑。不理性的社情民意可能会带来一些负面影响，但是在某些特殊的情况下，它会带来更大的民族利益、国家利益、政治利益。

（7）审判独立并不排斥上级法院对下级法院的监督指导。过去将审判独立界定为司法机关不仅要独立于其他国家机关，而且还要独立于上级司法机关，这无疑具有一定的合理性。但是认为上级法院不能监督下级法院的审判，上级法院完全放弃监督和指导的职责，不想也不愿加强对下级法院审判工作的监督和指导，则有些矫枉过正。这种态度和做法将监督和指导完全体现于个案的审理中，当事人上诉、申诉后，上级法院通过审理案件予以监督和指导，表面上是增强了下级法院的独立性，但引发了相同情节、类似事实的案件，而判决结果不同或者相差很大，甚至有时一个判有罪，另一个判无罪；一个判死罪，另一个判无罪的情况，使社会误认为法院判案没有"谱"，没有统一标准。事实上，从另一个角度极大地损害了司法的权威性，损害了法律的严肃性。所以，除了通过案件的审理来加强监督和指导外，有必要建立上下级法院共识机制，对案件审理外的其他方面加强监督和指导。当然强化上级法院的监督和指导，决不能回到上级法院对下级法院随意发号施令，随意指手画脚，随意干预干涉案件的审判，从而事实上取消当事人的上诉权、申诉权的情形。

（8）审判独立并不意味着院长、庭长们放弃司法管理的职责。审判独立并不意味着院长、庭长可以消极无为，听任法官滥用职权。审判独立意味着法官要独立于他的上司，这无疑是正确的。一些地方过分强调法官独立而完全否定或取消院长、庭长的司法管理权，导致一些院长、庭长发现案件明明判得不公也不敢指出来，害怕被认为是干预审判，其结果造成大量涉诉上访案件，部分案件还申诉不止、上访不止。有的地方甚至完全取消审判委员会讨论案件的制度，认为审判委员会讨论案件是妨碍法官的独立审判，造成某些案件处理不合理、不公正，现在还得花更多的精力予以纠正。当然，实践中也有某些案件由于院、庭领导不当干预而成为错案的。如何加强管理？笔者认为，应当按照司法审判的规律，充分尊重法官的自主裁判权，在不影响法官独立审判的前提下加大管理力度，最重要的是既要尊重司法规律，又要杜绝行政化的管理方式。一是院长、庭长不能命令合议庭或主审法官执行其意志。行政首长负责制是行政管理的特征，行政首长拥有最终决策权，其他工作人员在一般情况下应当服从行政首长的意志。但司法审判是主审法官、合议庭负责制，院长、庭长不能以行政命令的方式来进行管理。二是不能简单地以少数服从多数方式决定案件。审判案件必须坚持"以事实为依据，以法律为准绳"的原则，也就是说，无论是审判长联席会议还是审判委员会讨论案件，首先必须弄清事实，弄清应当或可以适用的法律规范，与会人员要在事实和法律都十分清楚的基础上进行表态。三是办理案件时一定要严格执行法定程序和正当程序。由于我国目前还没有统一行政程序法，行政领导处理问题可以更多的考虑实体正义，最后由行政首长拍板。根据行政法的发展趋势，将来行政管理工作都要按照行政程序法规定的程序办事。在司法领域，即使院长、庭长对案件处理的意见实体上是正确的，也应按照法定程序办事，不能简单地把院长、庭长的意见直接作为裁判依据。只有在主审法官或合议庭认为院长、庭长的意见正确，接受院长、庭长意见，才可以将院、庭领导的意见作为合议庭的意见写入裁判文书中。在案件评查中，经常发现合议庭笔录记录的内容与裁判主文不一致，经了解，原来是在合议庭合议后，报庭领导审批时，庭领导发现案件处理存在问题直接进行了调整，或者召集合议庭成员进行讨论，合议庭赞成庭领导的意见，未经合议庭复议并记录在案，直接就裁判文书内容进行了修改。严格讲这种做法是违反正当程序的，是不正确的。

（二）关于审判中立理念

1. 审判中立理念的概念及本质含义

审判中立是指法官应在案件各方当事人之间保持一种超然或无偏袒的态度和地位，不得对任何一方存有偏见或予以歧视，也不得袒护任何一方当事人。审判中立是获得诉讼当事人信任的源泉，也是法官得以作出公正裁判的基础。法官在诉讼中只有以中立的态度对待诉讼各方，诉讼各方才能确信自己受到了公正对待，才可能相信经此诉讼程序产生的诉讼结果是公正的。审判中立与审判独立既有联系又有区别，既有相同点又有区别点，有各自特殊的内涵。审判独立侧重于要求法院和法官不受外界的干涉，确保司法审判人员只受法律和良知的约束；审判中立侧重于要求法官在当事人之间保持一种中立状态，与当事人保持一种等距离，目的是确保法官不偏不倚，确保当事人不受歧视、不被偏袒。

2. 实践证明，审判中立理念具有正当性，是应该坚持的理念

第一，审判中立是公正裁判的重要条件。如果法官在一个案件的当事人之间不保持中立，人为地偏袒一方或者歧视一方，这个案件的裁判结果很可能是不公正的。第二，审判中立是反对歧视、反对偏私的一个重要规则和重要法宝。要克服偏私和歧视，就必须坚持审判中立理念。司法实践中，人情、关系、权势、金钱是影响司法公正的主要不良因素，人情案、关系案、权势案、金钱案是公正审判的大敌，是最需要加以重视，最需要加以克服的问题。第三，审判中立不仅是国际司法的基本准则，同时也是中华民族司法审判重要的精神遗产。在 WTO 一些规则中非常强调审判的中立性，反对歧视、反对偏袒是 WTO 有关权利救济的规则最为关注的问题。中华民族传统文化中强调所谓"中庸之道"，"中"即是中立，所谓"公正"也通常被定义为"无私为之公，不偏为之正"；公是相对于私而言的，正是相对于偏而言的。公正含义中一个重要的价值就是要不偏袒、不歧视任何人。第四，审判中立是法律面前人人平等原则的自然延伸。法官如果不保持中立，偏向一方当事人，就不可能实现诉讼中的平等，也不可能对诉讼当事人平等对待。

3. 要正确把握审判中立的内涵和外延

对审判中立的理念也要注意准确地把握其内涵和外延，以防止可能出现的理解和行动上的偏差。因此，需要处理好以下几种关系：

第一，处理好坚持审判中立与注意司法的政治性的关系。不能把审判中立同司法审判的政治性和司法审判讲政治完全对立起来，特别是在当今司法审判中，法治和政治是不能截然分开的。司法体制是国家政治体制的重要组成部分，司法活动是国家整个政治活动的重要组成部分，不可能摆脱政治的影响。对于司法活动是否应当或可以考虑政治因素，存在不同的认识。一种观点认为，要坚守司法中立就不能讲政治，就不能在司法审判中过多地考虑政治因素，否则，事实上就是不中立。甚至有人主张，凡是有党派背景的都不能当法官，也当不好法官。可见，该种观点就是反对政治加入司法或者是反对法官在司法审判中考虑政治因素。另一种观点认为，司法审判有必要考虑政治因素，甚至有极端的观点认为，要政治挂帅、政治领先，认为司法审判先要考虑政治因素然后再考虑法律因素。笔者认为，司法审判绝对不考虑政治因素，超乎于政治因素或完全考虑政治因素都是不可取的。即使在一些标榜司法独立、标榜司法绝对中立的国家里，法官们处理案件总会直接和间接地考虑政治因素，总会直接和间接地受政治因素的影响。如美国的法官在处理一些重大案件时通常把政治因素放在重要位置。特别是在审理违宪审查案件时更是如此。从英国大法官丹宁勋爵的著作中我们也看到，他在处理大要案时也常常会考虑政治因素，在分析案件时，往往法律因素并不是他关注的焦点，通常从政治的视角予以判断和解决。所以，司法审判完全脱离政治因素是不可能的。但是，法官判案完全只考虑政治因素不考虑法律因素，是绝对不可取的。把政治因素作为判断案件的唯一标准，置法律标准于不顾，案件处理的效果就不会好，很可能造成在法律适用上的不平等，并且影响法律的确定性、安定性和稳定性。在法律的框架内，考虑政治效果、考虑政治因素，不仅是应当的，而且是必要的。笔者不主张一般情况下超出法律的规定和范围，过多考虑政治因素，但在特殊的情况下，要进行价值和利益衡量。如何处理好此类问题？现代社会已经发明了一整套的机制，或者通过法律解释防止政治因素与法律规范直接冲突；或者通过司法审查、违宪审查，把不适当的法律规范或者有缺陷的法律规范进行过滤和排除，避免政治因素和法律规范本身的冲突。总之，我国要建立缓解政治因素与法律规范冲突的机制，通过机制解决好司法中立性与司法政治性的关系。

第二，处理好审判中立与服务大局的关系。审判中立与服务大局在本质上是一致的。所谓服务大局，就是指服务于党和国家工作的全局和所追求的宏伟目标。司法审判和服务大局的关系，表现为合法性与合目的性的关系。任何国家的司法审判都存在合法性与合目的性的关系，合法性与合目的性既存在一致性又存在冲突。笔者认为，合目的性是第一性的，合法性是第二性的。因为法律满足人的需要，人的需要才是第一位的目的，才是最高层次的价值。法律是实现目的的手段，是实现目的的一种途径、一种路径。合法性本身不是最高的价值。合目的性与合法性的权衡，不同的社会有其自身的判断标准。法治社会与专制社会的重要区别点除了目的的正当性之外，还有追求目的时是否按照合法的路径、方式和手段去实现。专制社会、人治社会有时也会追求一些善良目的（专制社会、人治社会所追求的目的并非都是恶的），但采用的方法是非法治的。法治社会强调通过合法的手段方式实现正当目的，这正是法治社会的精髓。通常情况下，合法性与合目的性可能是一致的，但也会出现两者之间完全背离、冲突的情况。能不能丢开法律直接去实现目的？这涉及是实现人治还是实现法治的问题。从利弊角度进行理性处理，可能会取得共识，即如果合法性不是严重违反合目的性时，要尽可能服从合法性；在法律的范围内要尽可能考虑目的性的需要；满足目的的要求，也就是在法律的范围内考虑党和国家工作大局，是完全可能的，也是十分必要的。在法律本义与目的明显冲突，与党和国家工作大局明显不适应时，可以通过对法律的解释，正确理解法律，揭示法律的立法精神，让其适应目的的需要，适应党和国家工作大局的需要。在许多情况下，法律文字的表面含义与大局相冲突，但实质含义与大局不冲突，当然就应当选择其实质含义。法律解释方法中的目的解释，就是要求在理解法律规范条文时，要从立法者所追求的目的进行理解，然后阐释法律条文的含义。因此，在绝大多数情况下，对法律条文进行正确的解读，就可以使司法审判与党和国家工作大局保持一致性，这是缓解合法性与合目的性冲突的重要办法。当合法性与合目的性确实发生冲突时，如果法律规范本身存在缺陷和不足，并非目的出了问题，如法律本身与宪法原则、宪法精神相抵触，或者与上位法相抵触，只能通过法定程序送请有权机关，使存在缺陷和不足的法律失去效力，不让其进入实施过程。目前我国不能通过人民法院进行司法审查予以违宪确认，只能通过送请有权机关进行解释和确认的方式予以解决。通常是送请上一级行政机关、权力机关或者最高行政机关、立法机关进行解释和确认。总之，在宏观方面，法官办案指导思想要做到与时俱进，要"强化大局观念"，审判工作"必须服从和服务于执政兴国的第一要务，必须始终围绕党和国家的工作大局。"在微观方面，法官在办案中不仅要考虑案件的具体情况、当事人的请求，还要兼顾经济发展，顾及社会效果，力争做到法律效果与社会效果的有机统一。

第三，处理好中立性与帮扶弱者和司法救助的关系。审判中立追求的目的就是要确保当事人双方处于一种对等或者平等的地位，这就意味着不能对一方当事人给予特殊照顾，不能对一方当事人提出特殊要求。但是，当一方当事人明明处于弱势，不能平等地、对等地进行诉讼时，法院和法官有无进行帮助的必要？笔者认为，如果客观现实本身不平等、不对等，法官有责任帮助一方当事人让其真正处于平等和对等的地位，这与审判中立所追求的目的是一致的，不存在矛盾和冲突；过去过分强调审判中立，不敢对弱势的一方进行救助和帮助，是不正确的。

第四，处理好审判中立性与法官行使释明权的关系。审判中立的实质目的是为了保证当事人双方的对等、平等，在平等的平台上进行相互的攻击和防卫，确保和平解决争端的环境，这就要求这种平等一定是在高度透明状态下的平等，一定是在信息对称状态下的对等。如果双方当事人信息不对称，事实上不可能做到平等和对等。如果一方当事人了解法律或有能力请精通法律的律师，而另一方不懂法律也无能力请高水平的律师，存在对法律规定本身不理解，对诉讼程序不了解的情况，法官完全有责任进行解释，使双方当事人对此问题都具有同等程度的理解和了解，使双方当事人对某一个诉讼行为所引发的法律后果有同等程度的认知，这样双方当事人才会理智地处分自己的权利，理智地选择自己的诉讼行为。所以，审判中立与法官正确行使释明权不存在冲突和矛盾；相反，法官正确行使释明权正是实现审判中立的必要条件之一。

第五，处理好审判中立与法官正确行使指挥权的关系。审判中立与法官有效的行使指挥权、组织好庭审活动是不冲突的。审判中立要求法官、合议庭能够有效地组织、指挥庭审。如果不行使指挥权，不能有效地控制法庭，诉讼进程操纵在某一方当事人手中，或一方当事人违反法庭纪律，法官充耳不闻，视而不见，放任某一方当事人操纵法庭审理的进程，其诉讼结果和前途就很可能对操纵方有利，与审判中立理念所追求的目的相背离。所以，法官应当充分有效地行使指挥权，确保当事人的权利平等和诉讼顺利进行，从而使合法的权益得到保护。

4. 消极被动的理念

司法的消极被动是指司法活动自启动开始到结束整个运行过程，只能根据当事人的申请包括申请行为和申请内容进行裁判，而不能主动启动司法程序或擅自变更当事人的诉请内容。法国学者托克维尔在考察美国司法权时，把消极被动性作为司法的重要特征之一，认为司法权只有在当事人有所请求的时候，或者只有在审理案件的时候，它才采取行动。从性质上讲司法权自身不是主动的。如果它主动出面以法律检查者自居，那它就有越权之嫌。[①] 理论界对消极性、被动性也存在不同的认识。笔者认为，消极性、被动性在一定程度上存在合理性。一是有利于保护当事人自由处分诉讼权利和实体权利；二是有利于使法官处于超然地位，防止偏袒或歧视；三是有利于当事人各方对裁判过程和结论的认同，增强司法的权威性。

但"消极被动"这一词在汉语中是一个贬义词，容易发生误解。从诉讼规律看，审判机关审理案件，应当不告不理，有诉才理；诉什么审什么，申请什么裁判什么；没有起诉就不能审理，不能扩大审理范

---

① ［法］托克维尔：《论美国的民主》（上卷），董果良译，商务印书馆 1991 年版，第 110 ~ 111 页。

围，也不能扩大裁判范围；不能像行政机关一样相对人没有申请或举报也可以主动调查，更不能像企业一样主动想办法挣钱。从这个意义上讲，消极被动具有合理性与正当性。但笔者认为可以直接采用"不告不理、非请不裁"的表述取代"消极被动"的概念。因为首先"消极被动"有过度概括之嫌，换一种说法，可以避免产生误解，也避免产生不正确的导向。其次，不能过分的恪守传统意义上的消极被动性。应当知道，司法的"消极被动"说在最近几十年间也受到了一定的质疑，特别是美国现实主义法学出现后，著名大法官卡多佐（Benjamin Nathan Cardozo）主张的不是消极被动主义而是司法能动主义，英美法系国家进行司法改革，不仅不拘泥于被动主义，反而在理论上突破一些传统观念，改革过分消极的诉讼体制和过分消极的诉讼模式，让位于司法的能动主义，他们主张强化法官的主动性、能动性，避免给当事人带来旷日持久的诉讼，避免当事人在事实上的不平等，避免强势主体操纵诉讼过程。最后，司法的变动性与法律的稳定性之间是一对永恒的矛盾。司法面对的总是不断变化的现实，而法律相对于社会现实而言却是滞后的，这就造成了司法和法律的紧张关系，在此种情况下，究竟是采纳司法主动的理念还是司法被动的理念确有反思的需要。我国处于社会转型时期，人民法院经常面临着纷繁复杂的纠纷案件，如何有效地予以化解，维护社会的和谐稳定，显得极为重要。由于立法的僵化或不周延，司法能动主义也有其使用价值。考虑到"被动司法"过于消极，而"主动司法"有违反司法规律之嫌，"能动司法主义"也有能动之普遍化绝对化之弊，故笔者认为采用"能动司法"的理念比较恰当。

5. 形式理性的理念

"正义是社会制度的首要价值，正像真理是思想体系的首要价值一样。"[①] 所谓形式理性是指正义的外在表现形式——规则，包括伦理、法律规则等等，而不涉及正义的内在价值范畴。对一个案件的处理是否

---

① ［美］罗尔斯：《正义论》，何怀宏等译，中国社会科学出版社1998年版，第1页。

公正，不可避免地存在两种不同的评价标准。一种是从形式角度进行评价，另一种是从实质角度进行评价。有人认为，凡是符合法律规定的就是公正的，这种公正是以法律规定作为标准进行判断的，是一种形式公正。问题在于法律本身是否公正，有的法律是公正的，有的则不公正。法西斯制定的消灭犹太民族的法律公正吗？当然是不公正的。"文革"时期的"公安六条"也是不公正的。所以，不能确定按法律规定办事就是绝对公正的，但可以认定按法律规定办事只是一种形式公正。实质公正的标准是什么？人们对此有不同的认识：有人认为满足人的需要，符合最大多数人的利益的就是公正的；有人认为满足自由的价值就是公正的，有人认为满足平等的价值就是公正的。因此，实质公正就是以实体价值作为标准，符合一定的实体价值观、价值理念、价值标准，就满足了实质合理性的要求。一个理想的公正价值标准是既符合法律规定又符合实质正义，也就是既符合形式公正又符合实质公正，既满足形式合理性的要求，又满足实质合理性的要求。如果只符合法律规定，不符合实体正义价值，只是形式公正；如果只符合实体正义价值，或与主流价值观一致，但与法律规定不一致，只是实质公正。在司法实践中，处理好形式的合理性（或正当性）和实质的合理性（或正当性）的关系非常重要。在中国，相当长的时期，特别是人治时期，审判案件首先依据的不是"法"，而是"情理"。说明传统中国的法律理念是崇尚实质公正或实质合理的。

实质合理性固然有其合理的一面，但往往难于捉摸，因为每个人都有自己的价值观和价值偏好，在这种情况下，遇到价值冲突时，要么由"人主权断"，要么以最终裁决者的是非标准为标准，往往走向擅断主义。因此，在现代法治成为主导当代中国法治实践的基本意识形态后，人们在认识到实质理性的弊端之后，很容易表现出对形式合理性的青睐，甚至从偏颇的一端走到偏颇的另一端，过分强调形式正义、形式公正。严格依法办事，强调法律至上，主张"法官除了法律就没有别的上司"等都是追求形式合理性的要求。当然，如果法律规定完全符合实质正义，那么形式公正和实质公正是统一的；如果法律脱离实质公正、实质正义，脱离正当性，脱离主流价值观，形式公正与实质公正就会发生冲突。从理论上对形式合理性做最充分、最完美的、最完备论述的是德国法社会学家马克斯·韦伯，他把"合理性"作为一种社会学理论，将其分为形式合理性与实质合理性两种类型。形式合理性主要被归结为手段和秩序的可计算性，是一种客观合理性；实质合理性则基本属于强调目的和后果的价值，是一种主观合理性。① 在我国，一些学者主张形式合理性优于实质合理性，形式公正优于实质公正，进而推导出普遍正义优于个案正义、法律真实优于客观真实、程序公正优于实体公正，合法性优于合目的性、合法性优于正当性等结论。由于过分强调形式理性，也带来一些消极后果：有的案件处理表面上符合法律规定，或在程序上合法，但实体上或实质上不公正，当事人不接受，群众不理解，群众与法院和法官的判断形成极大的反差，出现了诸多法律效果与社会效果极不统一的情形。

到底应当如何处理形式合理性与实质合理性的关系呢？笔者认为，从总体上讲实质合理性应当优于形式合理性。有学者认为，形式合理性优于实质合理性，但必须满足两个必要的前提：一是实质合理性已经在立法时全部解决，即所有的立法在实质上都是完全合理的；二是形式合理性也在立法中完全解决，所有的立法也都符合形式合理性的特点。笔者认为，由于立法的局限性、不完善性和滞后性，前述两个前提是难以实现的。现实中的法律很难完全或百分之百地体现实质和形式合理性，不可避免地存在缺陷和不足。正因为不具备上述前提，根据现代司法的特殊历史背景，应更多地强调实质合理性。当然强调实质合理性不能脱离法治的轨道，实质合理性应尽可能地通过形式合理性来实现，正义要尽可能通过法律规范来实现。如果有的法律本身也存在缺陷和不足，要

---

① ［德］马克斯·韦伯：《经济与社会》（下卷），林荣远译，商务印书馆1997年版，第372~402页。

通过一定的机制使之失去效力，采用规范性的方法，按照一定的规则和程序，由特定的机构予以解决，而不是每个人都可以随意以自己所主张的实质合理性来否定法律规范。另外，实质合理性的相对性、多元性也不是绝对的，并不是完全不能把握的，总是能形成一定的共识，具有一定的共性。不能完全认为实质理性都是无法掌握的、无法统一的，如此将陷入不可知论。因此，一定要注意处理好普遍正义和个案正义、法律真实和客观真实、程序公正和实体公正、合法性和合目的性、合法性和正当性等相互之间的关系。一定要注意处理好实质正义与形式正义的关系。应当明确，人们所追求的终极价值是与实质正义联系在一起的，不能不处于优越地位；程序正义、形式理性是工具、手段，不能不处于次要地位。法律理性绝非形式理性发展的完美阶段，纯粹的形式合理性极易陷入只重视手段不重视目的，只关注事实不关注价值，只强调形式不强调内容的泥潭，从而不可避免地走向"深刻的片面"。唯其如此，将形式理性与实质理性相结合，才是最为理想的完美类型。客观地讲，现实中否定党的领导，拒绝人大的监督，坚持资产阶级司法独立观的法官是极个别的。但相当一些法官在司法理念上出现一些偏差的情况客观存在，亦不可否认。这种偏差在很大程度上是过分崇尚形式理性忽略实质理性而造成的。因此，应当对这个问题进行深入探讨。

6. 法律至上的理念

马克思说过，法官除了法律以外，不应该有任何别的上司。对于法官，法律应该是其唯一绝对的服从对象。法官必须崇尚法律，尊重法律。司法权威从根本上说来源于法律的权威。为保障法律权威，法官应当遵从程序法和实体法来审判每一个案件，奉法律为基本的行为准则，忠于法律，只有这样才能树立真正的司法权威。遵守法律是法官的一种基本的职业道德。在现代社会里，法官实际操作着法律机器，保障社会机制的有效运作，必须通过相应的法律程序确定和解决社会纠纷，根据法律来说理和裁判。同时，法官被当作法律秩序和社会正义的守护者，整个社会的法治状态在很大程度上要依赖于他们的工作。如果作为法官没有法律至上的理念，就无法促使社会大众也对法律有所信仰，建造社会主义法治国家就可能成为天方夜谭。因此，法律至上是重要的司法理念，具有正当性，是应当继续坚持的原则和理念。

超越真理一步，真理或许就成了谬误。坚持法律至上的原则，需要注意以下几点：第一，法律至上是自由资本主义时期，资产阶级开始登上历史舞台的最初几十年间提出来的。资产阶级登上历史舞台最先是对议会的占领，议会是立法机关，资产阶级要把它的意志变成国家意志，实现它们的根本利益，必须强调法律至上。在当时强调法律至上就是强调资产阶级的意志至上，可见，法律至上的提出本身带着浓厚的阶级利益色彩。一旦资产阶级全面占领国家政权和机器后，其政策也发生了一些变化，英国、法国的历史都给予了证明。资本主义进入垄断阶段后强调法律至上的声音不高了，也显得稀疏了，其原因在于资产阶级已全面控制国家的政权，不仅控制了立法权、行政权，而且控制了司法权，强调法律至上对资产阶级已没有太多的价值。第二，二战以后，人们普遍认识到法律确实存在良法和恶法之分。德国法西斯发动第二次世界大战消灭犹太民族，都是通过制定所谓法律实施的。战后无论纽伦堡审判还是东京审判，战犯们都用依法行事、执行命令进行辩护，都认为执行议会的法律可以免责，这引起了全世界人们的反思：恶法是不是法？结论是恶法不仅不是法，更不能至上。第三，在宪法体制下，法律必须符合宪法。宪法是国家的根本大法，在法治国家，宪法和法律不是同一概念。法律再至上也不能高过宪法。基于这些原因，二战后法学界研究的重点发生了变化，关注点已不是法律的至上性，而是强调对立法机关的控制，对法律进行合宪性审查或司法审查。二战以后，民主的一个很重要的增长点是防止多数人的暴政。要防止一些人利用代议机构对少数人实施暴政。第四，"法律至上"的理念是近代的产物，而现代司法理念，强调法律的正当性，法律的合目的性，法律的合正义性。第五，在美国，很少强调法律至上。在所有的国家中，美国对立法的控制是最严格的。在建国前夕，北美殖民地受英国殖民者的压迫，不能自主行使立法权。英国殖民者通过立法来控制海外殖民地，剥削殖民地人民，如征收苛重的印花税等。因此，美国建国后非常注意对立法权的制衡。

总之，对于"法律至上"的理念要作辩证分析，一方面，这一理念在当今世界已经发生很大变化；另一方面，法律本身不可避免地存在缺陷，不能绝对化。既然有缺陷，就需要用其他价值进行补充，其中合目的性、合正义性就是很重要的价值补充。

7. 权利本位的理念

权利是人类文明社会所具有的一种实质性要素。它既是人的基本价值追求，也是社会文明演化进取不可缺少的力量。从古希腊、古罗马开始，人们就认为法应体现和实现人的公平、正义、自由、权利、人道等体现人类共识的基本理念。马克思主义法学并不否定法的人文精神，只是批判揭穿了历来统治阶级的虚伪性和欺骗性：仅仅用公平、正义、自由、权利、人道等人类崇高理念来装饰点缀自己的法律，企图模糊人们的视野，麻痹人们的意志，从而达到自己非人道的目的。马克思主义学说认为，社会主义法律不仅要体现和实现公平、正义、自由、权利、人道，而且要把以往历代统治阶级口口声声宣称要实现却从来没有实现过的上述人类崇高理念加以真正实现。社会主义法就是要还人以权利、给人以尊严，真正把人的世界还给人本身。

以权利为本位还是以义务为本位，在我国法学界引起了广泛而热烈的讨论，有学者赞成义务本位，有学者推崇权利本位，且各有道理和说服力。然而两者所考察的基点和站立的角度各不相同，因而得出不同的结论也是自然的。义务本位站在实在法的角度，以实在法作为其考察基点，强调法律是维护社会秩序的工具；而权利本位站在应然法的角度，以应然法作为其考察基点，以法的价值作为导向，强调人类的平等、自由和民主。

笔者认为，立法和司法是以权利为本位，还是以义务为本位，应关注以下几个方面的问题：第一，要从发展的角度看待权利本位。权利本位论高度重视人的权利，高度重视人权的保护，有其正当性、合理性，但也存在局限性。权利本位严格地讲不是现代而是近代的司法理念。资产阶级刚刚登上历史舞台时，控制着大量的财产权，在经济上占有优势和强势地位，但在政治上没有权力，封建政权总是利用手中的权力侵害资产阶级的财产权。因此，当资产阶级登上历史舞台后，首先将人身权和财产权等列为基本权利，并高度重视权利的保护。二战以后，特别是社会法学派兴起后，西方思想的主流比较强调社会连带关系，重视社会利益和公共利益。传统的权利本位已经显现出其弱点和缺陷。现代西方的立法，已经逐渐从权利本位向义务本位转化，至少是更加注重义务的因素，或者说已经不是纯粹的权利本位了，而更多的是强调权利和义务并重。当然应该承认有相当一些国家还是把权利放在比较重要的位置上，权利与义务相比权利更占优势，但权利已不完全占据绝对支配地位。第二，从现实情况来看，只强调权利本位，不强调义务，不强调权利和义务的一致性，不强调权利和义务的对等性，既不利于培养负责任的公民，也不利于和谐社会的构建。马克思主义学说强调权利与义务的对等性，强调权利与义务的一致性，具有其真理性和正当性。事实上，在当今世界上不存在简单的、绝对的权利本位。第三，确定权利和义务的地位时，一定要注意历史条件。马克思主义学说强调权利永远都不能超出它所处的社会和经济文化的结构，同样具有真理性和正当性。权利有其不断发展的过程，权利保护也有其发展过程。对权利的保护不能超越历史发展阶段、超越于国情、超越于现实。

8. 司法职业化和专业化的理念

司法是保障社会正义的最后一道防线，法官作为社会冲突的最后防卫者和解决社会矛盾的裁判者，也决定了其必须由高素质的人担任。这是过去反复强调的。当前还有没有必要继续强调司法的职业化和专业化，笔者认为，司法的职业化和专业化具有正当性，还必须继续坚持。

第一，中国目前还处于"建立法治"向"深化法治"过渡的阶段，法官职业队伍的建设尚处在初级阶段。法官职业化、专业化不仅是实现公正、高效的需要，也是权威司法的基本要求。提倡法官职业化和专业化，从根本上说，是为了保障严格执法、公正裁判，逐步满足建立公正、高效、权威的社会主义司法制度的要求。

第二，司法审判工作不是完全凭自然正义、自然理性所能担当的。法律理性是一种特殊的理性，与自然理性是有区别的。也就是说，不是任何一个人都可以简单地凭着自然的公平、正义观念和良知，就可以很好的执行法律。英国大法官爱德华·柯克（Coke）有一段经典论述，他在与英王詹姆士一世就国王可否亲自坐堂问案这一问题争辩时说："的确，上帝赋予陛下丰富的知识和非凡的天资；但是陛下对英格兰王国的法律并不精通。涉及陛下臣民的生命、继承、动产或不动产的诉讼并不是依自然理性来决断的，而是依人为理性和法律的判断来决断的；法律乃一门艺术，一个人只有经过长期的学习和实践才能获得对它的认识。"这段话成为英美法系中对法官专业化要求的经典论述，对我国也有很强的借鉴意义。

第三，随着市场经济体制的建立和社会的发展，现代社会生活日趋复杂，起诉到法院的案件日趋复杂，法律的社会使命随之亦发生了相应的变化，法律规范、法律体系也变得更加具有抽象性和普遍性，法律规范随着社会关系复杂而复杂化。正如马克思指出："社会不是以法律为基础的，那是法学家们的幻想。相反地，法律应该以社会为基础。法律应该是社会共同的、由一定物质生产方式所产生的利益和需要的表现，而不是单个的个人恣意横行"。① 通常认为，法官是社会正义最后的守护神。作为法官首先就要具备足够的法律知识、司法经验以及社会生活经验。英国大法官爱德华·柯克（Coke）曾经说过："法律是一门艺术，它需要经过长期的学习和实践才能掌握，在未达到这一水平之前，任何人都不能从事案件的审判工作。"② 法官的高素质对司法公正的保障作用是不言而喻的。一个法官的法律素养的高低、审判业务熟练程度

---

① 《马克思恩格斯全集》（第6卷），人民出版社1961年版，第291~292页。
② ［美］罗斯科·庞德：《普通法的精神》，唐前宏等译，法律出版社2001年版，第42页。

和日常生活经验是否丰富，对于其能否分辨各种证据的真伪，能否合理推断出案件的真实情况，能否准确地适用法律至关重要。如果法官不经过专门的学习，不经过专门的训练，就难以完全掌握相关法律知识，难以养成法律思维习惯，难以应对纷繁复杂的案件。

第四，司法活动本身是仪式性的，需要具备一定的心理素质，并非谁有能力作出一个正确的判断，能够坚持真理，就有资格当法官。司法的程序性、严肃性和权威性，是审判程序得以和平、顺利进行的重要条件，是确保当事人地位平等和司法裁判得以实现的保障。此外，司法活动还涉及程式化、形式理性等问题，这些知识有必要通过职业化和专业化获得。

第五，我国在相当长的时间里，特别是"文革"时期，否定法治的正当性，真正懂得法律的人太少，真正具有法律专业知识的人更少，要提高司法审判的质量和效率，不提倡职业化和专业化，就难以满足司法审判的需要。

从西方法治发达国家推进法官职业化建设的情况看，法官职业化朝着专业化方向发展，容易产生脱离社会和民众的现象。因此，有必要对司法的职业化和专业化进行界定，注意它的社会化以及亲和力，确立正确的法官职业化和专业化理念。

第一，不能把职业化等同于精英化。有一种观点似乎认为职业化就是精英化，这是不正确的。随着我国的法律职业制度改革和完善，将逐步形成一整套独特的法律职业标志、法律职业意识、法律职业语言、法律职业知识、法律职业伦理、法律职业思维方式、法律职业的行业组织以及法律职业在社会中形成独立的阶层。但与精英化，特别是与国外的精英化是有区别的，我们也不能走到国外精英化道路上去。

第二，不能把职业化等同于司法神秘主义。实现职业化要避免司法神秘主义。要防止和克服所有的纠纷都只能由法官处理，其他人都不能参与的错误倾向；要防止和克服缺乏法律知识的人既不能参与司法审判活动，也不能监督司法审判活动的错误倾向。司法审判有其专业性的一面，但同时也有社会性的一面。每个人都有可能作为当事人中的一个角色，参与到诉讼关系中来。

第三，不能用司法的职业化排除或抵制司法民主。在现代社会，司法活动是一项具有职业化的专门性活动，法官必须具有较高的政治素质、业务素质和道德修养。同时，司法活动必须坚持司法的群众路线，克服职业偏向，努力拓展人民参与司法的渠道，充分发挥人民在解决社会纠纷中的作用，充分保障人民对司法的知情权和监督权，努力改进司法作风，以增强司法的民主性。一些国家的治安法官就不需要法律专业背景，具备一定条件的普通百姓都可以充当。在英国，70%的案件是由治安法官处理的。多样化解决纠纷机制也是司法民主化的体现，所以不能用司法的职业化来削弱司法的民主化。

第四，不能用司法的职业化来否定群众路线。中华人民共和国的第一任最高法院院长沈钧儒对此有专门的论述，他说："人民司法工作，是依靠人民、便利人民、为人民服务的工作，人民司法工作者应该全心全意为人民服务；因而群众路线是人民司法的一个基本问题。"[1] 坚持司法群众路线，但决不能像"文革"时期那样搞群众专政。

第五，不能以司法的职业化为由淡化亲民作风。司法职业化要求更加注重司法的亲民便民利民，应当有服务意识、亲民意识，文明而礼貌的对待当事人，关注民生、尊重人权，此外，还要尽可能降低当事人的诉讼成本。

第六，不能以司法的职业化为由使用群众听不懂的语言。司法审判不能完全使用法言法语，要注意使用群众语言，要用当事人能听得懂的语言进行解释说服和宣传，以增强语言的沟通能力，增加服判息诉的机率。

总之，既要坚持司法的职业化、专业化，但又要防止走向官僚主义、脱离群众的道路。

---

① 沈钧儒：《沈钧儒文集》，人民出版社2004年版，第661页。

9. 司法的既判力和终局性

司法是解决社会纠纷的最终途径；判决是法院解决纠纷的最后手段，是诉讼活动的结果，是法律权威的载体。既判力是指业已确定的终局判决所具有的拘束力。它最早源于罗马法上的"一案不二讼"和"一事不再理"原则，要求在法院的判决确定后，无论该判决有无误判，当事人不能在后诉中提出与前诉判决中所判断的事项相反或相冲突的主张和请求，法院也应当排除违反既判力的当事人的主张和提出的证据。也就是说，禁止当事人和法院对终局判决所确定的事项再行起诉和重复审判；同时，后诉法院应当尊重前诉法院的判断，其审理和判断应当以产生既判力的前诉判断为前提。判决效力的价值主要体现在：维护司法权威、法的安定性、社会稳定、诚实信用、保障人权和节约诉讼成本。因此，司法的既判力和终局性具有其正当性。

无论是在立法层面还是在司法层面，既判力都是一个令人感到较为生僻、深奥的法学概念，有关既判力的一系列理论并不为立法者和司法者所熟识，一些人对判决效力的理解往往只是停留在较为肤浅的层面，而很少从既判力的角度深入予以考察。在社会上，人们对既判力和终局性的理解不尽相同，特别是业外人士往往对它望文生义，认为法院判了就不能改动，法院错判了也不能纠正，错了就一错到底，这不是既判力和终局性的本来含义。既判力和终局性有特定的含义，是指对于已经作出的确定判决，其他的判决、行政机关的决定，领导和首长的指示等均不能与它相冲突。也就是要求对业已确定的终局判决尽最大可能维持其稳定性和确定性，禁止任何人随意宣告终局判决无效或擅自加以改动；如果认为终局判决确有错误，只能按照法定的程序变更或撤销该判决，然后作出与之不同的决定。总之，在一个确定的裁判文书没有被法律程序撤销的时候，其他任何判决、决定、指示都不得和它相冲突。否则，就会造成法治的不统一。那种认为，所谓尊重既判力，是指不是严重的错误就不要纠正，可纠正可不纠正的就不要纠正的说法是不正确的，至少是不准确的。

从根本上说，既判力是维护国家法治的安定性和司法裁判的权威性的一项不能不坚持的制度，是司法裁判终局性原则最核心的体现。维护法院裁判的既判力就是维护司法权威，在我国也就是维护法律的权威，就是维护社会的秩序和安定。但司法权威主要来源于裁判的公正性，没有公正就谈不上权威，脱离公正的权威是没有生命力的。由此，裁判的既判力必须建立在公正裁判的基础上，这也符合我国关于维护当事人合法权益与实现社会公平正义诉讼制度的根本目的。如果维护错误判决的既判力，那只会损害司法权威，给当事人带来的是伤害和绝望。应当建立科学的纠错机制，使真正损害当事人实体权益的裁判得到切实纠正，从而使人们坚信即使是错案也总会得到纠正。不能用既判力和终局性拒绝合法监督和依法监督，也不能仅仅寄希望于或求助于司法的既判力和终局性维护司法的权威性，应当着力提高司法质量，要从源头上构建司法既判力和终局性的根基，以公正高效来提升司法的权威性和公信力。

三、对建构司法理念的几点认识

重构当代中国的司法理念，应当根据建立"和谐社会"的要求和中国国情的实际进行，大体上分为两种路径：一是根据我国自身的司法审判实践，总结出一般规律，加以提炼和升华；二是借鉴或移植境外的司法理念。

如何构建我国的司法理念，笔者认为需要注意以下十个方面的问题：

第一，必须正确界定每个司法理念的概念及其内涵和外延。如果概念及其内涵和外延界定得不清楚，就容易发生认识上的混乱和偏差，就可能会带来认识上的不一致。

第二，司法理念既要有一定的超前性，又不能完全脱离社会现实和国情、社情。司法理念如果完全拘泥于现实，就丧失了理念的应有价值，就起不到引领作用；司法理念如果完全脱离现实，脱离国情和社情，也只能是空中楼阁或空气震荡。

第三，任何价值都具有一定的相对性，不能将某一理念绝对化。跨越真理界限一步，真理可能就成了谬误。要坚持两点论，要注意防止一种倾向掩盖另一种倾向。

第四，任何司法经验都有一定的地域性和条件性，不能孤立和简单地移植。机械地照搬和移植他国的司法理念，对其形成的文化背景和经济社会条件视而不见，其结果必然是由于受传统法律文化的排斥，而无法在司法实践中有效地发挥作用。事实上任何一种观念，任何一个经验都是有一定条件和地域性的，在借鉴时一定要研究其生存条件，研究其生态环境，然后进行整体或系统移植，即不仅要移植观念、移植结论，还要创建相应的条件和土壤。

第五，要注意理念的普遍性与特殊性。借鉴或移植境外司法理念，需要区分两种情形：一是对人类法治社会所应当共同遵循的司法基本规律，不为某一国特殊国情所限制的司法理念，如审判中立、当事人法律地位平等、审判公开等理念，基于这些基本规律的内在属性，无需进行彻底重构，只是在适用方法上进行某些调整；二是对在特定社会中存在并发挥作用的司法理念，应当进行深度改造以适合本国国情。这些司法理念的运作总是与一定的司法环境和条件相联系，如果移植至异质的司法环境，则可能会出现"水土不服"，应当进行适应性的改造。

第六，司法理念的完善和发展是非直线的，往往呈螺旋式的发展轨迹。任何理念要真正得到发展，往往要经过正反两面事实的考验，因而其发展路径往往是呈螺旋式的，往往表现为否定之否定。马克思主义辩证唯物论告诉我们，矛盾是发展的动力，对立统一是发展的基本形式，发展往往是向对立面的转化。我国古时候道家讲"一阴一阳谓之道"，就是这个道理。朝一个方向笔直发展，就可能碰壁，很可能走向反面。

第七，理念必须接受实践的检验，并在实践中发展和完善。实践是检验真理的唯一标准。理念是否正确，要由实践（或许是相当长的实践）来检验。实践证明是错误的或有偏颇的，就应当抛弃或及时修正，并注意从实践中总结出新的理念。

第八，人类理性的发展需要不断证伪，司法理念也应当不断地去伪存真。真理不仅需要发现，而且需要发展。要在证伪中抛弃或修改，在实践中不断补充和完善。

第九，要坚持唯物辩证法，注意一种倾向掩盖另一种倾向。在强调一种理念的正面价值时，也要留心其可能带来的弊端；在纠正一种偏向时，也要防止走向另一种极端。要理性地对待各种理念，及早发现和预防可能出现的偏向，做到防患于未然，防偏于未正。

第十，在司法理念上，保持适当警惕是必要的。在司法理论上，确实存在意识形态因素，一些敌对势力企图通过司法理念的灌输来影响我国的政治方向。看不到这一点，是不清醒的，是非理性的。忽略这一点更是不正确的。但是，对于人民内部应当通过讨论的方式明辨是非，统一认识，而不要动辄戴帽子、打棍子，否则，不仅不能统一认识，反而容易造成人们的抵触情绪。

第二章　论司法价值

新中国诞生以来，中国特色社会主义司法独有的价值是什么，对此极有必要进行梳理。尤其是党的十八大明确提出要坚持理论自信、道路自信和制度自信，就更有必要进行深入探讨。在此方向下，我们的司法制度及其价值追求，哪些应该坚持，哪些应该放弃，哪些应该做相应调整，均需要进行一番反思。最近几年来，学术界、实务界关于社会主义法治理念和社会主义司法理念的探讨有不同的声音和看法，这个问题使我们司法机关的有些同志对社会主义司法价值等方面的认识产生了一些疑惑，为此，更有必要就此问题进行探讨。

但是，探讨这一问题又是一个非常复杂的问题。首先，我们必须要探讨社会主义的基本价值是什么，乃至于社会主义法治的核心价值是什么，然后我们才有可能正确认识司法的价值。探讨社会主义的司法价值，无疑要以马克思主义法学思想为指导，必须研究马克思主义的经典作家在司法制度上是一种什么样的理念。我们注意到马克思、恩格斯、列宁等人对同一个问题的看法不一定是一样的，其他的一些社会主义者、思想家的看法也未必与马克思、恩格斯完全一致。当然，我们还要考察国际共产主义的运动史以及社会主义社会的发展历程，各个国家对社会主义的探索其实也不是一样的。有中国的社会主义，有亚洲其他一些国家的社会主义，有非洲的社会主义，还有美洲的社会主义，不同的国家在不同时期的理念和观点也是不一样的。应当怎样从中抽取一些社会主义司法理念及其价值中带有共性的东西，这需要进行更加深入的研究。我们还必须考虑社会主义发展的未来，未来世界的大趋势是什么，要怎样同国际大趋势融合起来，并能有自己的独立地位。要考虑以上这些因素，研讨本论题必然面临诸多困难，任何试图简单地阐述均难免挂一漏万。这里拟就这一论题作些初步的探讨，提出一些个人的看法与法学界同仁共同商榷。笔者认为，社会主义司法应该有它一套最为基本的价值体系，这一基本价值体系可以归纳为以下六个方面的统一，这"六个统一"可以作为社会主义司法、尤其是中国特色社会主义司法的基本价值所在。

一、司法的人民性与社会性的统一

司法的人民性与社会性的统一，是社会主义司法的首要价值、根本价值所在。这是因为，我国人民民主专政的国家性质，本质上必然要求人们当家作主，本质上决定了作为国家机器组成部分的司法必须充分体现人民性。马克思、恩格斯对英国、德国还有法国等欧洲主要资本主义国家本质进行批评的时候，总是在批判资产阶级的司法代表着资产阶级的利益。从他们的批判中，可以得出一个结论，社会主义司法应该是代表最广大人民利益的，即最广泛的人民性，这是社会主义司法应当具有的本质属性及其最为基本的价值之一。列宁在十月革命胜利以后也多次强调，苏维埃国家的性质就是代表工农阶级、代表无产阶级。另外，从国际共产主义实践经验来看，所有社会主义国家的执政党及其国家之性质，均特别地强调它们是代表人民利益的。新中国建国以后，先后几代领导人，特别是董必武同志也曾多次强调，中国社会主义司法最大的特征、特点就是它的人民性。尤其是我们把法院叫做人民法院，还有人民检察院、人民公安、人民警察、人民检察官、人民法官、人民司法等，更加突现了我国司法的人民性。

在坚持人民性的同时，为什么还要强调司法的人民性与社会性的统一呢？这是因为，资产阶级的司法也是标榜代表国民利益的，实际上，"政治统治到处都是以执行某种社会职能为基础，而且政治统治只有在它执行了它的这种社会职能时才能持续下去。"① 这意味着不管是封建主义的国家、资本主义的国家、还是社会主义的国家，都必须要有一定的社会性。如果没有社会性，完全仅是代表本阶级利益的话，那样的统治是不会长久的，迟早是会被推翻的。马克思就此指出，"法律应该以社会为基础，法律应该是社会个体的、由一定生产方式所产生的利益和需要的表现，而不是单个人的恣意横行。"② 这意味着从法律的人民性派生了法律的社会性。但是，实践证明，只有社会主义的司法才具有真正的社会性，才具有最广泛的社会性。之前很多阶级性质的国家，它所代表的都是狭隘的阶级利益，当时生产方式的社会形态决定了国家不可能代表全体人民的利益。社会主义这种形态要求共同富裕，要求经济上切实平等，这才使它的司法具有了最广泛社会性的可能性。

将人民性与社会性的高度统一作为社会主义司法的一个核心价值，这对我们的司法提出了一系列的要求，就此可作以下简要地归纳与罗列：

一是要贯彻人民的意志，维护人民的主权。列宁曾经讲过："对我们来说，大多数人的意志永远是必须执行的，违背这种意志就等于叛变革命。"③ 坚持人民性、坚持社会性，首先必须要有人执法，因为法律是人民意志的体现，人民的意志通过法律表现出来，执行法律就是执行人民的意志，这是最重要的问题。必须通过执行法律来具体地执行和贯彻人民的意志，切实地维护人民主权。

二是要始终站稳人民的立场，确立人民的主体地位。这一点是董必武同志提出来的，他要求司法机关要站稳人民的立场，要巩固人民民主专政。为此，人民司法必须始终坚持群众观点，坚持群众路线，始终相信群众、依靠群众，必须确定人民的主体地位。通过走群众路线，可以帮助司法机关贴近群众，了解群众对司法的需求与期待；同时也可以最

---

① 《马克思恩格斯文选》（第3卷），人民出版社1995年版，第523页。
② 《马克思恩格斯全集》（第6卷），人民出版社1961年版，第291页。
③ 《列宁全集》（第28卷），人民出版社1988年版，第157页。

大限度地查明案情，最准确地打击犯罪，实现依法判决；还可以实现人民参与司法活动的愿望，并在贯彻群众路线过程中教育群众、提高群众。

三是要维护人民权益。维护人民权益，是党的根本宗旨的要求，也是做好政法工作的目的。政法工作搞得好不好，最终要看人民满意不满意。要坚持以人为本，坚持执法为民，坚持司法公正，把维护好人民权益作为政法工作的根本出发点和落脚点，着力解决人民最关心、最直接、最现实的利益问题，为人民安居乐业提供更加有力的法治保障和法律服务。

四是要坚持司法为民，保障人民的自由、安全和幸福。要始终强化公仆意识，做到亲民、便民、利民，尽最大可能地方便群众诉讼，贴近人民审判，让人民群众亲近司法、信赖司法、维护司法，这也是我国司法的优良传统和一贯主张。要不断地满足人民群众合理的司法需求，努力满足人民群众的新要求与新期待，努力解决人民群众要求解决的问题。比如，打官司难、告状难，特别是行政诉讼难，必须要切实地加以解决，以真正有效地满足人民群众对司法的合理要求。

五是要保护弱势群体的合法权益。这一点，是司法人民性的重要体现，也是马克思主义特别强调的问题，特别是恩格斯，他尤其主张要保护弱势群体的利益。马克思、恩格斯在他们的著作中反复地强调，作为司法机关必须要保护工人阶级、农民、最基层老百姓的利益，他对资产阶级司法蔑视普通老百姓、虐待普通老百姓的做法表示极大地愤慨。恩格斯就曾指出："虐待穷人庇护富人是一切审判机关中十分普遍的现象，这种做法肆无忌惮；对于穷人是一条法律，对于富人是另一条法律。"① 马克思和恩格斯在著作中甚至还很具体地指出：法庭上如果是一个绅士进来，法官、检察官就点头哈腰、请他入座；一个老百姓进来，就嗤之以鼻。这种情况，在我们当前的司法实践中，有时不自觉地

---

① 《马克思恩格斯全集》（第 1 卷），人民出版社 1956 年版，第 703 页。

也会出现。我们是人民法院，必须要对人民有感情，对群众有真情。

六是要尊重社情民意。关于社情民意的问题，现在逐步地在强调，对社情民意要理性地看待与审视。中华民族的司法，历来比较尊重社情民意。例如，在我国古代就有所谓"三刺三询"制度，即如果要判一个人死刑，需要问所有的大臣，要问邦国国民，大家都同意的，然后才可以判处死刑。重视民意已经成为中华民族的一个优良传统。当然，对于社情民意，既要看到它合理的部分，也要看到它不合理的部分，民意的形成也有多种原因，要加以理性地分析与判断，合理的一定要吸收，不合法地要加以引导。要认真研究民意表达机制如何合理纳入司法考量的问题，以尽最大可能地避免司法裁判与社会期盼脱节的现象。

七是要体察人民疾苦。这是人民司法最难能可贵的。有些法官、检察官、公安干警，有的时候为了人民的利益，为了解除人民的疾苦，不惜牺牲自己的生命和个人利益。但是，也有遇到不好处理的问题就推诿不管的情况，不敢为人民做主，不敢为人民请命等。作为人民的司法，应当关注人民的疾苦，为人民撑腰，为人民解除疾苦。

八是要严禁与民争利，尽可能地降低当事人的诉讼成本。任何司法工作都有一个成本问题，在可能的条件下要降低当事人的诉讼成本。当然这也有一个适度的问题。比如诉讼费，如果不收诉讼费或者收得太少，诉讼费所具有的防止滥诉、制裁违法以及促使和解等功能就会降低，但是司法也决不能乱收费。

九是要实行司法民主，接受人民群众的监督。司法民主，要求让人民、让公众更多地参与审判。比如，现在的陪审制度、人民监督员制度等，这些都是人民群众参与司法的一种很好形式。同时，司法民主，也要求司法工作必须始终接受人民群众的监督。

十是要以人民是否赞成与认同作为司法改革的取向，以人民是否满意为检验司法工作的根本标准。党的十五大、十六大、十七大、十八大持续推动着当代中国司法改革的进程，日益成为丰富与完善中国特色司法制度及其基本价值的强大推动力。人民是否赞成、人民是否认同、人民是否满意，无疑应当成为司法改革最为重要的价值取向。

对于司法的人民性与社会性统一的基本价值问题，在运用过程中还必须注意以下方面：第一，不能简单地把犯罪分子等同于敌人。为什么用人民性而不用群众性？这是中国共产党的智慧。如果只讲社会性，就会使人民民主专政丧失理论根基。当然，我们也不能搞阶级斗争扩大化。随着社会主义的发展和前进，人民的范围要扩大，要最大限度地接近社会性，如果不是这样的话，社会主义人民当家作主的优越性就难以充分体现。过去讲社会主义民主是最高类型的民主，只有当家作主的人民的范围真正拓宽了才能真正地加以体现。第二，人民犯罪、犯法也要绳之以法，不能说人民犯罪就可以高抬贵手，不予追究。董必武同志曾经指出，我们不能以好人坏人来判罪，主要是看事情的结果；坏人里面不都是犯罪的，坏人也有不犯罪的，好人也有犯罪的，不能以好人和坏人来判罪。董老还说，有些人对判决不满意，经过各种办法说服后仍然要胡闹，对这种胡闹的人，我们就要采取必要的办法，可以将他押回去，不然这个国家机关就将一件事情也不能办了，因为判决是很难使双方都满意的，不能说我们执行了国家法纪就脱离了群众。① 这些讲话很有针对性，也很有现实意义。人民犯法也要绳之以法，不能说是人民就撒手不管或不敢管。第三，敌人犯法也要依法处理，也要给予人道待遇和公平待遇。我们主张减刑假释要公平，实际上就是对罪犯实行公平待遇。

二、实现公平正义与实现社会目的的统一

公平正义是社会主义法治理念的一个重要内容。任何国家都要讲公平正义，即使在事实上不能做到或者根本不想做到，也要将公平正义作为一种意识形态而"挂在嘴上"。无论是中国的历朝历代，或是当今世界上任何国家，都讲公平正义，社会主义国家应当更主张公平正义。马

---

① 《董必武政治法律文集》，法律出版社 1986 年版，第 473～474 页。

克思主义经典作家一直批判资产阶级国家的公平正义是虚假的、是不存在的，主张社会主义要实现真的公平正义，要实现事实上的公平正义。但是，马克思主义在强调公平正义的价值时，还特别强调了社会的需要。社会主义，从字面上理解是强调社会性的主义，是强调社会利益的主义，是强调社会目的的主义，所以，必须要满足社会目的。马克思即曾指出，在社会主义社会不能把平等和正义当成是最高的原则和真理，如果把平等等于正义，把平等或者正义当成是最高的原则和最终的真理，也是荒谬的。他还说："法庭的任务就是要超过法律，直到它认识到必须满足社会的需要为止。"① 可见，社会主义司法一方面要强调公平正义，另一方面又要强调实现社会之目的，这一点很重要。

　　资产阶级及其法学家等代表人物，他们所强调的仅是公平正义，将公平正义作为司法绝对的价值，以此掩盖他们的阶级利益和目的。马克思曾指出：资产阶级，你们实际掩盖了你们的阶级利益，事实上是在为你们的资产阶级服务，是在实现资本的目的。而社会主义的司法，应该实现其社会目的，社会目的是社会主义司法必须考虑的因素，这事实上也已成为当今世界司法的一个潮流。法律是用来调整社会关系的，是用来解决社会问题的，法律的终极目的是为了实现社会的福利。② 美国著名大法官卡多佐即曾指出："法律的终极原因是社会福利。未达到其目标的规则不可能永久地证明其存在的合理的。法官必须服从社会生活中对秩序的基本需要。"③ 显然，资本主义也在考虑并强调司法必须服从于社会目的。

　　怎样才能做到实现公平正义与实现社会目的的统一呢？笔者以为，

---

　　① 《马克思恩格斯全集》（第 6 卷），人民出版社 1961 年版，第 274 页。

　　② 托马斯·阿奎那多次指出："法必须以整个社会的福利为其真正的目标"，阿奎那主张个人的私利与公益融为一体，公平分配生活的需要，卓有成效地促进正当的生活。［意］阿奎那：《阿奎那政治著作选》，马清槐译，商务印书馆 1997 年版，第 106 页。洛克在《政府论》中揭示了自然法的目的，即自我保存，并且全社会井然有序。时显群：《西方法理学研究》，人民出版社 2007 年版，第 151 页。

　　③ ［美］本杰明·卡多佐：《司法过程的性质》，苏力译，商务印书馆 1998 年版，第 39 页。

必须要做到以下方面：

一是要树立正确的社会主义司法的公平正义观。恩格斯曾指出：关于永恒公平的观念不仅因时因地而变，甚至也因人而异，这个东西正如米尔柏格正确说过的那样，"一个人有一个人的理解"。① 有的法学家说，公平就像普罗透斯的脸一样，经常变幻莫测。对于公平正义，的确有一个价值判断问题，而这种价值判断又带有很多的个别性。笔者曾听到一个钓鱼的人说，一天快乐是喝酒，三天快乐是杀猪，一个星期快乐是结婚，终身快乐是钓鱼，他觉得钓鱼比起所有事情都有价值。显然，每个人对价值都有个人的偏好，对公平正义也各有不同的看法。但它也有共性的内容，社会主义司法公平正义观共性的内涵应该包括：（1）形式公正和实质公正相统一的公平正义观。（2）以社会为本位同时兼顾个人利益的公平正义观。（3）权利与义务责任相统一的公平正义观。（4）平等保护弱势群体的公平正义观。讲平等但又特别强调对弱势群体的保护，这才叫社会主义。资本主义是自由竞争的社会，从资本主义的本质属性来看，并不太愿意管弱者；社会主义就其本质而言，则特别关注对弱势群体利益的保护。（5）主张共同富裕、共同发展的公平正义观。

二是要树立正确的社会主义司法的目的观。司法的公平正义必须要与实现社会目的统一起来，这一目的观有六个方面的具体要求：（1）必须反映绝大多数人的利益和愿望；（2）必须反映人民群众的新要求和新期待；（3）必须以谋求最大多数人的最大幸福为目的；（4）必须反映社会主义阶段性特征的要求；（5）必须符合科学发展观的要求；（6）必须符合在全社会实现公平正义的要求。

三是要正确处理司法审判与经济、政治和文化的关系。关于司法与经济活动以及文化之间的关系比较清楚，社会也普遍认同。但关于司法与政治活动的关系，在资产阶级学者看来，总是要标榜他们的司法非政

---

① 《马克思恩格斯选集》（第 3 卷），人民出版社 1995 年版，第 212 页。

治化，反对司法的政治化。恩格斯就此一针见血地指出，"一切法律设施本来都具有政治性质。"① 当代不少西方的法学家也开始对司法的完全去政治化，表示不尽认同。美国著名法官波斯纳在其《法官如何思考》这本书中认为，表面上法官是在按照法律规则判案，事实上规则往往只对于常规案件起作用，对于那些非常规案件，基本上是政治和个人好恶在起作用。为此，他用了很多实例来具体分析，并主张用一种理性的、规范的途径来理顺司法与政治的关系。列宁也曾经讲过，司法要讲政治，应当注意政治倾向。司法讲政治，是所有国家、所有法官在客观上存在的。但对于什么是"政治"的问题，我们的政治观念和西方国家所谓的政治观念不太一样。他们把议会等立法机关所有的活动都叫做政治活动，所以法官的造法、法官在创造规则的时候都带有政治利益。而我们讲政治的核心，就是要站在人民的立场，站在国家大局的立场去考虑问题。这一点必须要弄清楚，要很好地加以区分。

四是要正确处理好司法与党和国家工作大局的关系。司法监督的主要内容，应定位在审判活动是否体现了、实现了国家总体价值的取向。法院的审判工作不仅要立足于法律条款，也要考虑公共政治，同时对于法院的审判效果是否达到预期目的也要予以监督，更要强调司法审判与党和国家工作大局的关系。我国司法历来强调，司法必须服务于党和国家工作大局。司法要把握好党和国家的工作大局，首先就必须与国家根本任务或者某一阶段的主要任务联系在一起，构建和谐社会是大局，科学发展是大局，社会稳定也是大局。党和国家工作大局，涉及国家的整体利益和长远利益，司法审判、司法工作应当自觉服从国家的整体利益和长远利益，这是我国社会主义国家的性质和任务所必然决定的。

五是要正确处理好司法审判与当地党委政府中心工作的关系。需要注意的是，相当多的地方党委和政府的中心工作与党和国家的工作大局是一致的、是紧密相连的，但是，也不能把当地党委政府的中心工作完

---

① 《马克思恩格斯全集》（第1卷），人民出版社1956年版，第697页。

全当成党和国家的工作大局。比如，有些地方确实背离了科学发展观的要求，搞个人形象工程，搞劳民伤财的事，搞不必要的强制拆迁、强制征用土地等，这些都不能代表党和国家的工作大局。因此，司法工作必须要理性看待当地党委政府的中心工作，中心工作与党和国家工作大局一致的，司法工作必须通过审判活动予以维护。

六是要正确处理好维护个人利益与维护国家公共利益的关系。一系列国家利益、公共利益，都是社会主义司法关注的重点，社会主义司法更加注重国家利益和社会公共利益，这也是我国作为转型国家得以高速发展的一个很重要的基础。中国之所以在几十年间发生翻天覆地的变化，让世界刮目相看，一个很重要的方面就是我们的立法与司法始终高度关注公共利益，高度关注社会发展。有些国家仅关注个人利益、私人利益，它发展起来就相对缓慢。但是，所谓的国家利益和公共利益又是建立在个人利益基础之上的，没有个人利益，国家利益和公共利益是没有价值的，国家利益和公共利益最终要体现在个人利益上。当我们考虑对个人利益的保护时，总是会促进国家利益和社会公共利益，两者又是相辅相成的。比如，对于征地拆迁等管制正在逐步地严格起来，这正是基于强化保护个人利益的社会需要作出的考虑与安排。

七是要正确处理平等与自由、公平与效率的关系。平等和自由两个概念，是一些不同阵营的基本界限，有的强调平等，有的强调自由。所以，国外有很多党，它们的核心问题、基本分歧就在于强调平等还是强调自由。共产党更强调对工人利益的保护，也更讲究平等。资产阶级政党就更讲究自由，两类党在这两个问题上态度是不同的。公平和效率也是一个国家的司法必须要处理好的问题，如果不解决好，迟早会带来两极分化的问题，尤其是如果过分地强调效率，公平等其他方面必然会受到影响。

三、形式公正与实质公正的统一

公正是司法的永恒主题，司法离开了公正，那就不叫司法。正如英国的丹宁法官所言，司法实现公正即使天塌下来也在所不惜。① 不管是中国还是外国，对公正两个字的看法都很重，但对什么才是公正确实又有不同看法。但有两种基本的分类方法，一是形式公正，一是实质公正。所谓形式公正，即是按照法律规定办，按照规则办，依法办事、符合法律规定，即是满足了公正的要求。另一观点则认为，仅仅表面上符合法律规定还不能算公正，必须要符合实质正义的要求，那才叫公正。司法机关之所以对一个案件有这样那样的看法，同样的结果有的认为是公正的，有的认为不公正，基本分歧就在于有的是从形式上去看问题，有的是从实质上去看问题；有的认为满足了形式要件，就是公正，有的认为只满足了形式要件却不符合实质上的正义要求依然不是公正。

社会主义司法的公正观应当是形式公正与实质公正相互统一的公正观。马克思主义经典作家反复强调，一方面要严格执法，要按法律规定办，另一方面又不能仅限于法律，必须要追求法律背后的正义。董老曾经讲："从某种意义上说，法治首先体现为形式正义，它也首先尊重形式正义。"在当时那个环境中能够强调形式公正观，董老的确很了不起。早在1948年华北人民政府成立时，董老就讲到："现在政府各部门都成立起来了，正规的政府首先要建立一套正规的制度和办法……有人说这是形式，正规的政府办事就要讲一定的形式，不讲形式，光讲良心和记忆，会把事情办坏的。"董老非常强调法制的形式。他认为："司法活动要具备一定的形式。世界上任何实质的东西，没有不以一定形式表现出来的。形式正义和形式是两回事。"马克思认为："如果认为在立法者偏私的情况下可以有公正的法官，那简直是愚蠢而不切实际的幻想。"② 马克思所强调的是在法律不公正、法律本身是偏私的情形下，必须把法律背后的正义深挖出来，不能简单机械地执行法律。社会主义司法既要追求形式公正，也要追求实质公正，二者必须统一起来。完全

① 刘庸安：《丹宁勋爵和他的法律思想》，载《中外法学》1999年第1期。
② 《马克思恩格斯全集》（第1卷），人民出版社1995年版，第176页。

不要形式公正是不行的，完全靠个人记忆、个人良知来判断，是非常危险的。因为公正可以在不同情况下有不同的面孔，可以像孙悟空一样七十二变。若完全没有形式规则，不讲法律规范，都去追求所谓的实质正义，显然是空中楼阁。所以，形式公正与实质公正必须要统一起来。一般情况下，两者是可以统一的，当法律是一部良法时，只要法官严格执法，形式公正与实质公正即可以很好实现统一。但当法律有问题、有缺陷、有毛病时，形式公正与实质公正就会发生冲突，就会产生一种紧张的关系。

处理好形式公正与实质公正的关系，以下方面值得注意：

一是正确处理好被动中立与能动司法的关系。法官必须能动地发现事实，能动地进行解释说明，能动地行使释明权。马克思和恩格斯希望，法官不要完全听任双方当事人的对抗，而要积极主动地发现事实、适用法律。但是，过分地能动、主动司法也会带来很多问题，如果不加以规范，过分的能动会带来反效果。比如，法官不以当事人的论辩为基础，可以自主随心所欲地做出裁判，开庭甚至完全是做样子。所以，必须处理好被动中立和能动、主动司法之间的关系。国际上的潮流是，强调有规范的能动，在有规则、有约束的前提下强化法官的能动性。

二是正确处理依法条文义办案与依法律原则和精神办案的关系。是依法律条文字面意思办案还是依法律的原则和精神办案，这一问题在司法实践中经常会碰到。一个案件如果办得不好，往往是死抠法条字义，而有的案件办得好往往是因为融会贯通了法律的原则和精神的结果。恩格斯说："世界上存在着许多顽固不化的法学家和咬文嚼字的人，他们的座右铭是'只要法律得胜，哪怕世界毁灭。'他们担心的是法律的神圣字面意义，即死板和抽象的法面临危险，因而千方百计地固守法律的字面内容，而不顾及社会生活的发展变化。"马克思、恩格斯都强调一定要抓住法律的原则和精神，而不能完全只抓法条的字面意义，这显然是十分正确的。但如果把法律的字面意义完全抛在一边，也会带来很多问题。因为法律的原则和精神是抽象的，对同一法律条款，不同的人可能有不同的理解，这样就会损害法律的原则。该怎样将两者结合起来呢？当法律意思非常确定、不会产生歧义时，就必须按照法律规定办，但如果法律条文的理解存在分歧时，可以通过规范的法律解释规则进行解释或修改，此时，法律条文的解释规则就必须获得严格地遵守。

三是要正确处理恪守法律与发展法律的关系。任何法律都有它的局限性，法律相对稳定，而社会却在不断地发展，法律赶不上社会的发展与变化是经常出现的事。有一句话指出："当立法公布时它已经落后于社会现实。"所以，法律落后于社会现实具有绝对性，而符合社会现实只具有相对性。董必武同志认为："凡属已有明文规定的，必须确切地执行，按照规定办事；尤其是一般司法机关，更应该严格地遵守，不许有任何的违反。"但董必武同时又指出："司法机关在法制的执行过程中，如果发现它的规定有不符合或不完全符合当地、当时的具体情况，就应该按照法定程序，提出必要的修改、补充或变通执行的办法。"[①] 列宁也曾经指出："我们的法案当然是有缺陷的。但是各地苏维埃都应当因地制宜地实行。我们不是官僚主义者，我们不愿意像旧的文牍机关那样到处生搬硬套地实行。"[②] 显然，列宁反对生搬硬套地执行法律。有个德国法学家说得非常典型，"如果不能变更法律，就谈不上发现法律。"司法判决经常创造出新的法律规则，这说明古今中外在强调遵守法律的同时，当法律与社会现实发生冲突时，法官有义务去发展法律。但法官发展法律具有天然的局限性，不能随意"发展"，必须讲规则，要按照解释规则来发展。比如，法律漏洞的填补规则，当法律没有规定的，在一定范围内可以通过类推的方法来发展法律。而在我国现行法律框架下，要按《中华人民共和国立法法》来发展法律，发展法律不能超越《中华人民共和国立法法》的规定。

四是正确处理好合法性与正当性的关系。司法审判在有的情况下，

---

① 《董必武政治法律文集》，法律出版社1986年版，第488页。
② 《列宁全集》（第26卷），人民出版社1988年版，第268页。

表面上看是合法的，但实质上却是不正当的，这在于司法权的不正当行使。司法活动不仅表面要合法，实质也要正当。所谓要正当，就是要正确行使裁量权。任何法律要做到完全精确是不可能的，自由裁判权的行使难以避免，每一位法官都有义务根据法律的精神来使自己的裁判不但具有合法性同时还具有正当性。司法实践中，我们经常会发现，一个案子进行了处理，实施了法定程序，法官会说我有权力这样处理与实施，但若进一步衡量所采取的强制措施是否正当、所指定的期限能不能让当事人有足够的时间来收集证据、当事人申请延长时间是否给予了合理的考虑等等，司法正当性问题便呈现出来。

五是正确处理好实体正义与程序正义的关系。在中国的传统中，礼即为一种程序，礼的外表看似磕头作揖，但通过这一套程序将人拉入到儒家实体规则中来，一个坏人变成了一个好人可能连他自己都不知道，这就是通过一定的程序达到了实体上的目的。苏联时期，重实体轻程序，我们从苏联借鉴过来以后，导致我们的司法也重实体轻程序。董必武指出："工厂有操作规则，我们办案子也有操作规程，那就是诉讼程序。按照程序办事，可以使工作进行得更好、更合理、更科学，保证案件办得正确、合法、及时，否则就费事，甚至出差错。"事实上，在某些情况下，即便没有实体法，只要程序是公正的，得出来的结论也大多数会是公正的。例如，对于一件事情，虽不知道怎么处理，尚无实体规则加以遵循，但若程序设定得非常好、非常明确，广泛听取和征求大多数人的意见，它的处理结果通常不会太差，结果也许不是最好的，但是结果通常是中等偏上而绝不会是最差的，这就是程序规则的效力。实际上，在我们的司法实践中，也出现了过分相信程序的一种倾向。有一种说法，程序是绝对的，实体是否正确只能用程序是否公正来决定。这种看法当然也有问题。程序决定实体公正，是有条件的，并非无条件的，前提是程序必须是公正的，必须是正当的，必须是设置得非常精美、非常精细、非常合理，这样得出的结果才有可能是正当的。我国现行的诉讼程序法，正当性水平未必很高，尤其是在很多环节中，往往该规范的地方没有规范到位，给一些司法人员留下了不正确利用程序、滥用程序的空间，此种情形下，我们不应该过分地强调程序。在处理程序公正和实体公正的关系时，笔者以为，实体公正始终是第一性的，程序公正是第二性的，而且我们必须努力地使现行司法程序设计得日益完善。

六是正确处理好法律真实与客观真实的关系。恩格斯曾说："如果硬要在不可能具有数学精确性的事物中求得这种精确性，那就不能不流于荒唐或野蛮。"① 在司法活动中，不可能像自然科学或数学一样精确，司法的正确是靠法律来恢复的。司法按照证据规则来判断确认事实，这仅仅是法律上的真实，而非客观真实。在客观真实和法律真实的问题上，曾经有不同的看法。一种看法认为，过去我们只讲客观真实，追求客观真实，而不讲法律真实；另一种观点则是只讲法律真实，而不讲客观真实，有的甚至否认、无视客观真实的存在。在他们看来，司法认定的事实都是按照一定的程序认定的，在提出举证、质证、论证过程中，只要把这个过程走完了，被确认的那个证据就是法律真实。所以，在一些案件中，司法的认识是有问题的，特别是过去追求法律真实，而现在却又进一步对证据的合法性提出了更高的要求。强调证据的合法性是对的，但若过度排除有瑕疵的证据就可能走向反面。笔者认为，客观真实始终是第一性，而法律真实则为第二性，法律真实仅是一个制度上的安排，如果没有客观真实了，如何寻求法律真实的制度理性？事实上，在绝大多数情况下，司法是可以恢复客观真实的。有一种观点认为，客观真实是不可能恢复的，因为人不能在不同的时间跨过同一条河，没有两片树叶是完全相同的，所以要完全恢复客观真实是不可能的，这是人们否定客观真实的观点依据。笔者以为，司法审判要弄清的事实仅是法定事实要件，并非要弄清楚所有的案件细节，并非所有的每一个情况都要弄清楚。对基本的事实、基本的法律事实要件的恢复是完全可能的。当然，在相当一些情况下，由于当事人的举证能力，由于案件审理条件已

---

① 《马克思恩格斯全集》（第 1 卷），人民出版社 1956 年版，第 700 页。

经丧失，难以恢复真实情况，这时就要借助于证据规则，谁主张谁举证，如果举证不能，那么主张者败诉。按照这个规则来处理问题，在法律上则应该认可法律真实的存在，要承认在没有办法获取客观真实之时，法律真实完全可以作为裁判之依据，当事人也必须接受这样的裁判，这是司法处理法律真实和客观真实的基本要求。

七是正确处理好形式平等与实质平等的关系。有一种观点，把社会主义的核心价值定位在"平等"二字之上。美国的罗漠先生是研究社会主义的专家、思想家，他就认为社会主义的核心价值就是平等价值，社会主义就是要强调平等，就是要共同富裕，共同发展，实质是一个平等意识。法律上的平等是一种形式上的平等，是一种外在的平等。但根据马克思主义的看法，社会主义的平等观不仅要体现于法律上的平等，不仅要体现形式上的平等，还要体现和做到实质上的平等。马克思指出："法律上的平等就是在富人和穷人不平等的前提下的平等。即限制在目前的不平等的范围内的平等，简括地说，就是简直把不平等叫做平等。"① 例如，仅从法律上看，工厂主和工人都有控告权，看上去非常平等，但实质上工厂主是有钱阶级，他自己可以去找法官，可以去找监督员，可以去拉关系、走后门，可以去请律师，但是工人整天要上班，不上班还要被扣工资，还要接受处罚，他根本没有钱去找任何关系，与其说这是平等，不如说这是事实上根本不平等。马克思显然不是主张不要法律上的形式平等，而是说社会主义的平等应该是更高类型的平等，这种平等更应该是实质上的平等。实质上的平等实际很难办到，这是因为，不仅物质条件达不到，而且每个人的习性好恶不一样，完全做到实质上的平等的确很难。所以，在特定的历史条件下，尤其是在社会主义初级阶段，还是要注重法律上的平等，同时作为社会主义司法的价值观、平等观，又必须更多地关注实质上的平等。怎样关注实质上的平等呢？马克思和恩格斯强调：司法必须更加照顾无产者、更多地向他们倾

---

① 《马克思恩格斯全集》（第 2 卷），人民出版社 1957 年版，第 647 页。

斜，使他们达到实质上的平等；同时作为一个社会制度，应该创造物质条件，使人们实质上能够得到平等，首先在经济上实现平等，然后在法律上、政治上实现平等；而且实质上的平等不能一视同仁，对同样一个违法行为不一定进行一样裁决。他们还特别强调，对共产党员犯法必须要从重、从严处罚，这是列宁、董必武等很多共产党的领导人都曾强调过的。列宁即认为，对共产党员的处罚应当比对非党员的处罚要更严厉，他反对形式上的平等，要求实质上的平等。

八是正确处理好普遍正义和个案正义的关系。普遍正义是形式公正的范畴，而个案正义属于实质公正。应该说，法律是普遍的规范，但每个人的情况是不一样的，正如世界上没有两片相同的树叶一样，每一个案件的情况也不完全一致。如果要实现个案公正的话，就必须一个案子一个处理方法，要有个别性，这样才能实现个案正义。而如果这样的话，事实上又很难做到，因为法律不可能事先把所有的案件情形都规定得很清楚。我们发现世界上最多的一部法律有一万多条，但是仍然有很多案件类型没有规定，遇到这种情况怎么办？某个个案的情况很特殊，是不是就可以不顾法律的规定来办案呢？这就出现了一个普遍正义和个案正义的问题。社会主义司法要尽量将普遍正义和个案正义相结合。法律要注意划分类型，但它不可能非常详细地划分，如果要完全个别化，强调它的特殊性，那就会非常复杂，司法甚至会没有办法运转。在某些程度上，必须牺牲个案正义来突出普遍正义。但是，如果只强调普遍正义而忽视个案正义，的确也会带来很多问题。司法对于案件应当区别情形分别处理，在法律不完善时，通过司法指导性文件提供一些基础的依据，建立一些细则，以使个案与普遍正义能够更好地结合起来。另外，建立典型案例指导制度，也可以使普遍正义和个案正义更加有效地结合起来。

九是正确处理好裁判的稳定性与有错必纠的关系。按照实质公正的司法要求，任何裁判错了就必须要纠正，但如果这样做同样会带来很多问题。比如，破坏法律的安定性与社会的稳定性。一个生效判决作出后，当事人会根据这个判决发生一系列的法律关系，如果这个判决被改动，以后发生的一系列关系都可能跟着变通，由此带来社会关系的紊乱，甚至引发一系列社会问题。笔者认为，既要坚持依法纠错，又要注意维护生效裁判的稳定性。这不是简单的为了维护法院的司法权威，而是为了维护法律关系的稳定性、社会关系的稳定性，防止因所谓的甚至随意的纠错而带来法律关系、社会关系乃至生活秩序的紊乱。因此，在我们的司法工作中，对于不存在法定再审事由的生效裁判，对于化解了矛盾纠纷的正确生效裁判，要坚决抵制各种非正常因素的干扰，避免无限再审情况的发生，依法维护法律秩序、交易秩序和社会秩序的稳定。司法必须在依法纠错与法律的安定性、社会关系的稳定性之间保持一定的平衡，并建立一个相应的利弊权衡机制。

四、法律效果与社会效果的统一

长期以来，对于如何处理法律效果与社会效果的关系，司法界和学术界一直在进行着热烈的研讨，但至今仍然是各有观点，众说纷纭，并影响着司法审判和执行工作。有的认为，用法律效果来统一社会效果就足够了，没有必要特别强调社会效果，因为立法机关在制定法律时就充分考虑了社会效果，不能说立法机关在立法时无视社会效果，司法的时候严格按照法律的规定办就同时实现了法律效果和社会效果。[①] 另外一种观点认为，在司法的过程中不仅要注重社会效果，而且要把社会效果作为主要追求的基本价值或者说重要价值，甚至有相当一部分人认为社会价值、社会效果比法律效果更为重要。[②] 社会主义司法应当是法律效果与社会效果相统一的司法。董必武同志就曾对党内有些干部不把法律法规放在眼里，多次提出过批评，他认为教育人民守法首先要从国家机

[①] 博登海默指出："为了作出一个正义的判决，法官必须确立立法者通过某条特定的法律所旨在保护的利益。"［美］E. 博登海默：《法理学、法哲学与法律方法》，邓正来译，中国政法大学出版社 2004 年版，第 151 页。

[②] 日本学者加藤一郎与星野英一教授强调"在利益衡量中否定法律家的权威，尊重一般人的常识，强调以实质性使得一般人信服"。段匡：《日本的民法解释学》（五），载梁慧星：《民商法论丛》第 20 卷，金桥文化出版（香港）有限公司 2001 年版，第 361 页。

关工作人员开始。董老在强调法律效果的同时，也强调司法的社会效果。董老即曾指出，"没有法，做事情很不便，有了法，如果不去了解法律条文的精神实质，在处理案件时又不去深入地研究案件的具体情况，只是机械地搬用条文，也是不能把事情办好的。"① 马克思也非常强调司法的社会效果，马克思就曾讲到，"法官的职责就是要在过时的法律和社会迫切要求的斗争中讲出自己有分量的话。"②

我国司法更是历来注重法律效果与社会效果的有机统一。尽管这在我国具体法律条文之中难以找到，但在党内文件或者各级人民法院、各级人民检察院工作报告等有关文献资料中却经常被提及，而我们的司法人员也的确是以这样的标准时刻要求自己的工作的，我们的司法办案已经习惯于努力做到法律效果与社会效果的统一。这也是我国情理法相融、注重司法伦理性传统法律文化的精神延续，与西方单纯的、甚至刻意追求法律效果的司法评价机制有着显著的区别。在2006年《中共中央关于进一步加强人民法院、人民检察院工作的决定》中，便要求人民法院与人民检察院要："依法妥善协调各方面的利益关系，正确处理人民内部矛盾，针对社会矛盾的表现形式、形成原因、复杂程度、解决方式和途径出现的新变化，依法办案、公正司法，重视保障犯罪嫌疑人、被告人的合法权利，努力实现法律效果与社会效果的有机统一。"社会主义法治理念所提到的服务大局，也要求我们不能就案办案，造成企业和社会不稳定，经济发展受影响，人民群众不满意；执法办案的根本目的是保障和维护广大人民群众的根本利益，执法活动必须注重社会效果，统筹考虑具体公平正义与社会公平正义，考虑执法活动的社会评价和导向作用，接受人民群众和社会各方面的监督。因此，任何只求某种单一的执法效果而忽视甚至牺牲其他效果的观念和行为都是错

---

① 《董必武政治法律文集》，法律出版社1986年版，第594页。
② 《马克思恩格斯全集》（第2卷），人民出版社1961年版，第274页。

误的。①

怎样实现法律效果和社会效果的统一呢？没有法律效果就没有社会效果。为了实现二者的有机结合，一般情况下固然应在法律框架内寻求社会效果。事实上，在法律之中寻求社会效果的空间非常大，有很多方法可以实现社会效果。有些人将社会效果和法律效果对立起来，这是不对的，司法必须要考虑、要学会在法律之内寻求社会效果。另外，当在法律之内寻求社会效果很困难时，如法律是个恶法，司法便很难去寻求社会效果。这时也可以在法外寻求，甚至按照马克思的观点，可以必要地超越法律去寻求。但是，必须按照法定的条件和程序来超越法律，并不是任何一个法官、任何一个司法部门都可以超越法律，如果是那样，法治就不存在了。所以，笔者认为，尽管在特殊情形下司法活动为了追求社会效果，可以在严格的规则和程序导向下变通适用法律，但主要还是要在法律之内寻求社会效果，要严格按照规定的条件和程序在法律之内或通过法律实现社会效果的最大化。就此，以下几点值得进一步地强调：

一是既要克服法律教条主义的倾向又要克服庸俗的法律实用主义的倾向。适用法律时，不能咬文嚼字，要克服法律的教条主义，要抓住法律的精神实质，实现最佳的社会效果。有些司法人员或法官确实存在死抠法律字眼的职业偏向，仅仅抓住法律的字面意义，而不去关注法律的精神实质，往往局限于狭隘的、孤立的文意解释，造成了机械的法律适用，导致社会效果极差。古罗马法学家塞尔苏斯（celsus）曾经说过：认识法律并不意味着死抠法律字眼，而是把握法律的意义和效果。② 也就是说要善于在案件的背后、在法律的背后来把握它的政治、经济和社会关系，把握住法律目的和真义，真正实现好社会效果。但是，对于究

---

① 中央政法委员会编：《社会主义法治理念教育读本》，中国长安出版社 2006 年版，第 90页。

② 两千年前，著名罗马法学家塞尔苏斯说过："认识法律不意味抠法律字眼，而是把握法律的意义和效果。"孔祥俊：《论法律效果与社会效果的统一》，载《法律适用》2005 年第 1 期。

竟什么是社会效果的问题，又有很多的解释。有的认为群众满意就是好的社会效果，有的认为领导满意就是好的社会效果，有的认为当事人满意就是好的社会效果，有的认为推动社会发展才是好的社会效果，有的认为必须满足人民的长远利益和根本利益才是好的社会效果，有的认为满足政府的眼前需要、服务了眼前大局和中心工作的就是好的社会效果，有的认为必须符合科学发展观，服务长远的大局、根本的大局才是好的社会效果。其实，我们不能把社会效果庸俗化，现在有的地方就存在这种倾向。所以，司法既要善于寻找法律真义，又要理性地确认什么是真正的社会效果。

二是既要善于在法律许可的张力内实现社会效果，又要善于做法律之外的工作。任何法律都有一定的弹性，都有一定的张力，只是我们的司法人员没有看到、没有发现这种弹性和张力。因为，许多法律概念均是有判断余地的，都可能做不同甚至多种的解释，这就是法律的弹性与张力所在。另外，法律自由裁量权的空间也很大，有足够的裁量余地，问题是要善于利用这一空间来实现好社会效果。为了便于操作，人们往往希望立法规定得越细致越好。但实际上立法规定得越细，问题也可能越多，以至于离公平和普遍正义越远；法律越细密，实现个案正义就越难。在我国目前情况下，要做到法律效果与社会效果的统一，法律要适当地赋予执法人员和司法人员自由裁量的权力。同时，司法人员也要善于做法律之外的工作，我们强调要通过法律实现社会效果，并非意味着法律之外的延伸工作就不用做了。我们的裁决可能会有一些负面作用，这可以通过案外的工作来加以消除，使它积极效益最大化、负面效益最小化。比如，为使裁判的公正性、合法性和正义性让包括当事人在内的所有人都能了解和明白，使客观公正变成大家的共识，变成社会的共识，这就需要增强裁判的说服力；另外，也可以通过转变工作作风，做一些延伸性工作（例如沟通协调工作、判后答疑工作、息诉说服工作等），使裁判的社会效果最大化。总之，在强调通过法律寻求社会效果的同时，也不能忽略在可能的情况下多做一些法律之外的延伸工作。凡通过案外工作可以做到与实现的社会效果，决不能予以忽视。

三是既要在常规案件中坚守法的安定性，又要在严格遵循法定条件、规则和法定程序的前提下增强法律的灵活性。一般的常规案件，应该说大部分是可以在法律之内妥善解决的，既可以实现法律效果，又可以实现社会效果。但有的冲突是极端的，属于特殊的案件、非常的案件，在这种情况下，司法可以通过法定程序，使用审查机制，适用解释规则赋予法律一种新的含义，可以向上级或立法机关请求他们的认可，就法律做扩大解释，可以通过填补漏洞方法来弥补法律的缺陷，可以通过类推方法增强法律的灵活性。显然，我们主张在法律之内实现社会效果，并不绝对排除在非常特殊的情况下，可以变通执行法律，对于一些特殊的案件，必要时就是要增强法律适用的灵活性。马克思曾讲过法官除了法律就没有别的上司，但他还有恩格斯同时也讲过：当某一个法律离正义很远的时候，法官的责任就是要避开这个法律的适用。[①] 英国大法官丹宁勋爵也曾表达了相近的观点。[②] 沈宗灵先生在研究国外的法官适用法律的时候也得出过这样的结论：有些法官，尤其是在特定的情况下，例如出现社会矛盾、发生社会危机、对外战争等这些场合，法官或者改变法律的字面意义，或者改变法律的原意来解释法律、处理相关案件。虽然，一定情形下变通执行法律是必要的，但任何法官都不能随心所欲地变通法律，必须是在变通适用的价值高于法的安定性价值的特定情形下，在变通适用有利于实现法律最终目的的特定情形下，在变通适用能够得到社会主流价值观的认同，与社会主流价值观相协调，即得到大多数人的认同和认可的特定情形下，遵循严格的法定程序，才可以变通适用法律。

---

① 马克思说，法官除了法律就没有别的上司。法官的责任是当法律运用到个别场合时，根据他对法律的诚挚的理解来解释法律。《马克思恩格斯全集》（第 1 卷），人民出版社 1956 年版，第 76 页。

② 他曾经作过一个极其形象的比喻。如果把法律比作编织物，那么议会决定编织物的材料，而"一个法官绝不可以改变法律织物的编织材料，但他可以，也应该把皱折熨平。"见［英］丹宁勋爵：《法律的训诫》，杨百揆、刘庸安译，法律出版社 1999 年版，第 13 页。

　　四是要在牢固树立大局观念的基础上正确处理好政策和法律的关系。司法活动必须从大局出发，正确处理改革、稳定和发展的关系，注重维护社会稳定与和谐。当前，党和国家的中心工作是中国特色社会主义事业，这要求法官在裁判案件时，要着眼于国家的政治、经济、社会长远发展、着力于人民群众利益的维护，平衡各方利益，实现经济社会的和谐发展，最大限度地实现社会的公平、正义。同时，政策作为政府在一定时期里为满足社会的某一需要所采取的系列行动目标或纲领，对社会政治经济的发展具有重要的指导作用。我国是社会主义国家，党和国家的政策体现人民的意志和要求，代表人民的利益。政策是法律的灵魂，法律是政策的具体化。政策和法律都是为实现党的基本路线这一根本目标服务的。当前我国正处于经济社会变革时期，法制不完善，司法机关在处理案件时，应当善于将执行政策与正确适用法律紧密结合起来，在适用法律时要严密注意党和国家采取的政策调整措施，把办案的法律效果建立在坚实的政策基础上。否则合法的裁判也会出现不良的社会效果。① 只有将法律和政策正确地结合在一起，才能在实现法律效果的基础上，充分实现社会效果。

　　还必须指出的是，实现好法律效果与社会效果的统一，仅仅说说不行，仅仅号召不行，必须建立一系列的制度，将司法实践中为实现两个效果统一而采取的有效工作机制制度化，在提高司法工作质量的同时，切实提高司法效率，并努力改变工作方式，最大限度地做好司法服务与延伸工作，只有这样才可以实现稳定的社会效果，使总体的司法效果达到最佳状态。

五、严格依法司法与和谐司法的统一

　　社会主义司法强调严肃执法、执法必严。董老即曾指出：依法办事

---

　　① 李国光：《坚持办案的法律效果与社会效果相统一》，载《党建研究》1999 年第 12 期，第 6 页。

有两方面的意义，其一必须有法可依，其二有法必依；如果说"有法可依"是树立社会主义法制权威的前提，那么"有法必依"就成为树立社会主义法制权威的关键。我国 1976 年粉碎"四人帮"之后，法制建设逐步走上正轨。1978 年年底中国共产党十一届三中全会召开并发表了全体公报。《公报》认为："为了保障人民民主，必须加强社会主义法制，使民主制度化、法律化，使这种制度和法律具有稳定性、连续性和极大的权威，做到有法可依，有法必依，执法必严，违法必究。从现在起，应当把立法工作摆到全国人民代表大会及其常务委员会的重要议程上来。检察机关和司法机关要保持应有的独立性；要忠实于法律和制度，忠实于人民利益，忠实于事实真相；要保证人民在自己的法律面前人人平等，不允许任何人有超越法律之上的特权。"① 从此党和国家在各个领域进行了拨乱反正，我国社会主义民主和法制建设走上了健康、快速的发展轨道。1997 年 9 月，中国共产党召开第十五次全国代表大会。大会明确"依法治国，是党领导人民治理国家的基本方略，是发展社会主义市场经济的客观需要，是社会文明进步的重要标志，是国家长治久安的重要保证。"从十一届三中全会到十五大，从建设社会主义法制国家到实施依法治国基本方略，从"法制"到"法治"，中国用了近二十年的时间。依法治国方略，是法制发展进程的必然结果，更是国家治理发展的必然要求。1999 年九届全国人大第二次会议对宪法进行了修改，把"中华人民共和国实行依法治国，建设社会主义法治国家"载入宪法，我国法治化进程迈入一个崭新的历史时期。在依法治国基本方略下，严格依法司法，必然成为法治国家的基本要求。

除了要严格依法司法以外，社会主义司法还有一个和谐司法的问题，尤其是在当前构建社会主义和谐社会的新形势新要求下，和谐司法显得更加的重要。实现司法的和谐运行，是构建和谐社会对司法工作提

① 中共中央党校教材：《十一届三中全会以来党和国家重要文献选编（上）》，中共中央党校教务部编，1997 年 12 月，第 21 页。

出的一项新要求，是先进的和谐诉讼文化建设的重要内容。无论是司法
为民、司法民主、司法公开的各项措施，还是公正高效权威的各项司法
制度，均需要在和谐的诉讼秩序下运行，均需要和谐的司法环境提供保
障。和谐司法，也更有利于纠纷的及时了结。在我国努力构建和谐社会
的新的战略目标下，朝着和谐司法的模式迈进，大力倡导和谐司法，无
疑将成为新时期司法的重要特征。和谐司法，必须注重创建和谐的诉讼
秩序，只有真正实现诉讼秩序的和谐，司法工作的有序高效运行才有保
障，司法基本价值与职能作用才能得到更为有效的发挥。

社会主义司法必须着力构建与维护和谐的司法环境。为此，要尽最
大可能明确各个诉讼主体的诉讼权利与义务，以便他们协同推进诉讼的
进程。要积极创建当事人及其代理人与法院之间的和谐关系，切合实际
地采取各项措施，推动形成当事人及其代理人与法院之间和谐的诉讼氛
围。要研究倡导当事人之间的诚信诉讼与文明诉讼，使诉讼及时顺利了
结成为所有诉讼参与人的共同责任。要注意协调人民法院内部各相关部
门之间的关系，切实做到立案、审判、执行、审监各个环节之间、民事
与刑事和行政审判部门之间，能够既分工又合作，既制约又配合，相互
协调、相互促进，共享和谐。要注意上下级法院之间的衔接与协调，充
分发挥不同审级法院的功能作用，避免互相推诿或矛盾上交，切实把纠
纷及时化解在基层。要努力实现人民法院与权力监督机关和新闻媒体等
社会监督渠道之间的关系协调，在尽可能审判透明和依法接受监督的基
础上，维护正常的诉讼秩序。

将严格司法与和谐司法统一起来，还必须进一步做好以下方面的
工作：

一是要在救济渠道方面处理好司法最终解决与多元解决机制的关
系。要妥善处理诉讼调解与仲裁、人民调解、行政调解等之间的衔接关
系，形成和谐的多元纠纷解决机制。必须通过多种纠纷解决方式之间有
效的衔接，来最大限度地化解社会矛盾与纠纷。

二是在司法的指导思想上坚持德主罚辅的原则。邓小平同志指出：

"在不能教育或教育无效的时候，就应该对各种罪犯坚决采取法律措施，不能手软。现在还有少数地方、少数同志对这些人手软。……我们要学会使用和用好法律武器，对犯罪分子手软，只能危害多数人民的利益，危害现代化建设大局。"①

三是在法律规范的选择上要坚持刚柔并举，尤其要充分发挥软法的功能。现在很多人在研究软法，这具有很重要的历史意义和现实意义。按照马克思主义的学说，共产主义的法是需要慢慢消亡的，整个历史阶段是个渐进的过程，这是刚性法逐步地让位于柔性法的过程。要达至和谐社会，必须逐步减少强制性手段，逐步增加柔性手段。

四是在刑事司法方面要坚持宽严相济的刑事政策。宽严必须相济，因为任何刑罚在总量上有一个度，过度使用就会走向反面。马克思曾指出："不考虑任何差别的严厉手段，会使惩罚毫无效果，因为它会取消作为法的结果的惩罚。"② 任何刑法都有一个效果，杀人越多，杀人效果的震慑作用就越小，反而杀得少一点让人感觉很震惊，感觉效果会更大。刑罚不在于重，而在于必，不在于严酷，而在于它的不可避免。列宁曾经讲："惩罚的警戒作用不是看惩罚的严厉与否，而是看有没有人漏网。重要的不是严惩罪行，而是所有的一切罪案都真相大白。"③ 列宁讲得很有针对性。

五是在民事司法方面正确处理调解、和解与依法裁判的关系。当前，加强调解工作，是巩固党的执政地位，更好地服务党的事业的必然要求，是维护社会稳定的有效方法，是执行群众路线的有效方法，也是促进社会和谐的有效方法。加强调解工作，是切实保护人民权益，充分满足人民群众司法需求的必然要求，是保障当事人诉讼主体地位的有效方法，是兼顾当事人当前和长远利益的有效方法。加强调解工作，还是

① 邓小平：《目前的形势和任务》，《邓小平文选》（第 2 卷），人民出版社 1994 年版，第 253 页。

② 《马克思恩格斯全集》（第 1 卷），人民出版社 1995 年版，第 245 页。

③ 《列宁全集》（第 37 卷），人民出版社 1986 年版，第 149 页。

切实解决司法难题、提高司法公信力、维护司法权威的必然要求，是解决诉讼难、执行难和涉诉信访问题的有效方法，是提高司法公信力和维护司法权威的有效方法。但我们也不能用调解的优越性去掩盖甚至替代审判和裁判应有的价值。要在看到调解巨大优越性的同时，注意到调解、和解潜在的局限性。事实上，调解可能会模糊法律的边界，可能减少社会的透明度，因为法律是要通过案件裁判为后来的人提供指引，告诉后来的人应该怎么做、不应该怎么做，如果什么案件都用调解结案，就会模糊责任的区分；调解也可能会使国有资产遭到损失；调解还有可能加大司法人员腐败的风险；等等。所以，应理性地处理好调解与裁判之间的关系。

六是在行政救济方面坚持监督与保护的双重目的。当前，在诸多的社会矛盾和社会关系中，相当一部分矛盾和争议系行政机关与人民群众之间的矛盾和争议。这些矛盾和争议解决得好，就会成为构建社会主义和谐社会的动力，解决得不好，就会成为阻力。我们既要依法保护公民的合法权利，又要监督并促进行政机关依法行政。要通过妥善化解行政纠纷，妥善审理群体性行政争议，妥善解决热点难点行政案件，防止矛盾激化和事态扩大，缓解、化解纠纷，努力维护社会安定团结，有力保障经济社会全面协调可持续发展，最大限度地增进人民和政府之间的相互理解与信任。

七是在检法关系上坚持既要相互制约，又要相互协调。这是社会主义司法制度的优越性，只讲协调配合不讲监督约束，必然使各个司法权之间丧失了司法分权之下的应有功效。既要让人民法院依法接受人民检察院的法律监督，又要积极推动人民法院与人民检察院之间关系的协调，保证审判权与检察权之间相互协调运行，共同实现最大限度的司法公正。

八是在司法的运作方式上尽可能增强司法的亲和力。必须切实避免司法作风上的官僚主义，必须克服司法高高在上而脱离人民群众的倾向，必须体现司法应有的人文关怀，必须急群众之所急、想群众之所想，必须切实做到真情司法、热情司法、文明司法。

六、独立行使司法权与接受领导和监督的统一

　　所有的司法均强调其独立性，马克思主义也强调司法应有的独立地位。从马克思、恩格斯到列宁，他们通常批判资本主义司法是不独立也是不可能独立的，常受资产阶级政客的操纵。中国共产党人在新民主主义革命时期曾深受国民党的一党专政、国民党干预司法以迫害共产党人之苦，对这些我们是坚决反对而且非常愤慨的。所以，在新中国成立后我们强调并坚持司法应有的独立地位。依照我国宪法和法律，人民法院、人民检察院独立行使司法权，包括审判权和检察权，以此确保审判机关独立、自主、公正地作出裁决。这既是马克思主义所提倡的一个原则，也是国际社会的共同语言，是联合国公约等一系列法律文件明文规定的。

　　但司法的独立性并非最高价值，而且这一价值更不能模式化、绝对化甚至神圣化。我们尤其要清醒地认识到，在当前推进司法改革的进程中，为把握好中国司法制度的正确改革方向，必须正确评判近些年来司法改革的相关学说与主张，其中最有代表性的便是"司法独立"的理论与要求。一些人所主张的司法独立，其实质与西方政治体制上的"三权分立"主张如出一辙。似乎三权分立下的司法独立模式，是解决一切司法弊病之良药，唯如此才能实现所谓的司法公正。

　　其实，以三权分立制度为基础的司法独立，在各国的模式亦各不相同。如英国、日本的君主立宪制，美国的总统共和制，以及法国、意大利的议会共和制等，正是这些政权体制上的差异，使得三权分立的真正含义在各国并不相同，而其司法所呈现的独立面貌也因国情之不同而不同。并且，严格意义而言，所谓立法、行政、司法各司其职，界限分明的三权分立体制事实上在各国都不存在。如作为三权分立最早付诸实践的英国，由于其上议院同时又为最高审判机关，故司法和立法几乎融为一体；英国最高法院院长同时还是上议院院长、内阁成员，负有司法、

立法、行政的职责，同时也必须是执政党的一个要员。① 而且在现代政党制度兴起并事实一统立法、行政、司法三者的情形之下，所谓的司法独立显然也只是制度上的表述而已。若以经费保障、人员任免等相关制度与做法来衡量司法独立的尺码，则更使得各国司法独立的状况千差万别。

我们认为：尽管我国宪法和法律规定人民法院、人民检察院独立行使审判权、检察权，但这并不意味着在我国存在西方所谓的三权鼎立下的司法独立，我国宪法规定的是法院独立而非法官独立，是检察院独立而非检察官独立，是对人民代表大会负责并受其监督的审判权与检察权，是民主集中制度下的司法，是中国共产党领导下的人民的司法。我国司法制度的这些基本精神与原则，是在历史的考验中形成的，是在人类政治和法律文明借鉴的基础上形成的，是不断发展和完善并至今依然适合我国国情的。正确认识与把握中国特色社会主义司法的基本价值，就必须始终坚持这些基本精神与原则。

独立行使司法权，必须始终坚持党对司法工作的领导。这是我国社会主义司法制度始终不可动摇、始终不可放弃的特色，也是确保社会主义司法基本价值得以发挥的重要政治保障。我国长期的司法实践证明，任何司法中的重大难题、困难，没有中国共产党的领导是很难加以解决的。中国共产党从中央到地方，都设置政法工作委员会，代表党负责协调和组织公安、检察、法院、司法行政、安全各部门的工作。因此，中国的"司法"与"政法"之间有着难以割舍的关系。我国的各级司法组织机构中均设有主要领导干部组成的党组，负责具体贯彻落实党的各项方针、政策与指示。根据相关法律，各级人民法院院长、人民检察院检察长候选人选，由中国共产党的各级党委向同级人民代表大会推荐，并经选举产生。正是通过以上这些组织上的安排，中国共产党实现着对司法工作组织上的领导，而我国的司法也始终以坚持党的领导为己任。

---

① 李映洲：《外国政府制度》，甘肃人民出版社1993年版，第158页。

毫不动摇地坚持中国共产党的领导，如同坚持我国社会主义发展道路一样，是我国近现代发展历史的证明，是三十多年改革开放实践经验的总结，是我国国情的必然要求，是中国共产党宪法地位的具体体现，是中国社会主义司法制度的本质特征所在。综观西方各国政党与司法制度，其实也不难发现其政党与司法之间千丝万缕的关系。如美国联邦法院法官必须由总统提名并经参议院同意后任命，而总统们往往也是提名本党成员作为候选人以增强本党在最高法院的力量，他们一般都不会从反对党派中选择法官，这似乎已成为历年法官提名的不成文惯例。① 至于兼任联邦总检察长的司法部长，原本即为总统内阁成员，总统原则上更是直接任命本党党员来担任。就像美国富兰克林·罗斯福总统曾经有过的评价："一个联邦最高法院的法官，倘若他不是任何一个政党的成员，一个具有建设性的政治家，那么他将不适合他的身份和职业。"② 据统计，20 世纪 50 年代，美国共和党总统艾森豪威尔任内的联邦地方法院法官中来自共和党的就占 95% 以上。随后，民主党总统肯尼迪在任期间，地方法院的法官也有 90% 以上来自民主党。③ 在英国所谓首相提名而由英王任命的法官实际上也都是由首相征求本党意见之后予以提名，且英国上议院既是最高立法机构又是最高审判机关，而保守党历来在上议院中占有优势地位，它对司法审理的政党倾向不言自明。在法国，总理为当然的最高行政法院院长，作为政党领袖的政府总理主管行政法院，其办事与行动中具有政党倾向性，不与总统对抗，使审判不超出执政党统治秩序的范围，同样不言而喻。④ 日本等国也大致如此。总之，自英国 19 世纪初最早产生政党以来，伴随着政党对选举制度的实质影响，各国政党在选举获胜之后，用"以一统三"的方式，沟通和运作

---

① 封丽霞：《政党与司法：关联与距离——对美国司法独立的另一种解读》，《政党与司法》，2005 年第 4 期，第 415 页。

② 封丽霞：《政党与司法：关联与距离——对美国司法独立的另一种解读》，《政党与司法》，2005 年第 4 期，第 415 页。

③ 梁琴，钟德涛：《中外政党制度比较》，商务印书馆 2000 年版，第 238~239 页。

④ 梁琴，钟德涛：《中外政党制度比较》，商务印书馆 2000 年版，第 239~240 页。

立法、行政和司法机关之间的联系，司法的政治特性难以避免。"只是由于各国政党历史发展的不同状况，所谓政党对司法的影响，总是在各党派争夺的夹缝中呈现出互为交错的状态。"①

独立行使司法权，必须接受权力机关及社会各界的监督。没有监督即可能会导致司法权的滥用。依照我国宪法和法律规定，人民代表大会为国家权力机关，人民法院、人民检察院与各级国家行政机关一样，均是由各级人民代表大会产生，并对它负责，受它监督。最为具体的表现是，各级人民法院、人民检察院和各级人民政府一样，均需向同级人民代表大会定期或专项报告工作，由人民代表大会进行审议；各级人民法院院长、人民检察院检察长均由与其同级的人民代表大会选举产生，其中下级人民检察院的检察长还要同时报请上级人民代表大会常务委员会批准任免；各级人民法院副院长、审判员、审判委员会委员，各级人民检察院副检察长、检察员、检察委员会委员，则由本院院长或检察长提请同级人民代表大会常务委员会任免。显然，我国宪法并未就国家权力进行分割，国家权力统一是由人民代表大会行使，全国人民代表大会行使最高国家权力，地方各级人民代表大会行使地方国家权力，在国家权力之下虽然设立国家行政机关、国家审判机关和国家法律监督机关，但它们均不是与国家权力机关并列而权力平等的机构，行政权、审判权、检察权均由国家权力派生，并必须对国家权力负责，必须受其监督，以此确保所有国家权力最终归于人民行使。这与西方所谓"三权分立"制度下，司法并不向议会定期或专项报告工作，更不接受议会审议或受议会监督的司法体制模式显然不同。当然，权力监督实际上也是由具体的个人来推动行使的，也可能带有个人倾向，受到个人的影响，监督权也存在滥用的可能。当前，司法实践中，人大代表对个案进行监督，即存在扩大化的蔓延态势，其中不乏滥用权力监督的倾向。如何解决此类

① 沈德咏主编：《中国特色社会主义司法制度论纲》，人民法院出版社 2009 年版，《前言》第 7 页。

问题？关键是要依法监督、理性监督、集体监督、依正当程序监督，而且监督者也应接受监督。以此，一方面要强化监督，另一方面也要防止监督权的滥用，确保司法价值始终得以正当而有效地实现。

结合马克思主义经典作家的论述和看法，结合国际共产主义运动实践，结合中国的司法实践，以及多年来正反两方面的经验教训，本章对社会主义司法的基本价值作了以上初步的探讨。其中分析与观点不一定准确，但只要法学界同仁共同来探讨这一问题，我们就总会更加接近真理，总会抓住它、反映它的真正特色和价值所在。

社会主义司法的基本价值体系应当是开放性的。社会主义是一个相当长的历史发展阶段，我国现在仍处在初级阶段。伴随社会主义的发展进程，社会主义司法的价值体系必然更加丰富与完善。同时，也要看到，实践是检验价值的唯一标准，作为司法的基本价值体系应当重在建设，应当在建设中进一步得到验证。如果始终只是停留在理念上，停留在一般口号上，这对我们司法制度发展并没有太多的实际意义。只有每一位司法工作者共同参与建设过程，共同发展它、完善它，社会主义司法的价值体系才会更加丰富，社会主义司法的价值就一定会成为人类有史以来最高的、最具价值的价值！

第三章　论司法理性

司法的理性和理性的司法是这样一种关系：如果没有理性的司法，那么这个国家可能会国将不国，一个国家要真正建设成为法治国家，要使整个国家接受规则的治理，需要理性的司法；而要实现理性的司法，首先必须要弄清楚司法的基本理性。马克斯·韦伯曾经讲过："现代化的标志，就是越来越多的活动为理性所主持。"理性这个概念本身在启蒙时期是一个用得比较多的术语，从某种意义上说有点像陈词滥调，但是，经过最近几年激烈的观念变迁和不同观点之间的碰撞，我们仍然需要重新反思司法的理性到底是什么，仍然要重新认真研究司法应当遵循哪些基本的价值观。司法的理性和理性的司法是两个不同的问题。司法的理性指的是司法的一些基本价值观，理性的司法指的是为了实现理想的司法需要具备的条件，这里只讲司法的基本理性。司法的基本理性有六个方面的问题需要特别予以关注。

一、司法主体的中立性

中立性这个概念一般听得比较多，而这里为什么强调中立性，而不首先讲独立性？第一，独立性这个概念尽管有它的科学性，但是在当前这样一个社会背景下，仍然还有很多人不接受这个概念，认为它是资产阶级的东西。第二，独立性并不是司法的一个终极目的，独立性并不代表一切，它最直接的目的是为了追求中立性，中立性的概念当然包括独立性的概念。第三，独立性如果强调得过多，会产生一种负面效应，尤其是在目前不成熟，法官素质还不是太高，监督制约机制还不健全的情况下，过分地强调独立性，可能会带来负面效应。所以笔者倾向于强调中立性这个概念。中立性这个概念包含着以下几层含义：

1. 中立性概念应该包含独立性。司法机关的独立性是中立性的一个必要的前提。讲司法的独立性事实上应该是从孟德斯鸠开始的。在孟德斯鸠以前，曾经有亚里士多德讲过三权，即国家政权中的三种权力：立法权、行政权和司法权。在后来罗马共和国的实践中，行政权力是很不一致的：执政官分为六种类型，真正带有执行权性质的是六种行政权，其中一个行政官管理的恰恰是司法事务。后来人们总结罗马政体的时候强调它的权力分立和三种权力的制衡，所以权力分立和制衡理论不是洛克，也不是孟德斯鸠首先提出来的，实际上在罗马时代就已经有这样的理论和实践，但当时司法权并不是主题，它是由执政官中的一个行政官来执行的。洛克讲三权，事实上讲的是立法权、行政权以及外交权，司法权也没有真正地独立。司法权真正在国家权力中被当做一种独立的权力来对待并且独立出来的，还是从孟德斯鸠开始的。后来的政治家、思想家讲司法独立就讲得比较多了，基本含义就是要司法权从立法权、行政权中独立出来，这是一个必要的前提。

2. 司法应该恪守自己的属性。司法保持适当的能动性是必要的，但司法不能过分的积极、主动，而应该在自己固有的、本能的范围内来发挥作用。司法首先具有一定的被动性，人们经常将不告不理当作被动性的一个基本标志。法官不是监察官也不是检察官，不能主动地追究责任，而是被动地解决争议。其次，在诉讼过程中，它带有一定的消极性，不能积极地帮一方当事人进行攻击和防卫。另外，司法的社会职能、政治职能应该在一定的范围之内，司法不能承担过多的政治职能、经济职能和社会职能。如果承担过多的职能，就可能会偏离它应有的方向。

3. 司法必须在当事人之间保持中立。法官和当事人双方是一种等距离的关系，他不能偏向任何一方当事人，不能对任何一方当事人有所

歧视，对各方当事人的意见都应当给予平等的关注，这里尤其是要注意
这样一个概念，即对当事人各方都应当给予平等的关怀与尊重。

4. 在国家利益、当事人的权益和个人利益之间要保持中立。法官
不能徇私，不能成为自己案件的裁决者，任何裁判结果都不能包含有纠
纷解决者个人的利益，纠纷解决者不应该对任何一方当事人存有偏见。

司法中立性至少应该包含这四层含义。正因为如此，司法主体的中
立性可以说是司法的基本理性中的一个最基本的理性。从现实来看，一
个法官如果真正中立和公正无私的话，即使他的水平不高，即使有关程
序设置不怎么好，裁判还是可望实现公正的。

二、司法过程的正当性

一些文章和教科书在描述司法的特征的时候，通常讲它的程序性，
把程序性作为司法的基本特征。但是，第一，程序不是司法所独有的，
立法机关的程序也是比较复杂的，而且大凡法治国家都有一个行政程序
法。第二，程序是一个中性的概念，并不是有了程序就有了一切。程序
有公正的，也有偏私的，有高效的，也有无效率的。总之，有好的程序
也有坏的程序。那种认为只要有了程序就有了公正，就有了一切的观点
是我们所不能赞成的。那么对于司法的过程我们追求的到底是什么？我
觉得应该是司法程序的正当性，也就是我们通常所说的正当程序。当
然，需要强调的是，立法机关、司法机关和行政机关都有一个程序的正
当化问题，司法的正当程序有它特定的内容。为什么用正当程序而不用
法定程序？因为法定程序是人制定的，人定的程序，有时好，有时坏。
中国的程序有很多，特别是那种官僚的文牍主义的程序不少，但有相当
多的法律程序于事无补，根本就不能达致公正的目标。这些程序很复
杂，办事手续很复杂，比如有时为了一个行政许可，要跑几十个单位，
盖几百个印章，但程序很复杂却不一定有公正，所以不是不重视法定程
序，而是不能把法定程序看得特别认真。法定程序并不是一切，关键是
程序的正当性问题，即它是否正当、合理、科学。另外，在相当多的情

况下从事活动如果没有程序怎么办？是否就可以随心所欲？不是这样的。在没有程序的情况下，也应该遵循正当程序的基本规则，司法的基本理性或实质的要求是过程的正当性。最早提出正当性这一概念的是1345年英王爱德华三世第二十八号令第三章中，它规定：未经法律的正当程序进行答辩，对任何财产和身份的拥有者一律不得剥夺其土地和作物，不得逮捕和监禁，不得剥夺其基本权和生命。有人说正当程序的概念产生于美国，英国只是自然正义，这是不对的，其实英国的正当程序概念在1345年就有了，美国继受这个概念是在18世纪。当然，爱德华三世第二十八号令讲的正当程序源于古罗马的自然正义，也就是英国人后来讲的自然公正。对于司法过程的正当性，我们应当认真研究。笔者所强调的核心观点是司法并不在于有没有程序，事实上任何过程本身都客观地存在着程序，任何一个司法活动都或多或少客观地会有一些程序，因为程序本身是一种实体的存在形式，在某种意义上它是一种活动的存在形式，有活动有过程就有形式。需要总结的问题就是要对程序制定一定的标准，程序只有达到一定的标准才有可能实现公正，有助于实现正义。程序如果达不到一定的标准，只会带来成本的提高，带来一些诉累和麻烦。问题是正当程序规则应当包括哪些基本内容？笔者认为主要有这么几点：

1. 任何人都不能作为自己案件的法官。这是正当程序的一个基本规则。案件不能包含裁决者个人的利益，如果有了裁决者个人的利益裁决者必须回避，就不能审理这个案子。这是一个最基本的正当程序规则，而不管法律有没有规定。

2. 对诉讼当事人必须平等对待，不能有任何歧视和偏袒。所有的程序设计必须平等对待当事人双方。平等对待除了权利平等以外，承担义务也要平等，尤其是机会的平等。法官必须要平等地听取双方当事人的意见，给当事人同等的机会来进行攻击和防御。

3. 法官在诉讼中必须要听取双方当事人的论证和证词，听取双方当事人的意见。简单地说就是不能听一面之词。

4. 法官的裁决必须要有整个庭审活动的记录作为基础，并且以理性的和合乎逻辑的推论作为基础。

5. 整个诉讼过程除了法律规定的特定情形外，必须保持高度的透明，尤其要注意信息的对称性。现在有的诉讼对当事人一方是透明的，对另一方却不透明；一方对另一方攻击和防御的武器如证据材料等全部都知道，但对立一方却信息不对称。信息不对称就可能导致当事人在诉讼中的陈述答辩可能会不利于自己所追求的目的和诉请。

关于正当程序规则还有很多，笔者曾经根据诉讼中的一些基本考虑列过十几项，这里讲的主要是中立性。总之正当程序的定义就是法律为了保持日常司法工作的纯洁性而认可的各种方法，可以说所有的在诉讼过程中有利于诉讼过程实现公正的那些方法、过程、形式都可以说是一种正当程序。

三、认定事实的客观性

一个理性的司法必须要能够做到准确地认定事实，正确地认定事实是法官做出正确裁判的基础。通常所说的以事实为根据就是这个意思。没有事实的正确认定，是不可能有公正的司法和判决的。在这里使用的是"认定事实的客观性"，是因为在认定事实问题上学术界有些不同的看法，有关于客观真实和法律真实的争论。一种观点认为诉讼以追求客观真实为目的，要尽可能地实现客观真实；另一种观点则认为在诉讼中是不可能恢复客观真实的，诉讼中事实都只能是法律上的真实，不可能是客观真实。这种观点认为，由于诉讼过程是对已经过去的事实的一种恢复，而客观真实是不可能完全恢复的，故诉讼活动只能追求法律真实。关于客观真实和法律真实之间的关系，学术界过往强调实事求是原则，追求的是客观真实，但最近一些年来学术界基本上比较认可的是法律真实。笔者认为，如果把司法审判认定的事实完全定位在法律真实这一点上是危险的，理由主要有：第一，如果完全抛弃客观真实的概念，法律真实也就失去了依托和前提。既然没有客观真实，法律真实从何而来？由此求得法律真实的规则便无从建立。第二，即便从辩证唯物主义的角度来看，如果真的不可能有客观真实，就会陷入不可知论的泥潭。实际上，诉讼中所要恢复的事实并不是先前发生事实的所有环节和细节，所要恢复的真实只是与诉讼有关联的那些基本事实，能够证明法律事实要件就足够了。这种事实是可知的、可求的，如果认为这个也不可求，那么所判的案子都只是一种或然性，都可能是相对公正的，不可能是绝对公正的。第三，如果没有客观真实这个概念，会给某些人歪曲事实打开方便之门。完全按照程序来办，按照法律要求来办，按照证据规则来办，得出的事实不一定就是真正的客观的事实，结果导致有些案件久拖不结，导致最后的申诉不断。近几年的实践证明，最高法院的证据规则出台以后，由于寻求形式上的公正，追求法律上的真实，结果导致申诉量大幅度上涨。因为证据规则规定时间一到，提交不了证据法庭就不能再接受证据了，如果按照现有的不充分证据来判肯定就会有失误，判决结果就不会与客观事实相符合，法官认为依据的是法律真实，当事人是不服的，当事人不管是不是法律真实，他要求的是客观真实。第四，即使古今中外的证据学和证据规则追求的仍然是客观真实，法律真实只是在无法求得客观真实的情况下，退而求其次所追求的一种结果。它是一种无奈的选择，我们当然不能把一种无奈的选择当作追求的目标。首先还是要强调追求客观真实，只有在一些特定的情况下，也就是在当事人提供的证据真实性难以判断，一方提出的证据不能绝对排除另一方证据合法性、真实性的情况下，才利用证据规则，尤其是举证责任规则来判案。在这种特定的情形下司法所认定的事实才叫法律真实。从诉讼实践和所判案件情况来看，实际上在大多数情况下是可以作出一个确定的判决的，只有在证据的真实性难以判断或者根本不知道哪个是真，哪个是假的时候，才按照举证责任规则来办，这种情况实际上是很少的，我们不能把个别当成一般，把特定性当作普通性。总之，在诉讼中认定事实，应该有一种追求客观性的态度，而不能一开始就把自己的目标定位在法律真实上面，否则用这种观念来指导法官，法官轻松了，却给当事人带来了麻烦。所以诉讼必须要以寻求最大的客观真实为目标。

四、裁判准据的公意性

裁判依据的标准是什么？笔者认为是公意性。为什么用公意的概念，而不单纯地用法律，这是有原因的。按照人们惯常的思维，司法应该以法律为准绳。其实，如果仅仅局限在法律范围内，裁判的标准和依据就会过于狭隘。因为一个法官能够拿来作为裁判依据的除了法律以外，还有很多东西，如历史、公认的道德准则、推理、先例、习惯以及社会所公认的价值观等，我们常说的注重法律效果与社会效果的统一，就是要考虑到社会的目标、社会的目的和社会的公共利益。所以，法官在判断案件的过程中，所理解的就不仅仅是法，归结一点是依据当时社会所公认的、所承认的一些主流的价值观。一般来说，法官在有法的情况下会依照法律办事，但是在相当多的情况下，如果法律没有规定，这就需要"法官找法"或发现法律来填补漏洞，来弥补法律的缺位。通过"找法"或发现法律来填补法律的过程实际上就是用当时社会所公认的主流的价值观来填补，用广大人民群众或者大多数人所承认的、所认可的价值观来进行填补的过程。如法律赋予的法官自由裁量权就是依据当时的社会主流价值观来进行判断。另外当法律本身发生冲突的时候，如上位法与下位法，特别法与普通法，前法与后法不一致时，法官要进行选择。当然有些国家是有特定的选择规则的，如果规则不明确，实际上法官也必须遵循当时社会的主流价值观来选择应当适用的法律。正是从这种角度考虑，裁判的依据从本质上来说，是一种当时社会所公认、所认同的价值观，或者说是当时的一种公意。法治的实质就是要服从规则的治理，而这种规则必须是大家所认同和普遍接受的规则，只有大家承认、所认可的规则才能作为裁判的标准。

讲公意，首先还是要依照法律规定，因为法律是公意的集中体现，法官裁判案件的基本标准和依据首先必须是法律，所以必须严格地按照法律办事。强调严格执行法律的规定，从古希腊起就有这个传统，例如众所周知的苏格拉底的故事。孟德斯鸠曾讲过："一个民族的法官只不过是宣布法律词语的喉舌，他们是无生命的人，他们既不能变动法律的内容，也不能修改其严肃性。"列宁说得更尖锐："假如我们拒绝用法令指明道路，那我们就会是社会主义的叛徒。"伯尔曼也曾说过："法律必须被信仰，否则它将形同虚设"。另外，还有人强调法官只能按照法律的尺度和标准去主持法律之内的正义，而不能离开这些标准和尺度去追求法律之外的正义。为什么法官必须遵守法律？第一，在一个民主的国家，法律是代表公意的，执行法律就是执行人民的意志。第二，只有严格认真地执行法律，才可能有法律的确定性，才有司法的确定和可预测性。如果法官不按照法律办事，没有法律的可预见性，没有司法的确定性，人民群众就会手足无措。第三，人们对法律的信仰，对法律的严格遵守，有利于一个国家法律的稳定。如果人们不信仰法律，那么这个国家的秩序是难以维护的。总之，法官必须服从法律，必须受到法律约束，这是不容置疑的，否则的话就会坠入非法的泥潭，最终会断送司法的前途。

其次，当法律有空缺，有漏洞的时候，法官不能仅仅简单地说"于法无据，予以驳回"。现在很多判决被申诉就是因为法律虽然确实没有规定，但法官只是简单地以"于法无据"予以驳回了。实际上法律的空白完全是可以通过法官的能动性去填补的，即在法律存在空白的时候在一定的范围内是可以填补的。卡多佐说过："正是在没有成文法律和先例时，严肃的法官工作才刚刚开始。"也就是说，有法律存在空白的时候，正是显示法官水平的时候。法官应该积极地填补法律的漏洞，当然不能随便填补，必须要按照规则进行填补。填补的基本规则就是同样的案情同样处理。法官还要善于运用填补的方法，填补在很大程度上就是要按照公意，按照公众的可接受度，必须考虑主流价值观的趋向。

复次，当法律发生冲突的时候，法官也不能简单的拒绝裁判，而应该进行能动地选择。在行政诉讼领域，笔者曾提出两个概念：法官对法律规范本身没有司法审查权，但法官有法律规范的选择适用权。在选择适用之前，还必须有一个判断权，有合法性的判断权和选择适用权这两权。如果没有这两种权力，法律规范相冲突时，不可能在同一案件中适用两个相互矛盾的规范，必须进行选择，当然在进行这种选择的时候，应当受到一定的限制。如果所遇到的规范冲突层级属于规章以上且没有解决的成例，必须按照规定的程序送有权机关作出有权解释以后，然后再进行判决，否则会带来一定的随意性。

再次，当法律规范明显与社会公认的价值观相抵触时，法官应当善于运用法律的基本原则和目的来解脱困境。有人说，法官是法律的信徒但不是法律的奴仆，信仰法律不等于要盲从法律。如果法律明显与社会主流价值观相冲突，这就要通过我们的解释、理解，来弥补法律的不足和矫正法律规范的偏失。当然在某些情况下也要送请有权机关进行解释或确认，而不能擅断，尤其规范层级较高或在某些特别敏感的领域。

最后，当法律规定不清楚或有冲突的情况下，法官应当善于利用价值判断、价值衡量和利益衡量的方法来解决纠纷。

以上这五个方面的问题，都涉及裁判的基准和依据的问题。裁判的依据事实上不仅仅是法律，核心问题是所依据的规则是否符合主流的价值观，是否真正符合广大人民的意志，也就是说，是否符合公意。以上五种情况下的裁判基准都不仅仅是法律，事实上都是公意，或者说是国民的共同意志，即以国民肯定、承认和默认的一种价值观来作为依据，这是它的核心和实质。

五、审判结果的效益性

人们普遍认为审判追求的结果应是公正，故公正应是审判活动的基本理念。而这里用效益而不用公正也不用效率是因为：

第一，效益的内涵是公正、效率所不能完全包括的。事实上我们在追求裁判结果的时候，仅仅定位于公正或效率是不够的。笔者认为比较具有概括性和包容性的概念是效益。所谓效益性就是要求法官在有限的司法资源与不断增长的司法需求和多元的司法评价尺度之间，保持一种平衡。一个案件判得好不好，每个人的看法并不一致，原告说好，被告不一定说好，这个集团说好，那个集团不一定说好，即个人的评价是多元的。在这种情况下，笔者认为追求的共同的东西应该是裁判的效益。对任何一个单限度价值的追求，都可能会扭曲公正司法的方向，可能会带来一种偏向。可能我们自认为自己的观点是正确的，但事实上我们的观点会不可避免地带有这样或那样的偏向。这里讲的效益，首先讲的是社会整体利益的最大化，即把社会整体利益的最大化作为裁判所追求的一个基本目标。社会利益的最大化的要义是公正，没有公正就没有效益，没有公正，效益肯定是负面的。奥古斯丁讲："国家如果没有了正义，就沦落为一个巨大的匪帮。"司法如果没有了公正、正义，裁判就会是一个专断，是司法的专横。所以说公正是司法追求的基本价值和最基本的结果，其他的结果都是在这一结果上的延伸。

第二，效益要求考虑整个社会的福利，也就是给整个社会带来的积极影响，尽可能避免对整个社会带来负面影响和消极影响。卡多佐说："法律的终极目标或原因是社会福利。理想的公正应是最大社会福利下的公正。"

第三，效益的概念对是否达到了无讼的程度提出要求。孔夫子讲："听讼，吾犹人也，必也使无讼乎？"就是说所审理的案件首先要达到的目的是当事人之间不再产生争议。推延开来，通过这个案件的审理使以后这一类案件不再发生，因为这个案件树立了一个标杆，树立了一个价值尺度和评判标准，大家按照这个标准和评判标准去各行其是，就不会再发生这样的争议，也就是孔夫子所讲的"无讼"这样一种最高的境界。如果审判能够消灭争议、解决争议，给社会带来安宁与和平，功莫大焉。

第四，效益要求成本的低廉化。成本包括当事人的成本和国家的成本，成本除了显性成本即表面上的成本外，还有隐性成本即看不见的成本。交诉讼费、请律师的费用，这是显性成本；个人找关系、费时费力，那是精神上的成本即隐性成本。成本的低廉化对于追求审判结果的效益是很重要的。波斯纳曾经讲过："正义的第二种含义……也许是最普通的含义就是效率，对不公正的最好解释就是浪费资源。"效益性体现在效果上，表现为诉讼的收益与成本之比。

六、裁判实现的可期待性

法院最终的产品是裁判，当事人诉请法院最希望最直接的要求也是请求法院做出某种裁判。如果裁判不能实现，即通常有人讲的"打法律白条"、"调是空调，判是白判"，就会形成一种不良的格局。要确保裁判的实现，一方面通过国家的强制力来保证实现。过去有人把强制性当作司法的一个基本特征，认为司法就是当事人在一个固定的场所进行公平的、有秩序的争辩，然后由法院作出裁决，如一方当事人不履行裁判，由国家强制力来保证它的执行。所以强制性是司法的一个很重要的特征。私人间的纠纷解决没有这个特征，没有国家强制力保证执行，私人间要么和解，要么心甘情愿地自动履行，要么靠自力救济，但这只是一方面，如果把裁判的希望仅仅限定在国家强制力上是不明智的，也是不那么"以人为本"的。所以要确保裁判的实现，另一方面，从根本上来说，是可期待性。可期待的首要定义是裁判的可接受性。要求裁判的可接受性，就得要求法官在审理案件的时候要考虑到裁判是不是能被当事人所接受，同时能不能被整个社会的大众、为社会整体所接受。这个因素必须要考虑，尽管不能完全被这个因素左右，但必须要考虑这个因素。

在作出判决的时候，公正性是前提和基础，如果没有公正性，背离了司法应有的正义，那么它的可接受性、公信度肯定会降低，同时要求在司法的程序方面也要保证公正性，形象方面是公正的，做到形象公正、程序公正，这样都有利于当事人接受这个裁判。有很多当事人的申诉，当事人在事实认定和法律适用等等实体问题上没有什么道理，真正进入再审程序的是百分之零点几。从全国统计的数字看 0.3% 是不高的。为什么会有那么多申诉，主要原因是当事人不理解，裁判不具有可接受度。要考虑到可接受度，必须要在裁判文书加大说理，必须要进行充分说理，把道理讲清楚。提升裁判的可接受度，在司法之中还有很多文章可做。如司法便民、司法亲民等等，这都属于可接受性、裁判可期待性的问题，有了这么一些要求，司法裁判就不仅仅是寄希望于强制执行。因为在现代社会，如果一个法官把裁判执行的希望完全寄托在强制执行上，这是可悲的。

关于司法的基本理性，以上从六个方面进行了诠释和理解，即司法主体的中立性、司法过程的正当性、认定事实的客观性、裁判准据的公意性、审判结果的效益性、裁判实现的可期待性。但对司法基本理性的探讨应当是开放的，需要我们不懈地进行总结和提炼。

第四章　论司法政策

所谓司法政策，是指国家司法机关为了实现一定的目的而采取的具体的、积极的司法策略和措施。在以往的论述中，有关刑事政策的论述相对多一些，但从司法政策这个大视角来讨论问题相对较少。本章试从五个方面来阐述构建和谐社会与司法政策调整的关系。

一、司法政策是实现司法目标的基本途径

无论提供司法服务还是司法保障，司法要实现自身价值的最大化，离不开司法政策的调整。司法政策是实现司法目标的重要载体。通过司法政策的调整，人民法院为特定社会发挥司法服务和司法保障作用提供了可能性。就司法机关而言，服务于社会的功能在很大程度上只能通过调整司法政策来实现。一辆行使在陆地上的汽车或航行在大海中的轮船要改变目的地，只要调转方向盘或舵盘，就可以实现，但司法机关作为实施法律的机关，其活动要严格依法办事，不能改变已经生效的法律来实现新目标。法律在制定时已经确立一定的价值目标，但随着客观条件的变化，原来设定的价值目标可能会发生一定的改变，而法律具有相对的稳定性，司法机关在执行法律的过程中不可能及时改变法律来实现已经发生变化的目标，只可能通过调整司法政策来实现或接近新的目标。因此，在不改变既定法律的情况下，司法机关要为新的目标服务，只能通过调整司法政策来实现。

二、司法政策作用于社会的机制

在司法机关拥有违宪审查权的国家，司法政策调整的空间相对较大，因为司法机关通过审查法律的合宪性，用新的政策眼光、新的目标来审视法律的正当性，来解释法律。解释法律本身具有较大的弹性，不仅可以探求立法者的原意，而且可以探求立法者在现实情况下可能或将会如何进行规范。就我国而言，虽然司法机关没有违宪审查权，但司法政策的调整并非没有余地，主要表现在以下几个方面：第一，当法律存在着不确定的概念时，需要司法机关来解释，这时，完全可以以社会的需求为指导来对相关概念进行诠释，使司法政策的调整成为可能。第二，任何法律都不能不给司法机关留有一定的自由裁量余地，司法机关可根据一定的政策和价值目标来行使自由裁量权，以作出唯一"正确"的裁量，此时，司法政策便发挥了作用。第三，任何法律体系都不可避免地存在着这样或那样的漏洞，要填补这些漏洞，需要一定的价值观作指引，在这种情况下，可用司法政策的调整来实现。第四，在法律适用时，经常遇到一些法律规范相互冲突和不一致的情况，司法机关在审理案件时，对同一个事实不可能同时适用相互冲突、相互矛盾的法律规范，在这种情况下，司法机关一般是根据已确定的规则来选择法律规范的适用，但有时也要作价值判断后再进行选择，此时司法政策可以发挥其作用。第五，在司法审判过程中，经常会遇到价值判断和利益衡量的问题，在多种权利或利益相冲突时，到底保护哪种权利或利益？这就要进行价值判断和利益衡量，而在进行价值判断和利益衡量时，司法政策就会发生作用。

三、建成小康社会和构建和谐社会对司法政策提出了更高的要求

建成小康社会和构建和谐社会的理念和目标，对司法政策提出了更

高的要求，主要表现在以下三个方面：第一，司法审判要达到案结事了，胜败皆明，达到或者促进人与人之间关系的和谐。这种要求，与过去的"公正、高效地解决纠纷"相比，显然要求更高。因为它不仅要求审判活动公正、高效，而且要使双方当事人和谐相处。第二，司法审判需要实现多种价值目标，而不只是追求某一种价值。因为时下所讲的和谐社会跟中国传统意义上的和谐社会是不同的，民主法治、公平正义、诚实友善、充满活力、安定有序、和谐相处这六个方面的要求实际上是六种价值。这六种价值有的是完全一致的，有的是可以并存的，有的可能是矛盾的甚至有冲突的。"和谐相处、安定有序"与"充满活力"就并非完全一致，在一定的情况下可能发生冲突。要构建和谐社会，司法审判不能只关注其中一点，而需要对这六个方面统筹兼顾。这对司法审判也就提出了更高的要求。第三，司法审判要为建成小康社会构建和谐社会服务，仅要求形式公正、程序公正、主观公正和个案公正是不够的。在过去相当长的时间内，我们注重的是实体公正、实质公正，但后来又过于偏向程序公正、形式公正，都不无偏颇。对公正的涵义要做多维的理解，要做到五个"统一"，即程序公正与实体公正的统一、形式公正和实质公正的统一、主观公正和客观公正的统一、个案公正和整体公正的统一、现实公正与历史公正的统一。要实现这些统一，并非易事。要建成小康社会、构建和谐社会就必须在这五个统一上下功夫。要找到平衡点，不能仅仅追求一方面的价值而忽视甚至放弃其他方面的价值。

四、司法政策要对建成小康社会、构建和谐社会做出积极的、具体的回应

司法政策要符合建成小康社会、构建和谐社会的需要，就要进行积极的调整。在立法已定、不能大规模修改法律的情况下，司法机关可从三个方面进行政策调整。

（一）关于刑事政策的调整

"刑期于无刑"，通过刑罚的运用达到消灭犯罪、减少犯罪，甚至达到"刑措而不用"的境界，是法家、儒家及其他诸子百家的共同主张。问题是如何来实现这个目标。对此，历来就有不同的刑事政策主张，儒家主张的是感化主义的刑事政策，主张尽可能地多用道德感化、少用刑罚，通过"轻刑"、"省刑"来实现最终消除犯罪的目的。法家主张通过"重刑轻罪"，而使"重者不至，轻者不来"，也就是通过威吓主义的方式，即以"以刑去刑"的方式来达到"无刑"和消灭犯罪。这两种理念的结合便是"宽严相济"、"恩威并重"、"世轻世重"。从政治法律实践来看，统治者实际上是"霸王道杂之"，既用"霸道"又用"王道"。上述这三种路线到底哪一种正确，现在很难确定。因重刑主义而亡国的，秦朝是一个例子；一味的轻刑，也有亡国的。真正比较有效的，是《尚书》所讲的"刑罚世轻世重，有伦有要"，什么时候该重，什么时候该轻，要做到"有伦有要"。"要"是要抓住重点，"伦"是要讲规则。如何做到"有伦有要，世轻世重"，这是一个非常复杂的问题，需要认真研究。从中国古代的经验看，"乱世用重典"，然后逐步减少刑罚的适用，一旦进入"平世"，就逐步加大感化主义的力度，加强德治，最后实现所谓太平盛世。不管是"文景之治"还是"贞观之治"，刑罚都是用得很少的。史载，贞观年间每年天下处决死囚只不过十几人或几十人，有时候还形成年终"狱空"（即监狱和看守所里无人犯）的情形，总之，和谐社会总是要"省刑"的。为此，刑事政策的调整要从以下四个方面着手：一是"省刑"，就是要尽量地减少刑罚的适用，即当今国际上通说的"非犯罪化"、"非刑罚化"等，尽管用"化"可能太过分了一点，但其本意是要尽可能缩小犯罪的范围和罪种。犯罪构成是立法决定的，但是司法机关在一定的程度上还是可以调整的，根据我国刑法"情节显著轻微不认为是犯罪"的规定，司法机关对是否构成犯罪可以进行一定程度的调整。"非刑罚化"要求能用轻刑不要用重刑，能用一般刑罚就不要用极刑，能用一种刑不要用多种刑，其内容是很丰富的。二是"慎刑"，可杀可不杀的，不杀；可抓可不抓的，不抓；可羁押可不羁押的，不羁押。这个政策过去强调过，但事实上在某些阶段或某些地区实际上采取的政策是：可杀可不杀的，杀；可关可不关的，关。三是"恤刑"或者说"悯刑"，这是中国古代刑事政策中的一个概念，就是所谓"生道杀人"，在处理犯罪的时候讲究人情味，比如年龄太大的和年龄太小的不给予刑事处分；另外，"留养承嗣"，如有老人在家无人赡养的，可以不服刑，在家里赡养父母；打架斗殴致伤残的，有所谓"保辜"制度，如果把受害人医治好了，可以减刑或免刑。四是"措刑"，就是讲虽然判了刑但事实上不关押、不执行。措刑制度，即现在国际上流行的非拘留或非监禁性措施，或其他替代性惩戒措施，或放到社区进行监管或矫正的制度（类似于我国刑法的管制刑）。总之，要构建和谐社会最终要省刑、慎刑、恤刑、措刑。

（二）关于民事政策的调整

主要应从三个大的方面进行：第一，在争议解决途径上，应当尽可能地实行多元化。一是从制度上支持当事人选择各种非诉讼途径解决民事争议，二是尽可能使所有争议都有解决办法和途径。现在虽然讲"法院不是万能的"，但其实有些争议、是非曲直在没有其他解决机制的情况下，也只能由法院来解决。第二，在审判方式上，要加大调解的力度，要赋予当事人更多的选择空间，要寻求替代性的办法和方式对争端进行合理解决，要推动执行程序中的和解。第三，在裁判结果和价值的追求上，要以"无讼"为民事诉讼所追求的终极目标，要高度重视对欺诈者的制裁和对诚信者的保护，要加强对弱势群体的保护，要注重生态安全的考量。

（三）关于行政司法政策的调整

主要是：第一，增强司法救济的可得性。要坚持保护和监督并重的目标，尽可能地扩大司法救济的范围，增加司法救济的可能性；要不断地扩大行政诉讼受案范围，放宽原告资格，放宽对起诉期间的限制，实行有效的司法救济制度，使老百姓与行政机关发生的争议能有更多的途径来解决。第二，要确保诉讼当事人的诉讼地位的平等。要通过完善诉前的告知制度、诉讼中的释明制度、庭前的证据交换制度、确保平等的表达机会和信息对称，以确保双方当事人诉讼地位的平等。第三，要确保裁判的公正性。加大指定管辖、交叉管辖、提级管辖的力度；引入协调机制，对当事人双方行为进行全面的评价，以及寻求一些替代性解决纠纷的措施，增加裁判方式，确保当事人双方的争议得到公平的处理。

五、调整司法政策应注意的几个问题

在对司法政策进行调整的时候，还应当注意避免一种倾向掩盖另一种倾向。第一，要树立正确的和谐社会观。要认识到，和谐对于人类来说，是一种极其重要的价值，但和谐不是唯一的价值；对司法来言，和谐不是其所追求的价值的全部。第二，构建和谐社会应当注意全社会的团结、友善，但是过度强调和谐，往往容易忽视发展的重要性，不利于全社会的发展。第三，过分强调和谐，有可能损害对当事人权利的保护。哈姆雷特王子有一句话："真正的伟大绝不是没有大道理就妄动轻举，而当荣誉受到威胁的时候，就是为了一根稻草也要争它个明白"。这种"锱铢必较"的"风格"与"和谐"观念是不太吻合的。但如果过分地强调和谐的价值，就可能忽视了权利，不利于权利的保护。第四，要处理好保持和谐与市场竞争的关系。"和谐"和"竞争"总会有冲突的，怎样保持合理的平衡，怎样才能既有利于市场的竞争又保持和谐，需要正确处理两者之间的关系。第五，要处理好立法政策和司法政策的关系。要明确哪些问题是属于立法政策解决的，哪些问题是属于司法政策可以解决的。需要立法政策来调节的，必须由立法政策来调节，司法机关不能越俎代庖。司法政策也有一定限度，司法机关必须恪守自己的权限范围，不能随意解释法律，更不能修改法律。

第五章　论能动司法

　　传统的法学理论突出强调司法的被动性。认为从司法权运作方式看，主要采取不告不理、不诉不判、恪守中立、严格依照法律规定进行裁判的模式，故被动性（或消极性）被认为是司法权的基本特征，司法克制成为司法的内在规律，并因此与具有主动、积极特色的行政权形成鲜明对比。这种观念对中国法学教育和司法实践也产生了深刻影响。同时，随着社会的发展，近现代以来司法能动主义的观念在西方日渐受到重视，主张法官在司法过程中应当根据社会的需要，采取灵活的方法，秉承一定的法律价值，遵循一定的法律规则，创造性地适用法律，理性地作出判断，从而不断地推动政治、经济、社会、法律、文化等的变革和发展。长期以来，司法就在司法克制和司法能动两种观念的影响和并存下前行。

　　是能动司法还是谨守司法克制，是积极司法还是消极司法，多年来争议不断。比较鲜明的几种倾向是：有的认为司法过程要恪守被动性、消极性、中立性这些基本特征，不宜过分强调能动司法；有的认为法院既然依法裁判，能动性的空间客观上就非常小，主要体现为消极性、被动性；有的认为从当前国情出发，"司法机关还是消极被动为好"；有的则主张要大力弘扬能动司法。

　　笔者认为，从司法权本身的规律看，能动与被动是司法的一体两面，司法的被动性更多的只是对司法的某个阶段的程序要求，而不是对司法的整体判断。就整个司法运作过程，整个司法权行使而言，积极能动是主要方面，消极被动是次要方面。因此，能动性是现代司法的基本特征和运作规律。同时，我国社会主义的性质和所处的特殊的历史阶段都决定人民法院的司法应当是能动司法，这也是时代发展对司法的新要求，更是人民对司法的新期待。

一、坚持能动司法意义重大

人民法院提出能动司法的理念，不是应景一时的标语口号，更非人云亦云的随便之举。从社会需要来看，具有必要性；从时代发展来看，具有必然性；从司法权的性质来看，具有本体性；从对司法权的特征来看，具有规律性。它是新形势下做好人民法院工作的必然选择。

（一）坚持能动司法，是人民法院的社会主义性质和现阶段的国情所决定的

当前我国仍然处于社会主义的初级阶段，党领导国家的核心任务是建成小康社会和实现中华民族的伟大复兴，必须动员一切力量为此目标服务。司法权是至关重要的执政权，人民法院是中国共产党领导下的人民民主专政的国家机关，人民法官是中国特色社会主义事业重要的建设者和捍卫者。人民法院履行这样的职责，就必须自觉把工作融入党和国家工作大局之中，积极主动地为党和国家工作大局服务。人民法官要想忠实地履行好中国特色社会主义事业的建设者和捍卫者的神圣使命，就绝不能把自己当作消极、被动的旁观者，而应当走出单纯办案、就案办案的狭隘误区，积极、主动地开展各项审判工作，将各项工作落实到促进科学发展上来，通过积极、主动、便捷的审判执行工作实现好、维护好、发展好人民群众的切身利益，尽最大的努力将社会矛盾消灭在萌芽状态。总之，从我国司法制度的本质属性和现实国情来看，能动司法更加符合当代中国经济社会发展的现实需求。在当前中国社会的大背景下，司法需要发挥更强的能动性，更积极地介入社会现实，社会各界已形成共识。

（二）坚持能动司法，是时代对司法的新要求，人民对司法的新期待

时代的发展变化，要求司法也随之发展进步。在新的时代，司法的属性、功能和特征已经发生了很大的变化，各国司法机关更加关注社会公众对司法提出的新要求，更加积极应对时代变化提出的新课题。考察西方资本主义国家法治发展的历史，两大法系都有一个从严格克制到相对能动的发展过程。在自由资本主义时期，比较强调司法的消极性和被动性，这与当时特定的历史背景分不开。因为资产阶级在夺取政权之初，首先掌握的是议会立法权，而法院法官多从旧体制中转化而来，保守主义色彩浓重，资产阶级希望减少司法权对立法权、行政权的过多干预，因而强调司法的消极性和被动性。如在法国大革命时期，宪法中明确规定了司法权若干预行政权，须追究法院的责任乃至法官的刑事责任。即使在强调司法能动主义较多的美国，最初对法院能动性的限制也很严格，美国宪法文本中很难看出司法有多大程度的能动。近现代以来尤其是进入现代社会后，严格意义上的三权分立理念逐渐发生变化，立法机关除了制定法律外越来越多地拥有各种监督权，行政机关除执行法律、行使管理权外获得了大量类似于司法性质的裁判权，而司法机关除裁判权外也获得了其他一些参与公共治理方面的权力，如直接参与和影响公共政策的形成。可以说，社会发展至今，司法传统的历史使命、历史责任已经发生变化，人民群众对司法的要求也已经发生变化，已经不能用传统的、过时的一些司法理念看待或评价现实社会。社会需求决定司法供给。当前我国正处于社会转型时期，各种利益诉求相互交织，各类矛盾纠纷大量涌现，各种新问题层出不穷，人民群众对司法工作提出了许多新要求新期待。要满足人民群众日益增长的需求，人民法院和法官必须发挥主观能动作用，更加积极能动地开展审判工作，切实维护人民群众的合法权益。

（三）坚持能动司法，是司法权的本质属性以及司法的运作规律所决定的

从实际的运作来看，司法活动是一个事实查明、法律判断和价值判断的过程，这个过程除了严格的法律技术性操作之外，无不需要法官的能动活动。而通常意义上讲司法的消极性，是指司法程序的启动采取不告不理，司法不能创制法律，不能代替立法机关行使立法权，不能行使应当由行政机关行使的行政权。事实上，这些所谓的司法消极的方面，在司法权行使过程中所占的份额并不是很大，所处的地位亦并非举足轻重。司法的过程并不是简单地输入法条即可得出结论的"售货机"般的操作规程，而是在调处纠纷中融入了法官智慧的复杂的创造过程。笔者认为，把法律规范适用于个案，没有法官的能动性很难作出公正裁判，很难作出社会广泛接受的裁判。从司法运作的规律看，一些方面表现出的消极被动仅仅是在某个环节发挥作用，整体上说，消极被动不是司法权行使的主要方面，而是次要方面。仅仅用消极性、被动性定义司法权，定义司法运作规律显然不准确。司法能动与司法克制是司法权的一体两面，二者共同构成了司法权的属性；司法能动是矛盾的主要方面、司法克制是次要方面。因此，提出能动司法，不仅是应对当前金融危机、促进保增长、保民生、保稳定目标实现的因应之策，更是对司法规律和特征的再认识，是牢固树立社会主义法治理念，深入学习实践科学发展观的进一步深化。从不同国家司法的发展趋势看，不仅中国强调能动司法，世界各国都很重视能动司法。当今大陆法系与英美法系相互借鉴、融合的一个重要表现，就是由过去围绕司法被动性的激烈辩论，转而都越来越重视和强调司法能动性的价值取向。

二、坚持能动司法大有作为

从横向来看，世界上多数国家的司法都存在能动司法的观念和实践，但是不同法系或法域的国家司法能动的着力点和程度不一样。由于

历史发展、文化传统和政治体制的不同，不同国家司法能动的作用方向和领域各有侧重。大体上有三种情况：一是以美国为代表的英美法系国家，能动司法更多强调司法机关在国家公共政策的形成以及参与社会治理和国家政治体系中的功能和作用。如美国的司法能动主义比较强调法官造法，通过判例确定规则和完善法律规范，甚至通过行使违宪审查，确保良法之治。二是以法国、德国为代表的大陆法系的能动司法，强调司法机关在司法程序中的能动性，强化法官在司法过程中发挥主导作用，主动引导司法程序，认为程序不能完全由当事人支配和主导。三是中国法院主张的能动司法，强调人民法院要积极主动地为大局服务、为人民司法。这三种情况，都是能动司法发挥作用的可能空间和领域。就我国而言，笔者认为，人民法院能动司法具有广阔的作用空间。

（一）坚持把法院工作放在国家工作大局中去谋划，为大局服务，为人民司法

为什么要强调为大局服务、为人民司法？对此，可以从司法的价值和功能的角度来看。任何司法都要符合一定的社会目的，都要追求一定的价值。合目的性是司法的重要属性，合正义性是司法的基本价值取向。合目的性即符合司法的目的、法律的目的、社会的目的、人的目的；合正义性即司法要以维护全社会的公平正义为目的、司法所服务的目的必须是正义的、司法职能的发挥和司法行为及裁判必须符合正义的要求。在我国，人民法院是中国共产党领导下的国家审判机关，是人民民主专政的重要组成部分，在建设民主法制和维护社会稳定、促进经济发展方面肩负着重要的历史使命。司法权作为执政权的重要组成部分，必须服务于党在不同历史时期所确立的根本任务和发展目标。司法不能成为非正义目的的牺牲品或工具，只有合乎正义标准的目的才值得司法去维护。无论是长远的现代化、小康社会以及和谐社会的构建，还是应对国际金融危机中的保增长、保民生、保稳定的目标，都是符合人民根本利益的，无一不具有正义性，司法必须为这些短期和长远的目标提供

强有力的司法保障。司法的合目的性，决定我们必须为党和国家的大局服务。为此，要着力在以下几个方面发挥好司法职能：

第一，要尽可能地使审判工作同国家的工作大局紧密结合起来，支持和服务党和国家的工作大局。在法院工作中，要注意发挥审判的职能作用以保障大局，要根据不同时期的需要主动调整司法政策以适应大局，要尽可能地应用法律智慧以配合大局，要在法律规定的范围内正确适用自由裁量权以支持大局。

第二，要尽可能地便民利民，降低当事人的诉讼成本。司法便民、利民和惠民是司法人民性的必然要求，也是司法能动性的应有之意。人民法院要设身处地为当事人着想，减轻当事人诉累，降低当事人诉讼成本。要尽可能与民方便，改革措施要考虑人民群众的便利。要完善便民诉讼机制，适宜巡回审判的要尽量巡回审判，畅通涉诉信访渠道，及时解决矛盾纠纷。对事关民生的各类案件，要依法及时立案、高效审理、优先执行，切实维护人民群众的合法权益。要积极推广和完善法律援助与司法救助的对接机制，给予困难群体和社会弱势群体以人文关怀。

第三，要通过审判尽可能形成良好的社会引导功能。审判活动实质上是对社会行为的一种法律评价和价值判断，它解决的不仅仅是当事人之间的权利义务纠纷，它还发挥着对社会主导价值观和行为模式的引导功能。审判工作通过对某种行为的肯定或否定引导人们对法律合法化和正义性的认同，实现社会秩序的稳定与和谐。中国的司法传统比较重视司法的教化作用，孔子曾言"听讼，吾犹人也，必也使无讼乎"，就是说诉讼的目标是实现没有诉讼。因此，人民法院在审判工作中一定要有发挥社会引导功能的自觉性、使命感，不仅要解决当事人的争议，还要发挥引导人们认同社会主流价值观，尊崇社会正义，促进人心向善、社会和谐。

（二）要积极发挥诉讼过程中的能动作用，争取法律效果和社会效果的统一

能动司法要求人民法官不能简单地坐堂问案，而要在诉讼过程中积

极发挥主导作用，确保当事人平等行使诉讼权利，提高审判效率，实现实质公平正义，促进纠纷在实质上获得解决，实现法律效果和社会效果的统一。

第一，要积极受理应当受理的案件，以司法解决的方式维护社会秩序和稳定。法院的功能就是解决争议，这也是法院存在的价值和依据。以司法的方式解决纠纷具有其他方式无法替代的作用和优势。对于经济社会发展过程中出现的新情况新问题，过去有一种观念认为，法律没有明确规定应当由法院受理的，法院就不应当受理，这样导致许多矛盾纠纷积累在社会上，不仅不利于社会的和谐稳定，也不利于保护人民群众的合法权益，损害了司法的权威。能动司法的理念要求，对于社会上出现的各种纠纷，即使法律没有明确的依据，但是根据争议的性质、依据法律的精神适合或应当由法院受理，或可以通过司法方式解决的，法院应当积极受理，尽力化解纠纷，除非法律有明确限制性规定。因为法院"不能拒绝裁判一个具有法律性质的争议"，除非争议有高度的政治性而无法作出法律判断，或者涉及司法权与立法权、行政权的关系，必须由法律作出规定。因应社会的需要而为社会解决争议的纠纷，永远是法院的职责所在。

第二，要积极采取措施，确保当事人在法律面前人人平等，确保当事人各方在诉讼过程中形成对等关系，实践中，当事人的素质高低不一，诉讼能力各不相同，有的请律师，有的没有请律师，导致当事人诉讼地位事实上的不均衡。为了实现公平正义，在审判过程中，法官要充分行使释明权，指导当事人正确行使诉讼权利，特别是要帮助弱势一方在法律上与对方当事人真正处于对等的地位，以平衡当事人的诉讼能力，促进司法公正。

第三，要在诉讼程序中发挥主导作用，保证司法的公正高效。为了提高效率，为了尽快实现正义，法官必须主导诉讼程序，不能完全听任当事人左右。在这个问题上，大陆法系采取职权主义，而强调当事人主义的英美法系也在不断变化，英美法系国家已大量修改程序法，强调法官的主观能动作用和诉讼中的主导地位。在我国法院前些年的司法改革中，一个重要方面就是要淡化超职权主义色彩，在一定范围内引入当事人主义。但在改革中一些法院过分强调当事人主义，弱化法官的主动作用，导致一些裁判公信力不足，产生了不好的社会效果。因此，从国情出发，法官在诉讼程序中要适度发挥主导作用。

第四，要加强法官在调查取证和认定事实方面的作用。近些年来，随着审判方式改革，法院依职权调查取证的权能有所弱化。但是，从审判实践看，我国普遍存在取证难和当事人法律意识淡薄、举证能力欠缺的现实，不利于保护当事人的实体权益。为此，必须适度发挥法官在调查取证和事实认定方面的作用，最大限度地实现公平正义。在我国司法文化中有一个优秀传统，也就是注重调查研究。无论是古代著名"法官"比如狄仁杰、包拯、宋慈等，还是革命根据地时期的"马锡五审判方式"，都十分注重实地勘查、广泛收集证据，密切联系群众。我们现在看到的很多古代公案和经典案件，其公正合理的裁判都源自法官认真细致的调查分析。

第五，要创新审判执行方式。程序是为实体服务的，为了最大限度地实现实体公正和实质正义，必须不断创新审判执行方式。如在根据地时期，马锡五同志创造的"马锡五审判方式"，提倡巡回审判，深入田间地头，既有利于纠纷的有效解决，也为广大群众开展了生动有效的法制教育。当前，许多法院采取多种方法强化调解工作、推行多元化纠纷解决机制等等，妥善化解各种矛盾纠纷，促进了社会的和谐稳定。在执行工作领域，创新的空间更大。为了解决执行难问题，一些法院灵活采取制订还款计划、以物抵债、债权转股权等方式及时处置变现被执行人的财产；一些法院构建执行联动机制，动员社会各方面力量，形成严密有效的执行网络；一些法院建立执行指挥中心；一些法院与银行等部门合作建立被执行人财产查询平台；等等。这些都是人民法院充分发挥司法能动性的重要体现。

第六，要扩大裁判的可接受性，使纠纷得到实质性解决。司法的可接受性是指人民法院除了依法办事以外，其司法行为及裁判尚需尽可能为当事人和公众所接受。司法的可接受性不仅包括司法结果的可接受性，而且包括司法过程的可接受性。要实现司法的可接受性，必须充分发挥法院和法官的主观能动作用，消极被动难于实现可接受性的价值。法官应当一方面尽可能使当事人和社会的诉求和观念与法律的精神实质和正义的要求相一致，另一方面要尽可能使司法的行为、程序、方式、裁判尽可能符合当事人和社会的理性要求。这就要求法官要灵活运用法律赋予的自由裁量权，使裁判和处理既不违反法律规定，又可以使裁决结果为社会和当事人普遍接受，这方面有很大的空间。

（三）要充分发挥司法在国家治理和社会治理方面的政治作用

司法作为政权的组成部分，具有明确的政治功能；司法同时作为社会管理机构，也具有社会治理方面的功能。在现代社会，能动司法以及通过司法积极影响社会政策乃是当今世界司法的热点问题。发挥司法在国家治理、社会治理方面的作用，实际上就是发挥司法的政治功能。在我国，政治性是人民法院的本质属性，人民法院担负着重要的政治功能和职责，是国家治理和社会治理中不可缺少的环节。如何更好地发挥人民法院的政治作用，是能动司法的一个重要方面。从人民法院与立法、行政和社会三者关系的维度来看，法院在发挥政治作用方面具有广阔的能动空间。过去受一些观念的影响，不太强调法院的政治作用，实际上，法院发挥政治作用是理所当然的。

第一，人民法院要通过法律适用，在遵循法律解释规则的情况下，填补法律漏洞，细化具体法律规定。不可否认，相对于社会的变化，立法具有滞后性、局限性的特点。不可避免的立法漏洞决定了法官在处理个案过程中，必须充分运用其理论积淀和生活经验，在科学的逻辑思维指导下，通过个案审理，弥补法律漏洞。这个过程本身决定了司法在此时必须能动，而不能被动，因为被动的结果必将是裁判的无法作出，或者裁判的错误。中国目前正处在一个改革的阶段，社会各方面的制度都在进行着重大的调整，旧的利益格局被打破，而新的制度和规范尚未建立起来。因为新旧体制的交替，现实中更容易发生各种新型的案件，而立法机关在很多情况下又不可能及时地做出反应，只有通过司法机关的创造性司法活动，才可以有效地解决纠纷，化解社会冲突，为改革的平稳推进创造一个良好的法律环境。在我国的法律理论上，人民法院和法官没有"造法"功能，但在法律适用中法院可以对法律进行解释以适用于个案，事实上存在一定的发挥空间。从审判实践来看，人民法院根据法律的精神，通过法律适用规则，填补了不少法律漏洞，对于维护社会秩序起到了良好的作用，也得到了社会的好评。

第二，人民法院要通过行政审判，监督行政主体依法行政，参与社会治理，完成政治使命。行政诉讼制度是以制约行政权力的设定、运作为宗旨的制度，行政审判权并不像民事审判权那样，仅以裁决私人间的纠纷为任务，而是涉及国家的政治体制及法治的维护。显然，它是一种行政和司法之间的权力制约关系的建构，具有明显的政治性质，体现了司法介入政治、参与政治等方面的功能。人民法院根据宪法和法律赋予的监督权力，通过依法审理行政案件，监督行政权力的行使，有利于增强行政机关依法行政意识，有利于提高行政效率和行政执法水平，最大限度地消除违法行使权力、滥用权力现象，保证行政管理活动沿着法治化的轨道有序运行，保证依法行政的真正实现，从而促进依法治国这一基本方略的实施。通过行政审判权的行使，还可以合理地调整人民与政府的关系，对于政治稳定与政治运作具有重要的意义。

第三，人民法院要通过司法裁判，积极参与社会治理，引导公共政策的形成。在能动司法语境下，法官不仅是纠纷的裁决者，还是社会的工程师。在当前社会，新型案件不断发生，立法机关不可能随时立法，行政机关在一些时候也无法处理，人民法院可以依据法律的精神和价值确定一些处理原则、处理方式，如果获得社会的认同，就形成一种公共政策。法院作为公共机构之一部分，其主要职责就在于解决纠纷。如果人民法院不能通过审判解决社会纠纷，就可能会引发社会秩序的不稳定。在变革时期，社会公众对于人民法院的作用抱有很高的期待，法院的角色和政治责任要求法官必须尽量想办法来解决疑难案件，维护社会主流价值观。比如，人民法院对龚建平"黑哨"案、齐玉苓被冒名顶替上学案件的审判就是司法机关对社会需要的积极回应，不仅产生了很好的社会效果，也为人民法院赢得了威信。实际上，司法权在社会中权威的确立，绝不仅仅依赖于法律的字面规定，更有赖于司法机关的实际表现。任何公共机构的存在，都不能仅仅依赖于国家权力，更重要的是其在现实生活中作用的发挥。如果一个国家的司法机构总是表现为缩手缩脚，不能有效地解决问题，那么就很难树立起自己的威信；如果司法机构不能在解决纠纷方面表现出自己的独特优势，那么将失去其存在的必要性。

三、坚持能动司法，需要高度重视司法自律和自限

能动司法的主体是司法机关，因此，必须遵循司法工作自身的规律，保持司法权最基本的特征。一些专家学者在提出能动司法的同时，也强调坚持能动司法的规范性、有序性，保持适度能动、适度干预、适度参与。从司法权的属性来看，虽然能动是主要方面，被动是次要方面，但司法权本身有自我克制的属性，有自我消极被动的因素。完全取消忽略司法的消极性特征，采取没有限度的司法能动，也违反司法的基本规律。这显然有害于司法。究其原因，一是在国家权力的分工和配置上，现代国家尽管早已打破"三权分立"的界限，出现了一些权力交叉和相互"侵入"的现象，绝对分权的理念已经发生变化，但任何一个国家内的各个机器毕竟还要有合理的分工，司法机关与立法机关、行政机关在角色上有职责领域之分，在功能上有主辅之别，在方法上有各自的特定手段。司法机关所担当的基本使命也与立法机关、行政机关大不一样。二是司法权的运作模式是程序化的，过分的能动不符合民主政治的要求。三是司法过分能动、极端能动也可能造成司法权的滥用和膨

胀，进而损害司法权的地位。司法机关不能代替立法机关的职责，原则上不能以法院的裁判代替行政主体的意志，除非法律有特别授权。四是司法资源有限，任务繁重。案件不断增加，如果没有服务半径的限制，没有适当控制，法院就会力不从心。司法的手段和能力是有限的，司法能动也需要成本，在能力有限、成本有限的时候需要把握"度"。综上，在强调司法能动的同时，必须高度重视司法自律和司法自限。笔者认为，要把握以下几个底线：

（一）要坚持正确的政治方向，站稳人民的立场，促进社会进步和发展

司法的能动性应该服从于司法的目的，服务于社会正义。从司法的历史来看，司法能动并不总是具有积极意义的。在 20 世纪 30 年代时的美国，当时正处于经济危机和罗斯福新政，法院对行政行为的审查程度过于深刻，对行政政策的干预超过了必要的限度，而且这种干预完全站在保守的立场，与当时美国人民的普遍需求、政府的政策运作方向相冲突。为此，美国罗斯福总统曾经警告要改组最高法院，最后美国最高法院才逐步改变思路。在法国大革命时期，法院站在封建立场干预行政，导致主流价值观都反对司法介入行政事务，以至于在宪法中写上司法不准干预行政的条款。在我国，政治性、人民性是人民法院的本质属性。人民法院能动司法必须坚持正确的政治方向；必须站稳人民的立场，始终不渝地坚持全心全意为人民服务的宗旨，始终把实现好、维护好、发展好最广大人民的根本利益作为人民法院工作的出发点和落脚点；必须坚持与时俱进，坚守社会正义，促进社会进步和发展。

（二）要严格坚持依法司法，在法律范围内实现能动司法

能动司法是在适用法律过程中的能动，不是突破法律。过去有一种倾向，认为为了实现审判的社会效果就可以突破法律，社会效果只能在法律之外才能实现。实际上，在法律之内实现和扩大社会效果的途径很

多，这正是能动司法的立足之地。如果突破法律，就会破坏法的安定性。法律的安定性、稳定性，人民对法律的信仰、对法律的坚守，也是一个国家最重大的根本利益，也是人民群众的根本利益所在。如果大家都不信任法律，法治秩序就无从保障，社会就难以管理。因此，不能离开法律追求社会效果，只有在特定情况下才能对法律作出变通适用。即使变通适用法律也要遵循特定的规则。总之，人民法院开展能动司法，必须严格遵守法律规定，不仅要严格遵守实体法，也要严格遵守程序法；必须尊重立法宗旨和法律精神，遵循法律解释和法律推理的基本要求，确保能动司法在法制的轨道上进行。

（三）要坚持遵循司法规律

司法有其自身的特点和运作规律。司法活动的规律与立法工作、行政工作的规律具有明显的差别。能动司法不是随意司法、盲目司法，必须遵循司法工作的客观规律，坚持司法的基本特征。司法具有很强的程序性，必须严格按照法定程序办事，不能轻易废弃和省略必经的法定程序；司法要求尊重当事人的诉讼权利，裁判不能超越当事人请求的范围，不能强迫当事人放弃或变更权利请求；司法强调居中裁判，平等保护当事人合法权益，不能站在一方立场先入为主；司法追求维护公平正义，不能牺牲社会公正来满足个别人的不法利益。

（四）要坚持法定的权限职责范围

宪法和法律明确规定了人民法院的权力分工和职责范围。能动司法必须在人民法院的职责范围内，不能逾越权限或超越权限，不能侵入其他机关的职责范围，不能代替立法机关和行政机关行使权力。如果超越自己的本职和权限，不仅难以实现司法的目的，还会受到社会公众和其他机关的指责。

（五）要坚持科学务实的态度

有效服务，是能动司法的核心。要增强能动司法的有效性，必须对经济社会发展有科学的判断，必须准确把握社会的需求。为此，人民法院能动司法，首先要进行深入的调查研究，把情况搞清、把问题弄准，才能确保各项措施的科学可行，取得实效，避免帮倒忙。要善于把握分寸，法院能够做的，做了能够取得实际效果的，要努力去做；法院不能做的，做了会产生不好效果的，就不要做。要坚持进退有度，根据形势的变化和需要随时调整司法政策，需要长期开展工作的，要建立长效机制；属于临时性工作的，任务完成后要及时回到本来职责上。

第六章　论司法公正

　　司法公正是司法的核心价值，也是良善司法最本质的要求。但何为司法公正，如何才能实现司法公正，学者和实务者们常常会见仁见智。这里就相关问题作一探讨。

一、司法的基本内涵、功能及任务

　　一个国家要长治久安，要维持和平和稳定状态，就必须设置司法体系。司法权是任何国家政权不可或缺的组成部分，因为在任何一个社会组织中，纠纷的存在是绝对的，无纠纷是相对的。

　　对于什么是司法权，西方各主要国家在宪法性法律中有些规定。如美国宪法第 3 条规定："合众国的司法权属于最高法院及国会随时决定与设立的下级法院"。德国基本法第 92 条规定："司法权赋予法官，由联邦宪法法院、本基本法规定的联邦法院和各州法院行使。"意大利宪法第 102 条规定："司法职能由按法院组织法规则设置与调整的普通法官行使。"日本国宪法第 76 条规定："一切司法权属于最高法院及由法律规定设置的下级法院。"等等。而在理论上，对于"什么是司法权"有不同的观点：（1）对法律争议的裁判即为司法。美国学者爱德华·S. 卡尔文认为："司法权是遵照法律和依据由法律的习惯和原则所确立的方法决定'案件'和'争议'的权力。"① （2）与立法权、行政权等

---

　　① 参见贺日开：《司法权威的宪政分析》，人民法院出版社 2004 年版，第 25 页。

相对的国家权力。《牛津法律大辞典》对司法一词（judicial）解释为"关于法官的术语，在很多情况下区别于'立法的'和'行政的'，在另外一些情况下区别于'司法之外的'，后者指不经法院的处理以及没有法官干预的处理。"（3）也有将上述观点综合起来的观点。按照《元照英美法词典》所载"judicial power"意指"法院和法官依法享有的审理和裁决案件，并作出有拘束力的判决的权力。与立法权（legislative power）和行政权（executive power）相对。"①

任何制度都要追求一定的目的和价值。而人的目的又具有多样性。由于人的需求具有多样性，它的审美观念和价值也具有多样性，或者说，一个制度潜在的功能也是多样的，这样决定人追求的目的也是多样性的。一个制度的功能和作用取决于人如何运用它或者说从哪个角度运用它。相反，一个目的又反作用某个制度。目的一旦确定，人类会根据该目的对某个制度作出相应的修改和调整，使其形成特殊的功能和价值。由此可见，目的和制度是相互作用的。

因此，由于人的目的、价值及需求的多样性，决定了司法制度潜在的功能和作用也是多种多样的。任何诉讼制度首要和基本的目的是解决纠纷。民事诉讼要解决民事争议，行政诉讼要解决行政纠纷，刑事诉讼虽然是解决追究犯罪的问题，但是它也是解决个人与国家的纠纷问题。以行政诉讼为例，行政诉讼除解决纠纷的功能外也还有其他诸多功能。（1）通过解决纠纷救济行政相对人的权益，亦即救济功能。当行政相对人的权益受到行政机关或者公权力侵害时，它可以要求人民法院进行合法性审查，人民法院依法判决行政机关承担法律责任，从而恢复其合法权益。（2）通过解决纠纷监督行政机关依法行政，亦即监督功能。法院对行政行为进行审查后，如认为行政行为违法做出否定性的评价，这本身就是监督功能。（3）通过解决纠纷维护行政机关依法行政，亦即维护功能。经过人民法院审判如认为行政行为合法且无明显不当，应

---

① 薛波主编：《元照英美法词典》，法律出版社 2003 年版，第 750 页。

当依法予以支持。（4）通过解决纠纷维护秩序，亦即秩序功能。通过法院审判确定某种法律关系是否存在，行政合同是有效还是无效，或者可以撤销，从而维护公法秩序。

可见，司法功能是多种多样的，不同的国家赋予司法权不同的内涵和功能，但是世界各国并不会平均运用这些功能，一般会有所侧重。一般来说，司法的基本作用方式是判断，基础功能是解决纠纷。也就是我们所说的"定分与止争"。"定分"就是明确权利义务，判明孰是孰非；"止争"是争议各方停止纷争，握手言和。定分与止争两者一脉相承，定分是前提，止争是目的。司法的过程既要定分，更要止争。司法的定分与止争功能对于民事审判与行政审判更为重要，其目的要达到"胜败皆服，案结事了"。至于司法权的其他功能应建立在这一功能之上，均是这一功能的延伸和扩展。对司法功能的延伸应当不仅应与司法的基本功能相适应，而且必须注意与立法和行政功能相区别，尽管三种权力的界分带有一定的不确定性和相对性。

国家和社会之所以需要法院来解决纠纷，人们之所以尊重、信服法院的裁判，司法之所以能够成为权利救济的最后一道屏障，最根本的原因在于，法院具有判断和居中裁判的功能。法院行使审判权的活动，就是把法律规则运用于具体案件，并对案件事实问题和法律问题进行判断并作出裁判的过程。因此判断和居中裁判是法院的基本任务。

二、公正是司法的永恒主题

（一）公正是司法的基本目标

司法必须以追求"公正"为基本目标。公正是司法的永恒主题。尽管不同的时代、不同的政体、不同的地域的人对公正有着不同的理解，但公正必须成为司法应当追求的基本价值。德国学者拉德布鲁赫认为，法律是一个有意识服务于法律价值与法律理念的现实。除了正义，法律的理念不可能是其他理念。法律是有意识服务于正义的现实。① 司法离开了公正，那就不叫司法而是武断。正如英国的丹宁法官所言，司法应当实现公正，即使天塌下来也在所不惜。② 不管是中国还是外国，人们对公正两个字都看得很重，但对什么才是公正确实又有不同看法。恩格斯曾指出：关于永恒公平的观念不仅因时因地而变，甚至也因人而异，这个东西正如米尔柏格说过的那样"一个人有一个人的理解"。③ 有的法学家说，公平就像普罗透斯的脸一样，经常变幻莫测。对于公平正义，的确有一个价值判断问题，而这种价值判断又带有很多的个别性。每个人对价值都有个人的偏好，对公平正义也有不同的看法。但它们也有共性的内容。我们认为，它们共性的内涵应该包括：（1）形式公正和实质公正相统一的公平正义观；（2）以社会为本位同时兼顾个人利益的公平正义观；（3）权利与义务、责任相统一的公平正义观；（4）主张共同富裕、共同发展的公平正义观；（5）平等保护尤其是注重保护弱势群体权益的公平正义观。

　　然而，公正虽是基本和首要价值，但不是司法的全部价值，处于次要价值的是司法效益，包括司法效率、司法成本、司法效果等等。随着西方经济分析法学的产生和传播，诉讼效益（或效率）逐渐被世界各国认同，并被确立为司法制度改革的指导思想和立法目标。经济分析法学认为，"所有的法律规范、法律制度和法律活动（立法、司法、诉讼等），归根到底，都以有效地利用资源、最大限度地增加社会财富为目的，也就是以法律手段促进资源的最佳配置、促进有效率结果的产生，从而实现帕累托式或卡尔多－希克斯式的最适宜状态"。④ 司法作为法律制度适用的过程和结果，最直接、最直观地体现了法律的效率。健全

---

① ［德］G. 拉德布鲁赫：《法哲学》，王朴译，法律出版社 2005 年版，第 31、32、34 页。不过，正义作为法律理念，而在法律适用的原则是否还采用"正义"这一词？拉德布鲁赫认为，公正是个别情况的正义。也就是说，司法中使用"公正"一词比较合适。

② 刘庸安：《丹宁勋爵和他的法律思想》，载《中外法学》1999 年第 1 期。

③ 《马克思恩格斯选集》（第 3 卷），人民出版社 1995 年版，第 212 页。

④ 钱弘道：《经济分析法学》，法律出版社 2005 年版，第 7 页。

确保诉讼效益或效果最大化的制度成为人们不得不追求的价值目标。一是全面、科学的调解制度。通过科学的调解机制解决纠纷，无论是对于国家还是对于当事人都是一种有效率的解纷方式。二是诉讼时效与诉讼期间制度。因为诉讼周期的长短影响着诉讼主体在诉讼过程中的实际耗费，且诉讼周期的长短与诉讼成本投入量成正比例关系。三是审限与提高审判效率的制度。应通过缩短诉讼周期的方式来提高审判效率。因为效率原理不仅是国家运用法律手段干预经济生活的依据，也是确定权利保护方法的依据（权利应赋予那些最珍视它们的人）。四是在法律范围内扩大社会效果的制度。如通过司法程序运行简易化、纠纷解决机制多元化等，节省司法资源，削减诉讼数量，从而实现司法资源的更好利用，提高诉讼效率。五是降低和节约诉讼成本的制度。"诉讼是一种需要支付成本、能够产生收益的活动。从经济分析角度看，诉讼制度的目的就是要使成本最小化。"① 降低和节约诉讼成本是提高诉讼效率的途径。六是诉讼成本公平分配的制度。私人诉讼成本的高低和分担直接影响到相关主体"购买"司法产品的积极性，进而影响到司法资源的利用是否有效和司法总成本的高低。诉讼成本合理的分担不仅可以减少诉讼的数量，而且也可以使诉讼程序顺畅地进行，从而达到提高效率的目的。

（二）司法公正的基本标准

在法治国家，司法是否公正和结论是否正确往往不在于它是否符合正义与目的，而司法的公正程度往往取决于它与合法有效的规范的契合程度。但一个理性的司法不仅要考量司法过程与结论以及合法有效的规范的契合程度，还要适时考量规范本身与流动着的正义观念与国家或共同体所追求的正当目的之间的契合程度。故而，理性的司法应当把合法性作为司法的基本底线，因为法律不仅是司法的标准，而且是司法动力

---

① 钱弘道：《经济分析法学》，法律出版社 2005 年版，第 57 页。

的源泉。但司法不能止于合法性,仅仅把合法性作为司法的终极目标或全部要求,而应当注意在合法性、合目的性、合正义性之间保持平衡。

拉德布鲁赫认为,正义、合目的性与法的安定性是法律理念的三个方面,它们共同控制着法律,即使它们可能处于尖锐的矛盾中。[①] 考夫曼认为,正义(广义)有三个观点:平等(狭义正义)、合目的性(依其他术语为社会或共同福祉)以及法安定性(法律和谐或和平)。平等涉及正义的形式,合目的性涉及正义的内容,法安定性则涉及正义的作用。[②] 这两位有师承关系的德国学者在上述的论述中明确地指出了广义正义或公正内部的合法性、合目的性、合正义性三者的相互关系。合法性、合目的性、合正义性三者之间的关系,在现代法治国家中是极其重要的。合法性是基础,现代司法对合目的性、合正义性的追求必须以合法性为前提,否则就会掉进人治的泥潭;而合目的性、合正义性则是合法性的延伸,是在合法基础上对人类各种目的和公平正义的追求。

一方面,要正确处理好合法性与合目的性的关系。在我国人民代表大会制度的背景下,司法活动和司法裁判必须具有合法性,应当是天经地义、毋庸置疑的,因为依法裁判既是宪政体制的要求,也是执行人民意志的需要;既是实现司法公正的前提,也是实现司法公正的保障。因为法律既是确定特定情形下何谓正义的公认标尺,也是判断个案是非曲直的既定准绳。但是,也应当看到,任何法律都不可能尽善尽美;合法性的价值并非人类的终极或最高价值;与法律相符合也不是所有人所追求的唯一价值。人类追求的价值具有多元性,司法所应当尊重的价值也多种多样,其中,合目的性在司法活动中尤其具有重要的地位。在合法性与合目的性的关系中,合法性犹如在茫茫大海上驾驶船舶,而合目的性标准犹如在茫茫大海上指引航船方向的导引之星,只有依靠合目的性的指引,合法性才不致迷失航向。

---

① [德] G. 拉德布鲁赫:《法哲学》,法律出版社 2005 年版,第 77 页。

② [德] 考夫曼:《法律哲学》,刘幸义等译,法律出版社 2004 年版,第 229 页。

司法活动是有目的的活动。司法的过程本身就是法律目的和社会目的实现的过程，以实现法律目的和社会目的为鹄的，是司法活动的根本宗旨。合目的性既是司法活动的内在要求，又是评价司法是非得失的重要标准。司法活动应当以合目的性加以引领。一切实践，都是为了实现预设目标的活动。目的构成实践的灵魂，是实践的动机和出发点。在人的实践活动中，合目的性原则是统帅全局的主导性原则。司法活动只有以实现法律目的和社会目的为鹄的，才能取得真正成效。因此，司法活动重视法律效果和社会效果，而两个效果的评定只能从法律和社会目的的实现程度来评价。实现了法律目的和社会目的的司法活动才能称之为成功的司法。因此，要正确处理好法律效果与社会效果的统一。我国司法实践历来注重法律效果与社会效果的有机统一。尽管这在我国具体法律条文之中难以找到，但在党内文件或者各级人民法院、各级人民检察院工作报告等有关文献资料中却经常被提及，并将努力做到法律效果与社会效果的统一作为对司法工作人员的基本要求。强调法律效果与社会效果的统一也是我国情理法相融、注重司法伦理性传统法律文化的精神延续，与西方单纯的、甚至刻意追求法律效果的司法评价机制有着显著的区别。如何实现法律效果和社会效果的统一呢？首先，必须强调以法律效果为基础，并力求在法律的框架内实现社会效果。另外，当在法律之内难以寻求良好的社会效果时，或严格适用法律将会带来严重恶劣的社会后果时（这时的法已不是良法），才可以变通或超越法律。但是，超越法律必须按照法定的条件和程序进行，并不是任何一个法官、任何一个司法部门都可以随意超越法律，否则，就会滋长否定法律规范的随意性。所以，笔者认为，尽管在特殊情形下司法活动为了追求社会效果，可以在严格的规则和程序导向下使既定的法律失去效力，或者变通适用法律，但主要还是要在法律之内寻求社会效果，要严格按照规定的条件和程序在法律之内或通过法律实现社会效果的最大化。

另一方面，要正确处理好合法性与合正义性的关系。一些司法裁判或司法行为表面上看符合法律现象，但实质上缺乏正当性。司法权的不正当行使往往会导致司法审判貌似公正而实质不公正的情况。因此，司法活动只有表面合法，同时实质正当，才能做到形式公正与实质公正的统一。所谓正当，就是要正确行使裁量权。任何法律要做到完全精确是不可能的，自由裁量权的行使难以避免。每一位法官都有义务根据法律的目的和精神来使自己的裁判不但具有合法性同时还具有正当性。司法实践中，我们经常会发现，在诉讼程序中，法官拥有大量的裁量权、决定权，法官就某个事项有无权力进行裁决或决定，这属于合法性问题，但权力行使得是否恰当、合理则属于正当性问题。例如，法官所采取的强制措施是否正当、所指定的期限能不能让当事人有足够的时间来收集证据、当事人申请延长时间是否给予了合理的考虑等等，司法正当性问题便呈现出来，只有既满足了合法性的要求，同时又满足了正当性的要求，才能实现形式公正与实质公正的统一。

（三）司法公正的基本原则

公正就像普罗透斯的脸一样，经常变幻莫测，但一般情况下，公正可以从以下三方面进行考察：（1）实质公正与形式公正；（2）实体公正与程序公正；（3）客观公正与主观公正。正因为公正价值的相对性和不确定性，我们不得不寻求形式公正、程序公正和主观公正作为一定的参考系，作为达致实质公正、实体公正和客观公正的桥梁，但我们应当牢记：这些形态的独立不是我们的终极目的，不能在追求公正的道路上迷失自己，切不可舍本逐末，故不可放弃寻求实质、实体和客观公正的努力。另一方面，由于实质公正、实体公正和客观公正的相对性，公正的实现必须要借助于形式公正、程序公正和主观公正。因此，我们主张更高类型的司法公正观。这种更高类型的司法公正观是一种实质公正与形式公正统一、实体公正与程序公正统一、客观公正与主观公正统一的司法公正观。那么，如何具体地处理好上述三对关系？

1. 强化形式公正与实质公正相统一。不管是中国还是外国，人们对公正两个字都看得很重，但对什么才是公正有不同看法。其实，有两种基本的分类方法，一是形式公正，一是实质公正。司法公正包括形式公正和实质公正两个方面。实质公正通过形式公正来实现。形式公正解决的是司法活动的合法性问题，而实质公正解决的则是司法活动正当性、合理性问题。人们之所以对一个案件处理有这样或那样的看法，同样的结果有的认为是公正的，有的认为不公正，其中一个重要的原因就在于有的从形式上看问题，有的从实质上看问题；有的认为满足了形式要件，就是公正，有的认为只满足形式要件而不符合实质正义要求依然不公正。社会主义司法的公正观应当是形式公正与实质公正相统一的公正观。马克思主义者认为，一方面要严格执法，要按法律规定办；另一方面又不能局限于法律的条文字句，必须要追求法律条文背后的正义。这是因为，如果完全抛弃法律、规则、原则，裁判就只能凭个人的价值观、个人良知来判断，而个人的价值观、个人良知的程度不尽相同，裁判必然会失去统一的是非标准。若完全没有形式规则，不讲法律规范，都去追求所谓的实质正义，正义、公平显然就成了"公说公有理、婆说婆有理"的捉摸不定的东西，进而必将成为强者的话语。司法的裁判功能和定分止争的功能将无法发挥。如果是崇拜或效忠法律的文本和字面意义，而无视法律背后的正义，不论其是否符合公认的正义规则，则势必发生刻舟求剑、舍本逐末、机械司法等错误。所以，形式公正和实质公正的统一是社会主义司法价值核心中的核心。

2. 强化实体公正与程序公正相统一。由于正义的实现客观上表现为一定的过程；由于正义关涉价值问题，客观上需要一定的程序和形式来表达；由于现代民主制的发展，即使是真理也不能强迫人们接受，也需要一定的"交涉""互动"过程。因此，必须处理好实体正义与程序正义的关系。因此，必须理性地看待实体正义与程序正义的关系。一方面要看到程序的重要价值。另一方面，也要看到程序的局限性，即程序纵然设计得再精美、再科学也不能确保实体百分之百的正确，司法审判程序更是如此。那种认为只要走完了程序，就认为实体一定公正的观点是靠不住的。经验教训告诉我们，任何以实体公正为由排斥程序公正价值的做法，必须坚决予以纠正；任何以程序公正为由掩盖实体不公的裁判现象，必须予以有效遏制。我们认为，实体正义始终是第一性的，程序正义是第二性的，必须根据实现实体正义的需要使现行司法审判程序设计得科学、合理、正当。同时，在诉讼过程中，严格遵守法律正当程序、审判主体和诉讼主体均正确、正当、有效地行使权力和权利、履行职责和义务。

3. 强化客观公正与主观公正相统一。主观公正是人们对某一司法活动的主观认识、主观评价或主观感觉；客观公正意味着裁判在客观上或事实上符合法律的规定、符合主体的价值观，是人们评价某一司法活动是否公正而形成的共识。人们对裁判结果的利害关系不同，对法律的理解和认识也不尽相同，因此，主观公正是具有多元性的，故而它很难成为衡量司法活动是否公正的科学标准。如果某一司法活动在客观上或事实上是公正的，而任何一个客观公正的标准都是通过主观公正逐步形成的，因此要力争主观公正与客观公正的统一。司法工作人员和社会大众对公正的认知客观上存在一定差异，为此在司法实践中，既要增强裁判文书的说理性，针对当事人的争议焦点和诉讼请求，全面阐述裁判依据，将法律规范完整地附在裁判文书后面，尽可能让当事人充分理解，让当事人切实明白司法活动是公正的，从而形成良好的社会舆论氛围，达到客观公正，也要求广大法官尽量用人民群众能够听得懂、听得明白的语言，让社会能够理解，在案件的办理中要更多地尊重社情民意、风俗习惯，争得人民群众的认同；要加强沟通、宣传，获得人民群众的支持。

三、司法公正的实现机制

（一）司法的中立性

司法的性质、功能和使命，特别是解决纠纷这一基本功能决定了司法必须具备中立性或者独立性，尽管古今中外的统治者和执政者在某些个案中可能存在某些偏向和任性，但在整体上他们都希望司法是中立或独立的，因为不具有独立性，解决纠纷的使命就无法完成，纠纷的当事人就不会接受裁判的结论，国家就无法实现长治久安。如果一国的执政者公开宣称其司法是偏私或非中立的，无异于自毁长城。

司法的中立性或者独立性是指：司法必须在当事人双方之间保持等距离，使当事人双方真正处于对等地位；司法人员不得歧视任何一方当事人或对任何一方当事人带有偏见；司法裁判不得因为一般性的政治需要而超越或无视法律；司法人员不得因为人情关系或个人的利害得失而失去公正立场。

近现代国家基本上都强调司法应具有适度的中立性或者独立性。马克思主义强调司法应具有应有的中立性或者独立地位。从马克思、恩格斯到列宁，他们通常批判资产阶级标榜司法独立的虚伪性，指出资本主义司法在事实上是不独立的，是受到资产阶级政客所操纵的，这种批判恰恰表明他们对司法独立价值的肯定。但他们同时认为，从统治权分立的角度来论证司法独立并不科学。中国共产党人在新民主主义革命时期曾深受国民党的一党专政、非法干预司法以迫害进步人士和共产党人之苦，故主张司法应具有独立性。新中国成立后，我们强调并坚持司法应有的独立地位。依照我国宪法和法律，人民法院、人民检察院独立行使司法权（包括审判权和检察权），不受行政机关、社会团体和个人的干涉。独立行使司法权原则是确保司法合法与公正的必要条件。这既是马克思主义所提倡的一个原则，是国际社会的共同语言，也是联合国宪章等一系列法律文件等明文规定的。

但是，与资产阶级或资本主义司法不同，社会主义司法在强调独立行使司法权的同时，还强调司法必须接受党的领导和监督，这是因为：一是社会主义国家所强调的司法独立，不是国家政体意义上的独立，更不是三权鼎立意义上的独立。在司法改革过程中，一些人主张司法要有与权力机关平等的地位，至少不应再对权力机关负责或受其监督；主张司法要脱离党委的组织领导；主张审判委员会不能再讨论任何案件，下级法院不能再请示任何案件，这些主张显然是把我国独立行使司法权原则误认为是政体上的独立。这与我国宪法的准则是不相符的。二是作为司法独立实施基础的三权分立制度，在各国的模式亦各不相同。如英国、日本的君主立宪制，美国的总统共和制，以及法国、意大利的议会共和制等，正是这些政权体制上的差异，使得三权分立的真正含义在各国并不相同，而其司法所呈现的独立面貌也因国情之不同而不同。并且，从严格意义上讲，所谓立法、行政、司法各司其职，界限分明的三权分立体制事实上在各国都不存在。如作为三权分立最早付诸实践的英国，由于其上议院同时又为最高审判机关，故司法和立法在相当长的历史时期几乎融为一体；英国最高法院院长同时还是上议院院长、内阁成员，负有司法、立法、行政的职责，同时也必须是执政党的一个要员。① 这种情况直到最近才有所改变。在现代政党制度兴起并事实一统立法、行政、司法三权的情形之下，所谓的司法独立显然也只是制度上的表述而已。再若是以经费保障、人员任免等相关制度与做法来衡量司法独立的尺码，则更使得各国司法独立的状况千差万别。尽管我国宪法和法律规定人民法院、人民检察院独立行使审判权、检察权，但这并不意味着在我国存在西方所谓的三权分立下的司法独立，我国宪法规定的是法院独立而非法官独立，是检察院独立而非检察官独立，是对人民代表大会负责并受其监督的审判权与检察权，是民主集中制度下的司法，是中国共产党领导下的人民司法。我国司法制度的这些基本精神与原则，是在历史的考验和选择中形成的，是在借鉴人类政治和法律文明的基础上形成的，是不断发展和完善并至今依然适合我国国情的。

为了保证司法的中立性或者独立性，一方面，在客观上要完善确保法官不受非法干涉的制度。我国《宪法》第 126 条明确规定："人民法院依照法律规定独立行使审判权，不受行政机关、社会团体和个人的干涉。"但在实践中干涉司法活动的现象屡有发生，形式多种多样，而且

---

① 李映洲：《外国政府制度》，甘肃人民出版社 1993 年版，第 158 页。

在一些地方还相当严重。必须切实建立一种防范机制，确保法官严格按照法定程序履行法律赋予的职权，不受非法干涉。另一方面，在主观上法院和法官要敢于排除不当干预。各级法院必须严格执行最高人民法院《关于在审判工作中防止法院内部人员干扰办案的若干规定》，限定和规范法院领导过问案件的权限、程序，严禁法官和工作人员插手过问他人办理的案件；下级法院审理案件中遇到不当干预，可能导致不平等保护情形的，可向上级法院请示汇报，上级法院应及时提供指导，为下级法院排忧解难，共同形成有效抵制不当干预的防火墙。

（二）法官的优良素质和高尚人格

审判独立、司法中立是司法完成自己使命的必要条件，但不是充分条件。应当看到，独立的司法可能有利于公正的实现，也可能为司法权的滥用扫清障碍或打开方便之门。因此，对司法独立的价值不能绝对化，更不能神圣化。独立性、中立性必须与高度正当的程序以及全面的法官素质相结合，才能完成司法使命，实现司法的公正，故而对独立性、中立性的强调，一定要以法官素质的提升和程序的正当性为先决条件，至少必须三者同时强调，否则得不到社会的同情和支持。换言之，审判的独立程度与司法程序正当程度和法官素质，具有高度的关联性，但是没有独立性、中立性，再正当的程序和再好的法官也等于零。

审判独立、司法中立对于具有优良的司法职业道德素质和卓越的司法业务素质的人来说，无疑是当事人之幸、人民和国家之幸，但如果遭遇欠缺司法良知、业务素质极差的人，则无疑会使当事人的处境雪上加霜，使司法公正离人们愈来愈远。因此，必须要确保法官优良素质和高尚人格以赢得司法的正当性和权威性。

素质优良和人格高尚的法官能够增强民众对司法的信任。当人们产生纠纷并诉诸司法时，就犹如病人生病到医院看病一样，医生的医术越是精湛，医德越是高尚，就越能获得病人的信赖。同理，面对纷繁复杂的纠纷，法官只有具备良好的法律教育背景、熟练的专业技能、正直高尚的品格、良好的职业道德等素质，才能获得争议双方的信任和认同，司法的公信力也才能得以建立。正是基于司法权行使的这种特点，各国对法官都提出了较高的素质要求，并且也有相应的制度保障法官的尊严和荣誉。目前我国法官整体素质偏低、职业法官群体的缺失是制约法制发展的一个重要因素，亟须完善法官的选任、培训、激励等制度，来形成具有优良素质的法律职业家阶层。

一是官吏分职、吏多官少制度。即重新配置审判资源，对法官与行政人员、法官辅助人员进行合理区分，并对现有法官队伍实施分流，逐步使少量的具备较高素质和能力的人成为真正意义上的法官，大量的其他人员过渡到法官助理等辅助人员角色。

二是科学、民主、职业化的法官选任制度。即按照法官职业化、专业化的要求，提高法官专业知识要求，提高法官的从业经验和人品道德素质要求等入职门槛，并设置严格的、多方代表参与的选任程序。

三是客观、公正、不影响独立办案的法官淘汰制度。即在保障司法独立、遵循司法活动的客观规律与法官职业特点的前提下，对不胜任的、不适应职业化发展的法官实行转岗，从而提高法官的整体职业素质，建立起一支不辱使命、维护正义的职业法官队伍。

四是有效的在职培训制度。如设立定期培训制度，完善培训的规范化、标准化建设，采用多种符合培训对象状况、富有职业特点的培训方式和方法等，进一步改进和强化我国法官继续教育培训工作。

五是足以激励法官的职业保障制度。即完善法官的职务保障制度和物质保障制度，解除法官的后顾之忧，确保其在社会中享有较高地位并且有尊严。

（三）程序的正当性

要实现公正，除了司法的中立性、法官的优良素质和高度自律之外，还必须通过设立具有高度正当性的程序，通过赋予当事人及其代理人的充分的程序权利，通过科学、有效且符合司法规律的管理，通过有效而理性的层级监督和外部监督等等，以确保事实认定的客观性、法律适用的正确性以及当事人的可接受性。

在现代法治社会，裁判的正当性和权威性的获得已经超越了历史上的"神意论"、"强制论"、"民主立法论"、"实体决定论"等观点，而寻求审判程序的正当性。司法的结果所带来的利益或不利益固然重要，但是，审判活动是一个平衡多方利益的过程，很难在实体处理上实现"帕累托改进"，让各方都满意，案结事了、胜败皆明，最终靠的还是诉讼过程的公正性、诉讼程序的正当性。那么，正当程序规则应当包括哪些基本内容？我们认为主要有以下几方面：（1）任何人都不能作为自己案件的法官。这是正当程序的一个基本规则。案件不能包含个人的利益，如果有了个人的利益则必须回避，不能审理这个案子。这是一个最基本的正当程序规则，不管法律有没有规定，通常这种情况下都应该遵守。（2）对诉讼当事人必须平等对待，不能有任何歧视。所有的程序设计必须平等对待当事人双方。平等对待除了权利平等以外，承担义务也要平等，尤其是机会的平等。法官必须平等地听取双方当事人的意见，给当事人同等的机会来进行攻击和防御。（3）法官在诉讼中必须要听取双方当事人的论证和证词，听取双方当事人的意见。简单地说就是不能听信一面之词。（4）法官的裁决必须要以整个庭审活动的记录作为基础，并且以理性的和合乎逻辑的推论作为基础。（5）整个诉讼过程除了法律规定的特定情形外，必须保持高度的透明，尤其要注意信息的对称性。也就是，司法权要在阳光下行使。（6）提高司法效率，尽可能降低当事人成本。

（四）对司法的理性监督

法官不是天使，故司法权也需要监督。任何权力都有滥用的可能，司法权也不例外。没有必要的监督，司法权的滥用将不可避免。这正是司法权的宿命所在。法官应依法独立公正行使司法权，但为了防止强调司法机关独立行使职权所带来的消极后果，一条利多弊少的可供选择的路径是精心谋划对司法权的理性监督。这正是司法应受监督的必要性与正当性。

　　独立行使司法权，必须接受权力机关及社会各界的监督。依照我国宪法和法律规定，人民代表大会为国家权力机关，人民法院、人民检察院与各级国家行政机关一样，均由各级人民代表大会产生，并对它负责，受它监督。最为具体的表现是，各级人民法院、人民检察院和各级人民政府一样，均需向同级人民代表大会定期或专项报告工作，由人民代表大会进行审议；各级人民法院院长、人民检察院检察长均由与其同级的人民代表大会选举产生，其中下级人民检察院的检察长还要同时报请上级人民代表大会常务委员会批准任免；各级人民法院副院长、审判员、审判委员会委员，各级人民检察院副检察长、检察员、检察委员会委员，则由本院院长或检察长提请同级人民代表大会常务委员会任免。显然，在我国，国家权力统一由人民代表大会行使，全国人民代表大会行使最高国家权力，地方各级人民代表大会行使地方国家权力，在国家权力之下虽然设立国家行政机关、国家审判机关和国家法律监督机关，但它们均不是与国家权力机关并列而权力平等的机构，行政权、审判权、检察权均由国家权力机关派生，并必须对国家权力机关负责，必须受国家权力机关的监督，以此确保所有国家权力最终归于人民行使。这与西方所谓"三权鼎立"制度下，司法并不向议会定期或专项报告工作，更不接受议会审议或受议会监督的司法体制模式显然不同。当然，权力监督实际上也是由具体的个人来推动行使的，也可能带有个人倾向，受个人价值观的影响，监督权也存在滥用的可能。当前，司法实践中，人大代表对个案进行监督，即存在扩大化的蔓延态势，其中不乏滥用监督权力的倾向。如何解决此类问题？关键是要依法监督、理性监督、集体监督、依正当程序监督，而且监督者也应接受监督。因此，一方面要强化监督，另一方面也要防止监督权的滥用。

　　一个理性公正的司法，不是不要监督，而在于如何监督。笔者认为，在所有对司法的监督方式中，来自司法程序内的当事人及其代理人的监督是最好的监督。因此，必须确保公民理性、有效、适度参与审判执行程序的制度。参与原则是民主制度的重要组成部分，主要指公共决策的作出必须保证受其影响的个人能够参与到制作过程中去。程序参与作为判断程序是否公正的首要标准，直接体现了诉讼程序的价值追求。程序参与使当事人能够在涉及自己利益的诉讼程序中以自己的行为主动地、实质性地影响程序结果，使自己的观点受到裁判者的认真关注；有利于司法权威的树立和诉讼民主与程序法治的维护；有助于实现实体公正，有助于增加判决的可接受性，有助于彻底解决纠纷，有助于政策形成功能正当化。因此，应健全相应的制度，确保公民理性、有效、适度参与审判、执行程序。一是建立协助司法的制度，即保障公民能积极充当控告人、证人、司法行为的协助人等。二是参加司法的制度，即通过制度设计保证所有利害关系人都能参加到诉讼程序中来，使诉讼程序具有更多的交涉性。三是见证司法的制度，如采用强制措施时作为见证人。四是参审司法的制度，如让公民作为人民陪审员参审案件。五是间接监督司法的制度，如起诉书、答辩状、裁判文书除依法不应公开的以外予以网上公开，法院年度书面工作报告上网，庭审活动的进一步公开，有规则的公众在线监督和舆论监督等。

第七章　论司法透明

　　西方有句古老的法律格言："正义不仅应当得到实现，而且应当以人们能够看得见的方式实现。"司法作为维护社会正义的最后一道防线，其公开透明常常被认为是保障和实现司法公正最重要、最基本的手段，亦是实现良善司法所不可或缺的制度。在人类社会由专制走向法治的过程中，对于司法公开的追求亘古不息，并为之建立了一系列的制度。司法透明逐渐成为社会纠纷解决的基石和衡量一国司法制度民主化、现代化的标志，并为国际社会所认同。我国宪法也将审判公开作为司法的重要原则加以规定，[①]反映了我国法律与世界上其他国家法律在追求公平与正义、尊重人权上的一致性。随着我国司法改革的不断深入，强化司法透明度、扩大公众参与，被视为司法改革的突破口和核心命题之一，受到理论界和实务界的广泛关注。由于理论研究的阙如，司法透明在实际运行中还存在不少问题，本章拟以多维视角从理论上剖析司法透明扩张的必然性，概括司法透明所具有的制度价值，从观念到机制检讨司法透明运行的障碍与盲区，并就如何完善司法透明机制提出建议，期望对我国司法透明的制度建构提供有益参考。

---

　　① 《宪法》第 125 条规定："人民法院审理案件，除依照法律规定的特别情况外，一律公开进行。被告人有权获得辩护。"

一、司法透明扩张的理论基础：多维视角的考察

"司法透明是诉讼活动的一项准则，它的目的在于保持司法制度运作的完美和司法活动过程及结果的公正，它是人们对国家法制的信赖感和司法的公信力的来源。"[①] 尽管人们对司法透明的内涵认识不尽一致，但对司法透明的社会功能和制度价值的认识日趋一致。一般认为，司法透明的价值体现在：（1）实现司法公正；（2）提高司法公信力；（3）保障司法民主；（4）提高司法效率；（5）促进司法和谐；（6）防止司法腐败；（7）树立司法权威；（8）维护司法独立。特别是随着正当程序理论和"接近正义"理论的兴起，司法公开的范围与程度呈不断扩张趋势，并建立了包括对席审理制度、证据约束制度、心证公开制度、公开宣判制度、审判资料向社会公开制度等一系列保障措施。这些制度的建立既是法治发展的结果，也是人们理性分析司法活动规律的必然选择。

（一）司法透明的哲学分析——以交往行动理论为视角

社会生活的常识告诉我们：人离不开社会，离不开相互之间的交往，而人们在共同生活和相互交往中难免发生各种纠纷。发生纠纷就需要解决纠纷的机构。司法就是法院主导的、由当事人和其他诉讼参与人参加的解决纠纷的活动。司法活动本身就是社会主体进行交往的一种具体形式，也是一种特殊形式。

德国法兰克福学派著名代表人物哈贝马斯指出："我把以符号为媒介的相互作用理解为交往活动。相互作用是按照必须遵守的规范进行的，而必须遵守的规范规定着相互的行为期待，并且必须得到至少两个

---

① 樊崇义主编：《诉讼原理》，法律出版社 2003 年版，第 524 页。

行动的主体（人）的理解和承认。"① 即交往行动是主体间以语言符号为媒介而建立起的一种理解和认同的活动。哈贝马斯把司法活动视为一种通过交往而寻求共识的过程。根据哈贝马斯的观点，一项交往活动要有效地进行必须满足"四项有效性要求"：（1）以符号为媒介；（2）按照必须遵守的规范进行；（3）必须遵守的规范规定着相互的行为期待，即行为的结果具有可预见性；（4）必须得到至少两个行为主体的理解和承认。这四种有效性要求（可领会性、真实性、真诚性和正确性）是交往理性得以实现的前提。哈贝马斯认为，只有按照交往理性的要求，社会共同体的成员才能达到对客观事物的共同理解，建立大家一致认同的社会规范，从而保持和谐的人际关系并维护生活世界的合理结构。

那么，司法活动作为一种交往行为，要有效地开展，也必须满足这样的条件，即：（1）通过语言、文字的媒介进行诉讼活动；（2）遵守一定的规范，不仅包括实体规范，还包括大量的程序规范；（3）这些规范能够让法官、当事人及其他诉讼参与人产生准确的预期；（4）诉讼活动的结果，即裁判结论，应该得到当事人和诉讼参与人的理解和承认。而要满足这四个条件，司法必须保持一定的透明度。具体来讲，诉讼中要坚持直接言词原则，举证、质证、认证都要通过语言、文字公开进行；裁判规则必须公开透明；法律程序必须公开透明；诉讼过程应该公开透明；裁判结果应该公开透明。法院只有依据透明的裁判规则、经过透明的诉讼程序、作出透明的裁判结果，才可能得到当事人和公众的理解和承认。

总之，交往行为的本质属性决定了司法必须保持透明。现代司法应该具有一种交往理性。只有司法透明，才能使司法具有这种理性，司法活动才能得到当事人即公众的回应与认同，从而有效进行下去，实现司

---

① ［德］哈贝马斯：《作为"意识形态"的技术与科学》，李黎、郭官义译，学林出版社1999年版，第49页。

法的目的。

(二) 司法透明的经济分析——以博弈论为工具

博弈论认为，一个人的行为取决于他预期其他人将如何行动。[①] 而作出预期的前提是他可能获取的信息。一般而言，诉讼至少是三方参与的博弈。由于司法透明的广度、深度不同，经常性地会在各方参与者之间产生信息不对称，致使诉讼活动变成了一种不完全信息博弈。按照博弈论的观点，信息越透明，结果的可预测性越大，越有利于当事人作出决策。如果法院司法不透明，有关诉讼的信息供给不足，就会影响当事人诉讼行为的选择和对诉讼结果的认同。司法透明能最大程度地减少法院和诉讼参与各方之间的信息不对称。可以说，司法的透明度决定着裁判结果的可接受性和司法解纷的有效性。

从另一个角度看，由于司法不透明所引发的信息不对称还可能增加法官的道德风险，助长法官寻租，滋生司法腐败。人的利己本性决定了人的行为目标都是追求自身利益的最大化。法官由于掌握着案件的裁判权，不可避免地成为当事人寻租的对象。而法官要徇私舞弊，最直接有效的做法就是利用自己掌握的诉讼秘密获取租金。反之，司法越透明，双方当事人就越可能公平地、充分地获得相关信息，从而减少信息的不对称，作出理性的应对，有效地解决纠纷；司法越透明，法官利用所掌握的信息获取非法利益的机会就越小，暗箱操作、徇私舞弊就越困难。可见，司法透明是解决法院与当事人、公众之间信息不对称问题的基本方式和手段。

(三) 司法透明的心理分析：以当事人为中心

司法透明有深厚的心理学背景。[②] 从心理学所揭示出来的一般规律

---

① [美] 拜尔等：《法律的博弈分析》，严旭阳译，法律出版社1999年版，前言。

② 心理学是研究人的心理现象、心理活动及其规律的科学。而人的司法活动、诉讼行为是与人的心理是分不开的。从心理学角度分析为什么要司法透明，可以拓展我们的视野，加深我们对这一问题的理解。

看，人类总是对未知的、神秘的事物充满好奇心，总想追根溯源，一窥堂奥；同时，人类也天然对未知的事物存在恐慌、害怕和怀疑的心理，总是相信和信赖熟悉的人和事。例如，一般来讲，小孩子对陌生人有天生的排斥心理，而对熟悉的人更为信赖。

实现司法透明，公开审判、公开质证认证、公开询问证人、公开辩论等等，让当事人感知和参与诉讼的全过程，让法官和双方当事人都"在视觉参与下了解纠纷的行为情况，在听觉的参与下知道纠纷的原因和经过，在感情的参与下产生对纠纷的态度，在意志的参与下产生解决纠纷的决心，这种综合性的感知和整体性的反映与其他心理因素相结合"，[①] 可以增强案件裁判的透明度和可靠性，可以消除当事人对秘密审判、暗箱操作的恐惧，消除对法官枉法裁判的怀疑，强化其对司法的认同和信任。另一方面，透明、公开的程序其意义不仅仅是对裁判过程的控制，还包含着裁判成立的前提和当事人对裁判结果的态度。"一种合理合法的适用程序对于当事人在适用完成后的行为态度起到信念上的暗示作用，他相信在这种程序下作出的适用结论对于他是公正的。"[②] 同时，也利于当事人配合法庭积极履行程序义务，共同推进诉讼的顺利进行。反之，如果诉讼活动充斥着隐秘，当事人没有机会完整地参与裁判过程，无疑会影响他们对裁判结果的认同和履行，使当事人产生对抗与逆反心理，将与另一方当事人的对抗演变为与法院的对抗，有的当事人在此心理支配下甚至做出玉石俱焚的暴力抗法等极端行为。实践中，法官依法裁判的一些案件，当事人就是不服，不断申诉、上访，很大程度上是因为当事人没有机会充分参与到公开、透明的诉讼过程中去，怀疑法官暗箱操作，裁判不公。

所以说，司法透明可以从心理上强化当事人对司法活动的信任，增强裁判结果的可接受性；同时，也有利于司法活动中的各方减少对抗，

---

① 张佐民：《民事审判心理学》，中国政法大学出版社 1989 年版，第 11 页。

② 孙笑侠：《法的现象与观念》，群众出版社 1995 年版，第 170 页。

加强合作，认可裁判结果，从而最大限度地化解纠纷，使对立冲突的社会关系回复和谐。

（四）司法透明的法理分析——权利基础及其他

首先，从保障公众知情权来看，司法必须透明。知情权，又称获知权、知晓权、知悉权、知的权利等，是公民获取有关社会公共领域信息以及与本人相关信息的权利，具体可包括政府知情权、司法知情权、社会知情权和个人知情权。[①] 在现代社会，知情权已成为公民的一项基本人权和推行民主政治的重要前提。正如美国前总统约翰逊所宣称："在国家完全许可的范围内，人民能够得到全部信息时，民主政治才能最好地运行。任何人不可能对可以公开的决定蒙上一个秘密的屏幕而不损害公共利益……"[②] 对司法信息的知情权是公民知情权的一个重要方面，如果没有相应的司法透明制度作保障，公民的司法知情权将难以实现。司法透明的机制与制度为当事人和社会公众了解国家司法权的运作情况提供了条件。因此，对公民知情权的保障要求司法透明。

其次，从司法的普遍性特点来看，司法必须透明。黑格尔在《法哲学原理》一书中提出了三项国家行为公开的标准：第一，法律公开；第二，审判公开；第三，国会公开。其中，对于审判公开的依据，黑格尔说，"个别事件就其特殊内容来说诚然只涉及当事人的利益，但其普遍内容即其中的法和它的裁判是与一切人有利害关系的。这就是审判公开的原则。"[③] "公开的权利的根据在于，首先，法院的目的是法，作为一种普遍性，它就应当让普遍的人闻悉其事；其次，通过审判公开，公民才能信服法院的判决确实表达了法。"[④] 因为法与权利具有普遍性，所以必须摆在公众面前；因为司法裁判具有普遍性，所以司法活动必须

---

① 参见谢鹏程：《公民的基本权利》，中国社会科学出版社 1999 年版，第 263 页。
② 转引自王名扬：《美国行政法》，中国法制出版社 1995 年版，第 959 页。
③ ［德］黑格尔：《法哲学原理》，范扬、张企泰译，商务印书馆 1961 年版，第 232 页。
④ ［德］黑格尔：《法哲学原理》，范扬、张企泰译，商务印书馆 1961 年版，第 232 页。

公开，应该让公民拥有一种信念：裁判是法的正确表达。

再次，从贯彻相关立法的角度来看，司法必须透明。一些国际条约如《世界人权宣言》、《公民权利和政治权利国际公约》都对司法透明提出了要求。如《世界人权宣言》第 10 条规定，"人人完全平等地有权由一个独立而无偏倚的法庭进行公正的和公开的审讯，以确定他的权利和义务并判定对他提出的任何指控。"我国《宪法》第 125 条明确规定，人民法院审理案件除法律规定的特别情况外，一律公开进行。我国的《民事诉讼法》、《刑事诉讼法》和《行政诉讼法》都规定了公开审判的原则。所以，司法透明也是贯彻相关立法的必然要求，具有充分的法律依据。

二、司法透明的实践反思：从观念到机制的检讨

纵观我国两千多年的法制史，长期以来，一直有着秘密司法的传统。奉行的是"刑不可知，则威不可测"[①] 的信条，实行"临事制刑，不豫设法"，[②] 即使有成文法也是不公布的。统治者对法律制度采取垄断控制手段，法律越隐秘，对人民越具有恐怖、威慑、压迫的力量。孔子曰："民可使由之，不可使知之。"[③] 老子也说："为道者，非以明民也，将以愚之也。民之难治，以其知也。故以知治邦，邦之贼也；以不知治邦，邦之德也。"[④] 这些话语无形之中成为历朝历代统治者的金科玉律，使官对民有一种居高临下的施恩态度，成为他们实施愚民政策的指针，导致传统司法强烈的神秘性、任意性和野蛮性。

新中国成立以后，传统封建残余的一些影响在司法领域并未彻底根除，一些封建思想在司法人员中应该说还有市场。司法实践中的暗箱操作也是存在的。随着政治气候的变化，宪法确立的公开审判制度愈来愈变成发动群众，开展阶级斗争的工具。而且，由于缺乏程序观念和必要的权力制约，

---

① 《左传·昭公六年》孔颖达疏。
② 《左传·昭公六年》孔颖达疏。
③ 《论语·泰伯第八》。
④ 《道德经》第 65 章。

使得公开本身也打了折扣，公开经常被滥用，只是形式上的当众宣判，而实际决策的过程则是那些现场的观众所看不到的。至于"文化大革命"中盛行的那种以公开审判之名，搞大批判式的草率审判，在高度情绪化的场景下，草菅人命、任意判刑的事例，则更是令人不寒而栗的前车之鉴。

改革开放后，全国各级法院以公开审判为核心不断建构和完善司法透明的制度与机制。最高人民法院在司法改革中均对加强司法透明提出了明确要求，2007年颁布了《关于加强人民法院审判公开工作的若干意见》。总体而言，我国的司法正朝着不断公开、透明的方向发展，"有理讲在法庭，有证举在法庭，事实摆在法庭，是非辩在法庭，最后裁决也要在法庭上进行"成为许多法院推行审判公开的至理名言。但实践中，我国司法透明的机制还存在不少缺陷，对比国外司法公开制度的发展，我国的司法公开制度始终处于较低的发展水平，特别是长期以来的习惯和痼疾形成了影响司法公开的诸多盲区。

盲区之一：公开审判流于形式，并未真正落实。公开审判是司法透明的基础，是保证公正司法的安全阀。公开审判的异化导致司法有效公开成为空中楼阁。首先，相当部分审判人员对"公开审判"的理解狭隘化。实践中，很多法院和法官习惯于把公开审判简单理解为公开开庭审理，认为审判公开就是庭审公开，就是庭审过程的公开和裁判文书向当事人公开。即使形式上的公开审判，实践中在很多地方也并未落到实处。例如旁听制度，根据法律规定，公民凭合法有效的证件就可以进入法院旁听案件庭审。但实践中，很多法院是不允许公民随意进入法院的，公民旁听案件审理的权利实际上被剥夺，旁听制度无意中被架空。① 其次，对案件具有决定意义的程序和环节却都不公开。审判分

---

① 不少学者对许多法院现行的庭审旁听制度设计颇有微词，有的认为："现行制度为公民旁听公开审判设置了一道审查和许可机制，法院在许可和不许可公民旁听的问题上拥有无限的自由裁量权，却没有同时设计相应的救济制度。"有的则认为，"旁听'群众'的范围受到法院有意的控制，法院在审理一些重要案件时，参加旁听的'群众'座无虚席，但是辩护律师发现旁听席上就座的都是他所熟悉的法官、检察官、警官，只不过他们没有穿制服，而是身着便衣。"参见访谈《审判公开向实质公开迈进》，载《人民法院报》2007年7月3日第4版。

离，审者不判，判者不审，审判权运作行政化，案件的裁判在法院内部采取层层审批的办法，合议庭和独任制法官对案件的审判权力有名无实，公开审判流于形式。

盲区之二：一些裁判规则不透明或者透明度较差。裁判规则透明是司法透明的重要前提，如果这个前提不具备，司法透明只能是空谈。司法实践中，人民法院裁判案件不仅依据法律、行政法规，参照行政规章，还大量适用行政机关的规范性文件以及法院内部的复函、批复、通知、意见、会议纪要等规范性文件。但大量存在的规范性文件、法院内部的复函、批复、通知、意见、会议纪要等有些是不对社会公开的，有的即使公开，其公开的范围、方式也很有限，透明度很低，严重影响了当事人对裁判结果的可预见性。这不仅不利于纠纷的解决，而且也不利于规则之治的形成；不仅使当事人普遍感到迷惘和不知所措，就连律师、法官也常常为"发现法律"而头痛不已。①

盲区之三：审判委员会讨论决定案件不透明。审判委员会是法院内部的最高审判组织，对公正司法至关重要。但审判委员会讨论决定案件的工作方式却弊端甚多。审判委员会讨论决定案件一般先由案件承办法官汇报案情，审判委员会根据案情汇报由各委员发表意见，最后按少数服从多数的原则形成事实上的裁判结果。审判委员会不参加庭审，也没有当面听取双方当事人的言词辩论、举证、质证，仅凭承办法官的"一面之词"就下定论，违背了直接言词原则。而且，审判委员会讨论决定案件在当事人完全不知情的情况下进行，当事人及社会公众无从知

---

① 从立法和司法解释的角度看，目前人民法院并未确立统一的裁判法律适用规则，在是否承认法规、规章以下的规范性文件效力上，理论上认识并不一致，各地法院、不同案件的做法也不一，与这类文件公开性差的因素交织在一起，导致裁判不统一的现象十分突出，严重影响法院公信力。据某省近年来统计，对法院生效裁判提出申诉的，有20％左右是认为裁判适用法律错误，特别是认为法院不应适用未公开的内部文件。

晓，关门办案，有暗箱操作的嫌疑，与审判公开原则背道而驰。[①]

盲区之四：审判组织的组成人员不透明。合议庭成员虽然在开庭前会告知当事人，但合议庭人员如何组成，当事人并不知晓。实践中，有的案件中途更换合议庭成员而当事人不知晓，无法提出回避申请，使回避制度变相落空；有的法官在案件审理中，参加庭审但不参加合议；或者参加合议，但根本没有参与阅卷和书面审，名义上是合议庭审理，实际上只是承办法官一个人的意见，而这对当事人也是不透明的。尽管有些当事人为此不满并四处投诉，但苦于证据难寻，往往不了了之。[②]

盲区之五：民事诉讼程序的选择不透明。民事程序选择权是指当事人在法律规定的范围内，选择纠纷解决方式，或者在诉讼过程中选择有关程序及与程序有关事项的诉讼权利。我国《民事诉讼法》规定了一些当事人的程序选择权，如纠纷解决方式的选择权（如简易程序、小额速裁等）、特定案件管辖法院的选择权、选择以调解、撤诉或判决结案的权利、特定案件是否公开审理的选择权等，但实践中对某一案件究竟适用什么程序来审理的决定程序并不透明。

盲区之六：合议庭评议过程不透明。合议庭评议是决定案件实体裁判结果的重要环节，因而合议庭评议过程的透明对于保证裁判的公正具有举足轻重的作用。在司法实践中，大部分法院合议制没有得到彻底贯彻，现行的做法是合议庭评议案件，一般秘密进行，不向社会公开，合议笔录也不公开。整个合议过程不公开、不透明，合议缺乏充分地讨论和论证，过程简单，流于形式。

盲区之七：言词证据对当事人和法官不透明。直接言词原则是现代诉讼的重要原则，对维护程序正义意义重大。直接言词原则要求证人出

---

① 学界对审判委员会办案方式的批评由来已久，在司法改革中，也有个别法院在审判委员会讨论案件时，尝试由律师、辩护人先向审委会陈述各自意见，相互辩论，再由承办人汇报。但在目前检察长列席审委会的制度尚未普遍推行的情况下，绝大多数法院审委会办案方式仍是会议制而不是审理制。

② 实践中，有些当事人甚至偷偷拍摄了合议庭开庭相片，以此证明有些挂名的合议庭成员并未参加法庭审理，但法院总能找到适当理由或以裁判结果正确为由消解当事人的投诉。

庭口头陈述作证，接受当事人双方的询问、质证，并由法官辨别其证言之真伪。在司法实践中证人提供书面证言的多，出庭作证的少。证人不出庭作证，使双方当事人对证人当庭质证落空。在鉴定意见审查上，一般都是法官在法庭上宣读鉴定意见，鉴定人不到庭接受质询。但当事人对鉴定意见有异议或者人民法院认为鉴定人有必要出庭的，鉴定人应当出庭作证。刑事案件在庭审结束之后全面阅览控诉方的案卷材料，再认定事实，作出裁判，这种现象在我国已是司空见惯，但在西方正当程序法律文化看来却是不可思议的事情。[①]

盲区之八：公开信息不对称性造成的不透明。这种情况在实践中主要表现为三种情形：第一，一方当事人实施"证据突袭",[②] 造成当事人之间信息不对称，使诉讼对另一方当事人不透明。第二，法官不行使或不当行使释明权，使当事人之间信息不对称，造成司法不透明。我国经济尚不发达，一些当事人没有聘请律师，这就产生了当事人之间诉讼能力差异，法官如果不行使释明权，当事人之间就会产生信息不对称；当然，如果法官不能站在中立的立场上平等而合理运用释明权，而是有所偏袒，也会使当事人之间的信息不对称，造成司法不透明。第三，"背靠背"调解过程中，隐瞒有关信息，使当事人之间信息不对称，造成司法不透明。通过背靠背调解，法官在当事人之间扮演起信息传递者的角色。法官在帮助双方沟通信息时，并非将所有的信息都传递给对方，而是传递甚至夸张有利于促进和解的信息，隐瞒不利于和解的信息。[③] 通过法官分别沟通和信息传递，当事人得到的信息都是不完全的，换言之，一些信息对当事人是不透明的，而这影响着他们的策略选

---

① 如在北京曾有 20 多位外国法律系的学生旁听了某区法院公开审理的案件。当天的法庭上共宣读了 8 位证人的证言。庭审结束后，一位学生问法官："证人没出庭你怎么敢就认定证人证言有效呢？"这位法官答说："我们不看重形式，更看重内容。"这位学生百思不得其解：证人没出庭，凭什么断定证人证言的内容是可信的呢？

② 所谓"证据突袭"就是一方当事人在庭审中突然出示一些事先未提交法庭、未进行证据交换的证据，使对方当事人一时无法应付，陷于被动的情形。

③ 吴英姿：《法院调解的"复兴"与未来》，载《法制与社会发展》2007 年第 3 期。

择和对调解的接受。

盲区之九：司法信息对媒体透明度不够。通过媒体传播司法信息，是满足公众知情权，实现司法透明的重要渠道。但有的媒体也会在案件未经法院做出裁判时就大肆宣传、评论，进行倾向性报道，形成所谓的"媒体审判"，干扰了法院的公正独立司法。故长期以来，司法与媒体的关系就比较紧张。为了避免媒体报道的负面影响，司法机关对传媒设置了很多的禁区，司法信息对媒体的透明度是很不够的。

盲区之十：裁判文书的透明度不够。裁判文书是当事人感知司法透明最直接的载体。虽然在形式上，法院实现了裁判文书向当事人公开。但裁判文书在内容方面、裁判理由方面却存在明显的不透明。[①] 具体表现为：案件由来及审理经过行文模式化，不能全面、准确反映诉讼具体情况；文书罗列事实多，分析论证少，说理不充分；判决理由过于简化或过于学理化，当事人难以理解；判决书所适用的法条只写出了条、款、项的序号，而没有写明法条的具体内容；对案件所适用的法条不进行论证；法官自由心证的过程不公开等。

盲区之十一：政法委、公检法内部协调的过程及内容不透明。政法委员会的基本职能是代表党委领导、指导、管理、协调监督政法工作，具体包括组织、协调有争议的重大疑难案件的处理。在司法实践中，对一些重大案件，政法委出面指挥、公检法之间内部协调的做法在各地都是存在的，往往一些案件在审判之前已经定好了调子，代替法院作出最后的裁判意见，形成政法委先定、法院后审的情况，以领导机关"支持和监督"之名而代行法院具体职责之实，这是违反《宪法》和法律

① 从欧美国家的立法例看，法律对判决是否要说明理由的规定是不一样的。1948年的意大利《宪法》第111条、1921年修订的比利时《宪法》第97条明确要求一切司法判决都必须写明理由；法国《民事诉讼法》第455条规定，判决应当说明理由；德国《民事诉讼法》第313条规定，判决书应记载裁判理由。英国、加拿大的司法判决并不要求必须写明理由，美国法院的判决通常也不要求写明理由（但联邦上诉法院的判决书则要附具理由），《欧洲人权公约》并不要求司法判决必须写明理由。然而在各国司法实践中，判决尤其是上诉审判决说明理由成为各国法官的一致选择。欧洲委员会反复重申，判决没有载明理由可能表明侵犯了公平、公正审理之保障。

的。而协调的过程及内容对刑事诉讼中的犯罪嫌疑人及辩护律师等都是不透明。实践中，这种做法在有的地方也产生了一些恶果。①

盲区之十二：案外非法干预信息不透明。案外的非法干预是导致案件裁判不公、久拖不决的重要原因。目前，法官裁判某些案件，特别是涉及地方重大利益的案件往往受到外部和内部的各种干扰，表现为法院内外的领导向承办法官打招呼、批条子，影响案件公正审判。② 而这些案外的非法干预信息都是不向当事人和社会公开的。③ 实践中，常有当事人认为稳操胜券的案件因案外因素的影响而得到出人意料的败诉判决，但由于当事人无法得知非法干预的相关信息，不能寻求其他权力的监督及对干预者的制裁。

三、司法透明制度建构应注意的几个关系：宏观进路的思考

应该说，对于司法透明存在的问题，近年来理论界和实务界都进行了认真的批判和反思。学者们强烈呼吁公开是司法正义不可或缺的内在品质之一，因为"一切肮脏的事情都是在'暗箱作业'中完成的，追求正义的法律程序必然是公开的、透明的"，④ 并从不同的角度提出了增强司法透明的种种建议，意图通过司法透明的改造为人们描绘一幅公正和谐司法的美好愿景。各地法院也出台了一些加强审判公开的规定。

---

① 如令人震惊的佘祥林案。荆门市中院在一份总结材料中谈到：此案的另一个教训是，要排除一切干扰，依法独立行使审判权。佘祥林案件的处理结果是经过市、县两级政法委组织有关办案单位、办案人员协调，并有明确处理意见后作出的判决。这种近似于"先定后审"的做法，违背了刑事诉讼法的有关规定，是导致冤案发生的重要原因。参见唐卫彬、黎昌政：《一起冤案三点反思》，载《人民日报》2005 年 4 月 8 日第 5 版。

② 有法院调查"当事人或代理人（辩护人）获知法官的裁判意图以后的举动"时，与法官直接沟通的占 33％，向有些机关投诉的占 46.7％，找领导施加压力的竟高达 73.3％（有些手段可以并列使用）。参见江西省高级人民法院课题组：《公开审判制度调查报告》，载《法律适用》2007 年第 7 期。

③ 有时法官遇到干扰阻力较大的案件，也可能向一方当事人说明案件有领导关注、批示，不好办理，但领导是如何关注和批示的，当事人仍然无从知晓。

④ 王利明主编：《司法改革研究》，法律出版社 2001 年版，第 52 页。

但是，由于制度设计、制度认知和制度操作缺乏统一协调，特别是功利主义制度设计模式的影响和权利本位意识的匮乏，这些美好的愿景并未成为现实。笔者认为，实现真正的司法透明，需要我们理性地探讨司法透明制度建构的进路。在研究具体的机制之前，应该对制度建构的方向、原则有一个总体的把握。司法透明的制度如何建构、其实效如何，有赖于我们能否正确处理好以下几对关系。

（一）目标的明确性与过程的渐进性

司法透明的首要目标和终极追求就是保证司法公正，这个目标是很明确的，是毋庸置疑的。然而，要实现这个目标却不可能一蹴而就。西方有句谚语"罗马不是一天建成的"，种子要发芽，需要适宜的温度、土壤、水分等条件。任何社会目标的实现均有赖于相关社会条件的成熟。虽然我们应积极地创造条件而不是消极地等待，但如果条件尚未具备，则目标也不可能完全达致。"历史的经验已经反复地证明，理论上很完美的制度并不一定可以付诸实施，而行之有效的制度却未必是事先设计好的。"[1] 司法透明的实现是一个渐进的过程，囿于现实条件的制约，有些改革措施不可能一步到位，[2] 只能循序渐进，随着条件的成熟，逐步展开。

（二）认识进路的建构性与演进性

关于制度设计的认识进路，存在着两种基本观点：一种是唯理主义的法律建构论观点，一种则是经验主义的法律进化论观点。[3] 就前文的

---

[1] 季卫东：《法治与选择》，载《中外法学》1993 年第 4 期。

[2] 例如审判委员会讨论决定案件的诸多弊端深为学界诟病，但限于一些地方法官素质堪忧，案件质量没有保证，不得不维持现状。

[3] 唯理主义的法律建构论认为人有无限的理性能力，"所有的社会制度都是，而且应当是，审慎思考之设计的产物"；经验主义的法律进化论则认为个人理性受制于特定的社会生活进程，文明乃是经由不断试错、日益积累而艰难获致的结果，或者说它是经验的总和。见邓正来：《哈耶克的社会理论》，载［英］哈耶克：《自由秩序原理》（上），邓正来译，三联书店 1997 年版，第 15 页。

表述而言，可能认为笔者采取的是建构论的进路。对此，笔者的基本态度是：人的理性是有限的，法治不可能仅凭人的理性来抽象建构，实践与经验的价值不可忽视；同时，人的理性也并非一无是处，不可片面强调实践与经验，轻视理性的力量，堕入经验主义的泥沼。对于司法透明的制度建设，一方面要重视理论的阐释和分析，从理论上提出改革的思路和方案；另一方面也要注重实践的作用，应当允许在法定范围内作一些试验性的改革，以积累经验、改进方案，取得实效。既要坚持理性建构，又要注重经验演进，使二者相辅相成，相得益彰。

（三）制度建构的合法性与合理性

建构保证司法透明的机制与制度的目标指向是司法公正。依法办事是司法的基本准则。那么，建构保证司法透明的机制与制度也应该坚持依法的原则，改革的措施和做法不能与现行法律相违背。司法透明的机制与制度很多方面涉及诉讼程序的改革，而诉讼法从法理上讲属于公法的范畴，应该坚持"法不授权不得为之"的原则，即相关立法没有改变，则不能对现行的规定予以突破，不然就会使这种制度建构丧失合法性。当然，也不能坚持"凡是现存的就是合理的"这样的独断论，对现行法律规定的做法不符合司法实践需要，违背司法规律的，也应该积极研究对策，在法定范围内予以变通；即使没有变通余地，也应该扎实调研，对立法提出修、改、废的建议。总之，司法透明的制度建构必须坚持合法性的原则，司法公开的权利、义务的设定和实施均应由法律规定，司法公开的内容、方式必须依据法律规定的程序进行。

（四）制度设计的延展性与有限性

目前，以审判公开为核心的司法透明存在很大的局限性。为此，必须拓展司法透明的广度与深度，使中国的司法从审判公开走向层次更高、内容更丰富、理念更先进的司法透明。在制度设计上必须对现有制度安排予以延展；同时，也要注意拓展的限度问题，认识到司法透明应有的边界。

　　笔者认为，司法透明的广度是指司法透明的范围问题，即司法的哪些事项、哪些信息应该对当事人和社会公众透明。（1）从法院工作的宏观角度看，司法透明应该涵盖人民法院审判工作的情况、执行工作的情况和其他工作情况，包括队伍建设情况、法院财政资金预算及使用情况、法院基础设施建设情况、信息化建设情况、"两庭"建设情况等。（2）从案件运转的微观过程看，司法透明的广度应该涵盖诉讼的全过程，包括立案透明、审理透明、裁判透明、执行透明。具体包括：诉前对当事人的诉讼权利告知、开庭前诉讼权利的告知、审理过程的公开、庭审中的释明、判后答疑等等。（3）从司法透明的对象看，以法院为一方主体，司法透明的广度应该包括法院信息对当事人的透明、对诉讼参与人的透明、对代理律师的透明、对被告人和检察机关的透明、对辩护人的透明、对当事人近亲属的透明、对新闻媒体的透明、对社会公众的透明等。司法透明的深度是指司法透明的程度问题，即对于应该公开的事项、信息透明到什么程度。对此，我们的基本态度是：在法律规定限度内，应该结合司法审判工作实际，尽可能创造条件，加大司法透明的力度，公开更多、更全面的司法信息。

　　与此相对的，就是司法透明的限度，即哪些事项、哪些信息应该保密。司法透明也不能绝对化，司法也不是越透明越好。英国宪法学者詹宁斯曾指出，"公开审判的重要性很容易被夸大。公开审判仅意味着公众中的一些人可以旁听，如果报界认为案件很有趣，可以只报道其中的一部分。"[①] 如果透明机制运用不当，也可能成为司法不公的诱因。但总的来说，司法透明应该作为原则，对司法透明的限制应该作为例外；并且，限制司法透明必须有充分的、合法的理由。司法透明不得与宪法和法律相违背，如实行司法透明也要遵守《保守国家秘密法》。司法透明的限度应限于宪法、法律规定不得公开的事项，如涉及国家机密、商

---

　　① 转引自陈瑞华：《看得见的正义》，中国法制出版社 2000 年版，第 223 页。

业秘密、个人隐私等案件。

（五）制度推进的整体性与单一性

在推进司法透明的制度建构过程中，决策者要把握好整体性与单一性的关系。应该认识到，司法透明的制度建构必须纳入司法改革的范畴中通盘考虑，实现司法透明是整个司法改革的一个子目标和子项目，在具体机制与制度的建构与推进中应该和司法改革的其他方面进行整体规划、统一部署、互相配合，走整体推进之路。这是遵循司法改革系统性的需要，也是维护法制统一的需要。首先，司法透明的制度建构要有整体的思路和成型的实施方案。事先要进行了充分的研究、论证、规划，拟定相关方案，在研究扩大某项透明度的措施时，必须考虑研究制定相关配套制度和对其他制度的影响，并经过有关部门批准，再付诸实施。其次，要抓住关键环节、突出问题，有计划、有步骤、有重点地进行。将制度建构的阶段性和长期性统一起来，坚持有序推进。反之，如果坚持单一性，各项机制单独推进，"头痛医头、脚痛医脚"，可能导致一些措施因其他条件不成熟而无法推动，实际效果不佳。当然，坚持整体推进不是说具体的机制与制度要同时建立，一步到位；也不是说要等其他改革全部到位之后再来推进司法透明。制度推进也是有阶段性的，整体推进也要从一项一项局部的措施做起。

四、司法透明机制之具体完善：以保障当事人权利为重点

遵循建构司法透明的总体进路，笔者认为，我国应该以保障公众知情权为出发点，以落实公开审判为切入点，以监督和制约司法权为着力点，以促进公正司法为落脚点，积极推进司法透明在新的高度上向前发展。因此，需要在立法上和司法实践中全方位、多角度地进行改革和制度创新。

（一）完善保障司法透明的程序机制

完备的程序是司法公开实质化的重要基础，目前应主要从以下几个方面予以完善：（1）进一步加强审判公开。认真落实最高人民法院《关于加强人民法院审判公开工作的若干意见》，坚持依法公开、及时公开、全面公开的原则；针对影响当事人正当行使诉讼权利的突出问题，积极履行告知义务；落实审判公开方面的便民措施；对办案过程中涉及当事人或案外人重大权益的事项，法律没有规定办理程序的，应当根据实际情况，建立灵活、方便的听证机制，举行听证等。（2）增加裁判规则的透明度。最高人民法院内部的规范性文件，如批复、会议纪要等，要通过多种途径如《最高人民法院公报》、《人民法院报》、中国法院网等，向社会公开；最高人民法院制定的司法政策要向当事人解释说明；最高人民法院就案件疑难问题所作的批复应该向当事人出示和说明，增加裁判规则的透明度；其他机关制定的内部规范性文件也应通过权威媒体或指定网站发布。（3）推行合议庭公开评议。合议庭公开评议可以保证裁判结果形成过程的透明化，促进公正司法。这种公开既可以是对当事人的公开，也可以是对诉讼代理人的公开。在南美，法官进行合议评议时，律师可以列席；瑞士联邦法院采用的口头审议程序也使人们可以听到各位法官如何发表意见。[①] 建议我国逐步推行合议庭评议的公开化，可先选择部分案件试行法官合议时，允许当事人、诉讼代理人列席，增加合议过程的透明度。（4）贯彻直接言词原则，保证证人、鉴定人出庭作证。从证人、鉴定人方面来看，他们不愿出庭作证的一个重要原因是害怕打击报复，尤其是在刑事案件中。而现行立法只将证人看成义务主体，而没有将其当作权利主体看待，对证人人身、财产权利没有明确有效的安全保障措施，对出庭作证引起的经济损失未给予充分合理的补偿。为此，必须建立证人、鉴定人出庭的人身安全保障制度及

---

① 参见［法］达维德：《当代主要法律体系》，上海译文出版社1984年版，第134页。

经济补偿制度，例如可以考虑设立证人、鉴定人专项基金，经费列入财政预算，保证证人、鉴定人有条件出庭作证，使直接言词原则得到落实，增加诉讼过程的透明度。

（二）改革保障司法透明的组织机制

1. 改审判委员会会议制为审理制，以大合议庭审理重大疑难案件。笔者建议，要改革审判委员会审理案件的程序和方式，将审判委员会的活动由会议制改为审理制，为审判委员会改革奠定了基调，大合议庭可由五名、七名或者九名法官、陪审员组成。由院长或相关业务庭庭长担任审判长，对于专业性较强的案件可以邀请相关专家学者作为陪审员。要强调审委会成员的专业性，可以考虑按审判业务成立民事、刑事、行政三个委员会，每个委员会设置 3~7 名专职委员，其他成员由相应业务庭资深法官担任，改变目前审判委员会委员都是"全能型"法官的局面，将审判委员会真正改造成名副其实的审判组织。通过大合议庭直接开庭审理，保证回避、辩论、辩护、陪审等诉讼制度严格执行，从而增强案件审判的透明度。

2. 增加审判组织人员的透明度。审判组织人员确定以后，应该依法定程序告知当事人，审判组织人员的基本情况应该向当事人公开。审判组织人员一经确定，除特殊原因（如生病住院、被免职等）外，不得随意更换；更换审判组织人员的，应该将情况向当事人说明，并告知新的审判人员的基本情况。对于实行书面审理的案件，审判组织人员的基本情况也要向当事人公开。通过增加审判组织人员的透明度，确保回避制度得以落实，促进公正司法。

（三）建立保障司法透明的抗干扰机制

一是实现政法委、公检法内部案件协调的透明化。政法委对法院工作的领导方式主要是组织、领导、协调、指导。但政法委是党的机关，不是国家审判机关，要尽量避免对案件尤其是实体问题的协调，必须进行协调的，应严格遵守刑法和刑事诉讼法的有关规定，并将有关情况予以公开；公检法内部就有关案件进行协调的情况也要予以公开，保证公权力的运作公开化，防止其他权力对审判权的侵蚀和对当事人诉讼权利的变相剥夺。二是通过公开方式防止案外不当干扰。"如果公正的规则没有得到公正地适用，那么公众的压力常能够纠正这种非正义。"① 要通过司法透明的机制设计，切断干扰源，堵塞不法影响的管道，形成抗干扰的隔离带和防火墙。一方面，要严格贯彻和落实《中华人民共和国各级人民代表大会常务委员会监督法》，规范监督程序和方式；另一方面，实行说情干预登记曝光制度，凡是给案件一方当事人说情、批条子、打招呼等不当干预的情况都记录在案，允许社会公众查阅，或在新闻媒体上曝光，"以便使或许是社会唯一制约手段的舆论能够约束权力和欲望"，② 并向纪检、监察部门提出查办其妨害司法公正行为的司法建议。

（四）健全保障司法透明的诉讼权利机制

在实现真正的司法透明的过程中，保障当事人以下三方面的权利至关重要：

1. 完善当事人的民事诉讼程序选择权。在修订《民事诉讼法》时，完善当事人对民事诉讼程序选择权的规定，明确规定当事人有合意选择适用简易程序或普通程序的权利，合意选择公开或不公开审理的权利，做到程序的选择适用对当事人公开透明，更充分地维护当事人的诉讼权利，更有效地解决纠纷。

2. 保障当事人和社会公众获取更多审判信息的权利。一是落实举证时限制度，完善庭前证据交换具体规则，遏制当事人实施"证据突袭"。二是在判决作出之前，将合议庭初步合议所形成的对事实认定的

---

① Michael D. Bayles, Procedural Justice, p. 42, 1990 by Kluwer Publishing Company. 转引自章武生等：《司法现代化与民事诉讼制度的建构》（修订本），法律出版社2003年版，第87页。
② ［意］贝卡里亚：《论犯罪与刑罚》，黄风译，中国大百科全书出版社1993年版，第20页。

看法和法律适用的初步看法的内容，先向当事人双方予以适当公开，允许当事人双方对法院合议的初步结果发表自己的观点和主张，法官在听取当事人双方意见的基础上再对案件进行最终的评议，法官可以修正其以前所形成的心证。三是制定法官释明权行使规则。法官的释明必须在当事人已提出的诉讼证据材料和主张的范围内进行。释明权的行使应该公开透明，必须在争议双方当事人在场的情况下当庭公开、公正地行使，并在庭审笔录中记明，以备查证。四是强调以面对面调解取代背靠背调解，增加调解的透明度，杜绝变相强制调解，使当事人在公平获取充分信息的条件下作出是否接受调解的决定。

3. 保障当事人和社会公众获得充足裁判理由的权利。"对于我们这个时代的人，判决必须说明理由这个原则是反对专断的保证，也许还是作出深思熟虑判决的保证。"① 要增强裁判文书的透明度，必须将诉讼的全过程及案件事实、说理和适用法条的内容在判决书上予以公开表述。对庭审的全部过程（包括庭审举证、质证、认证的过程），特别是认证的结果和认证的理由应予以公开；对事实部分要客观、全面地公开表述。所适用的法律条文，应写明法律条文的具体内容；对裁判理由应在文书中作充分分析论证；法官自由心证的过程也应该在裁判文书中阐明，包括对经庭审后形成内心确信过程、心证的事实和考量因素等，全面、综合地反映出来。

（五）建立保障司法透明的救济机制

没有救济就没有权利。司法透明对于法院来讲主要是法院的义务，相对当事人、媒体和公众而言就是权利。② 法院如果不能实现司法透明

---

① ［法］达维德：《当代主要法律体系》，上海译文出版社1984年版，第132页。
② 在2006年最高人民法院重点调研课题关于"公开审判是否是当事人的基本权利"的问卷调查中，接受调查的法官中赞成的占76.8%，反对的占12.7%，不知道的占10.5%。即便如此，司法实践中，是否公开审判往往取决于法院和承办法官，当事人没有发言权。参见江西省高级人民法院课题组：《公开审判制度调查报告》，载《法律适用》2007年第7期。

就是不履行自己的义务，就是对当事人、媒体和公众权利的侵犯，就应该承担相应的责任。因此，必须在制度上保证当事人因公开审判的权利未能行使或充分行使而获得救济的权利。在诉讼法修改时可以规定：（1）法院审查决定公开或不公开的事项，允许当事人提出异议，由相关审判组织在规定时限内作出答复。（2）法院未对案件依照法定程序公开审判的，如果当事人上诉，案件应该无条件发回重审；如果当事人申请再审，案件应该无条件地启动再审。（3）当事人认为裁判文书说理不充分，法官心证过程不公开而上访的，主审法官必须接待当事人，进行判后答疑，并承担由此给当事人造成的损失。（4）新闻媒体违反司法公开的要求，片面报道，误导公众，干扰法院公正审判的，承担相应的民事和行政责任。（5）其他主体违反司法公开的规定，对当事人获取公开信息的权利设置障碍、造成损害的，当事人有权提起民事或行政诉讼。

（六）建立保障司法透明的监督和评价机制

对司法透明的监督主要来自三个方面：第一，来自司法机关的内部监督。各级法院应把司法透明纳入案件质量考评范围，通过法院内部检查等形式对司法公开予以监督，尽量让当事人在辖区范围内获得救济途径。第二，来自检察机关对审判权的监督。要把司法透明纳入检察监督的范围，通过修改法律将司法公开的主要内容明确规定为法院及审判组织的法定职责，使司法公开具有法定的权利义务关系，便于检察机关的监督。第三，来自人大的监督。人大作为人民行使国家权力的机关，有权对法院的各项行为进行监督，但目前人大的监督主要针对个案的实体是否公正（这种监督的公正性尚有探讨余地），对法院司法透明的整体监督职能并未完全发挥出来，因此有必要强化人大这方面的监督职能。另外，最高人民法院可以设计衡量司法透明的指标体系，设定司法透明指数，定期向社会公布，使之成为上级法院监督下级法院的一种重要方式和手段。同时，进一步完善法院新闻发言人制度，逐步理顺法院与新闻媒体之间的关系，定期发布法院重大司法活动情况和社会关注案件的审理进程及结果，置法院司法过程于新闻媒体的监督之下，使公众和媒体及时地了解事件的真相或诉讼的进展，从而强化司法过程中的外界监督效果，有效减少司法腐败的滋生和蔓延，促进司法公正。

第八章　论司法效益

良善之司法应当是有效益的司法。我国司法改革的目标之一是实现司法的"高效"，这就要求我们把司法效益摆在突出位置。在司法改革过程中，如果不关注司法效益，不仅会增加司法改革的成本，而且会带来很多的负面效应，甚至会最终影响司法公正的实现。

一、司法效益的价值定位

毫无疑问，司法公正是司法的基本价值之一。近年来，笔者在这方面也做过一些探索。但笔者在进行司法公正问题研究的时候，同样感觉到司法效益也是一个非常重要、值得关注的问题。因此，有必要对司法效益重新进行价值定位。

首先，诉讼效益是当事人进行诉讼活动的根本动力。决定人类行为选择的根本因素，在于预期和估计中的行为结果，在功利上大于实施行为所支付的代价。追求诉讼利益通常是当事人从事诉讼活动的基本动因。当然，在诉讼活动中，也会发现一些当事人像"秋菊打官司"一样，只是为了"讨个说法"。但总的来看，希望得到诉讼利益，或者尽可能地减少损失、降低成本，是绝大多数当事人的基本诉因。正是由于这个原因，司法效益应当成为司法的基本目标之一。

其次，从某种意义上来说，没有效益的公正是没有价值的公正。虽然我们不能完全认同"迟到的公正不是公正"的说法，但是我们完全可以说，迟到的公正是大打折扣或贬值的公正。就我国现状而言，司法不公、司法腐败问题固然是一个突出问题，但司法效益低下的问题同样不可忽视。当事人打官司打得倾家荡产、企业倒闭的现象屡见不鲜，司法效率低、成本高，使不少当事人望而生畏。在此情况下，公正对他们来说有何用？可见，没有效益，公正也将失去其应有的价值。

再次，忽略司法效益，将会给司法改革带来很多负面效应，将会加大司法改革的成本。在寒冷的冬天盖楼房，因为怕冷而不留任何窗户，而在炎热的夏天来临时，才发现楼房的缺陷，而不得不将已盖好的楼房拆了重建。如果我们在进行司法改革的时候，只看到司法不公的问题而没有看到司法不公后面潜伏着的司法效益不高的问题，我们就会犯同样的错误。如果我们现在仅关注公正价值，从而构筑司法体制和程序，那么五年或十年后，我们可能会从另一个角度来否定这个体制和程序。

最后，司法机关在司法效益方面正面临着日益严重的挑战。近几年来，人民法院每年各类一审案件都在800多万件以上，而且还有进一步增长的趋势。但根据中央机构编制委员会的意见，编制还要进一步精简。以北京法院为例，一方面是案件的大幅度增长，另一方面是编制的压缩，势必出现许多案件久拖不结。从现实情况看，已有相当一部分案件不能在法定期间内审结，有的甚至五六年结不了案。这种情况的存在，许多就是现存制度不合理的表现。同国外的一些法官办案数量相比，我们的办案数量相对较低。这同样也与体制和程序的合理性有关。还应当看到，司法公正和效益虽然有相辅相成的一面，但也有相互制约、甚至相互矛盾的一面。如果在改革中不关注效益问题，强调程序的公正情况可能损害效益，从而使效益问题更趋恶化，几年后，这个问题将可能变成灾难性的问题。所以，笔者要大声疾呼，司法改革应当在注重公正价值的同时也要关注司法效益问题。

二、司法效益的价值体系

司法效益的价值体系，需从以下三个层面来剖析：

第一个层面，司法效益是司法"产出"与司法"投入"之比。司法产出不仅包括当事人的诉讼利益，而且包括国家、社会从司法进程中所获取的利益；不仅包括经济利益，而且包括伦理的、政治的等其他非经济的效益；不仅包括司法活动内的直接效益，而且包括司法活动以外的间接效益；不仅包括积极效益，而且包括负面效应；不仅包括物质效益，而且包括精神效应。与此相应，司法投入也是一个复杂的参数。不仅包括当事人的投入，而且包括国家、社会的投入；不仅包括物质方面的投入，而且包括精神方面的投入；不仅包括经济方面的成本，而且包括政治、伦理等大量非经济方面的代价；不仅包括财产方面的投入，而且包括精力、时间方面的投入；不仅包括直接投入，而且包括间接投入。

第二个层面，从司法效益的结构要素来看，司法效益受以下几个要素的制约：从司法"产出"的角度来看，裁判结果的公正率、影响力、辐射力、利用率，以及裁判结果的经济的、政治的、伦理的价值含量等等都是决定司法"产出"的重要参数；从司法"投入"的角度来看，各方经济的或非经济的投入、司法程序的科学与合理程序、司法效率等等是决定司法投入的"重要参数"。

第三个层面，司法效益应当是国家、社会以及当事人各方效益的综合状况。在司法过程中，国家、社会和当事人各方的利害关系在某些方面，在一定条件下可能是一致的，但在某些情况下又是相互冲突的，因而，同一司法过程的结果，对上述各方主体来说，司法效益的有无或大小都是不相同的，甚至会出现此消彼长、此损彼益的状态。因此，提出司法效益必须综合考虑各方主体之间的边际影响，同时根据公认的价值准则综合权衡各方的利弊损失，从而实现司法效益的综合优化。

三、提高司法效益的制度性思考

提高司法效益的基本思路是减少"投入"，增加"产出"。这里仅就有关司法制度的设计问题谈几点浅见：

第一，在保证法院的终局裁决权的前提下，赋予某些行政机关以准司法权。随着社会关系的日益复杂，不管是民事案件、刑事案件还是行政案件均会大量增加，这是一个世界性趋势。面对这种情况，一些国家的一个很重要的思路是对案件进行分流，不把全部案件集中到司法机关，让相当一些行政机关甚至中介组织来行使部分司法裁决权，也就是说授予行政机关或某些社会组织一些准司法权。事实上，行政机关在行政执法过程中，许多情况下行政法律关系和民事法律关系是交织在一起的。比如，同一个商标或专利侵权，行为人可能既违反了行政管理法规，同时也侵犯了第三人的民事权益。在这种情况下，行政机关在处理这个行政案件时，必然要对相关争议进行调查、了解。为了节省整个国家解决争议的成本，相当一些国家赋予行政机关对相关民事争议的初步裁决权，让行政机关裁决与其行使职权相关的民事争议。为了保证争议能得到公平解决，这些国家在赋予行政机关以准司法权的同时，让法院拥有最终裁决权。所谓终局裁决权的概念就产生于这个领域。在我国，曾经有一些单行法律、法规借鉴了国外的一些做法，做了一些规定（如商标法、专利法）。但由于我国有一种行政机关不能行使司法权的定势观念，好像行政机关处理了民事争议就侵犯了司法权。而有的行政机关由于不愿当被告，不愿接受司法监督，便不愿行使这种权力。最近，在修改专利法的过程中，有人提出行政机关对民事争议只能拥有调解权而不能拥有裁决权，这种见解未必妥当。笔者认为，在现实情况下，应当大幅度地授予行政机关准司法权，从而消化大量的民事争议。当事人对行政机关的裁决不服，可以提起行政诉讼，由司法机关作出终局裁决。这样既提高了司法效益，减轻司法机关的压力，降低了争诉成本，又可以保障当事人获得公正审判的权利。

第二，在提高法官素质的前提下扩大独任审判和简易程序的适用范围。我国现存的审判制度，从审判主体方面看，主要的或基本的是实行合议制。合议制是基本的审判制度之一。只有按照简易程序处理的简单案件才能使用独任制，由独任法官一人审判。合议制有其长处，可以纠正个人的某些偏失或弥补个人素质的不足。但将一个人能做的事变为三个人做，显然会影响效益。要提高效益必须大幅度扩大独任审判的范围。目前，适用普通程序多适用简易程序少，特别是中级以上的人民法院。而且，有的地方为了实现公正把程序搞得更加复杂化了。按照这种思路走下去，会带来一系列问题。因为过分地牺牲效率，终会损害公正。因此提高司法效益必须在确保公正的前提下，精简程序。要做到这一点，必须研究司法程序最要害的部分是什么，这就有个正当程序的最低标准或者说公正程序的最低标准问题。有必要对现有程序进行分类，对那些实现司法公正价值不大的程序，应当精简，保留与公正具有实质性影响的重要环节。

第三，在强化监督机制的前提下，实行法官独立审判。目前，司法效益低下的一个重要因素，就是因为法官提出裁判意见以后要层层报批。有的案件合议庭提出意见后交审判组审查，审判组审查后交副庭长，副庭长审查后要提交庭长审查，庭长审查后交庭务会讨论，庭务会讨论后报主管院长，主管院长审核后提交审判委员会讨论。这种"马拉松"式的审判流程，严重影响了审判效益。要解决这个问题，最终要走法官独立审判这条道路。是法院独立还是法官独立，这是个有争议的问题。笔者认为，法官独立和法院独立是不矛盾的，正如西方强调司法独立并不排斥法官独立，而且更强调法官独立一样。法院独立审判最终有赖于法官的独立审判。我国为什么实行法院独立审判而不像苏联那样实行法官独立审判，笔者曾查阅建国初期制定法院组织法的档案，当时唯一的理由是法官素质不高，并说将来法官素质提高之后，将实行法官独立审判。目前，我们的法官素质如果说仍然不够理想的话，应该说与我们的体制本身有很大关系。当然，要实现法官独立审判，即取消院长、庭长审批案件，取消庭务会讨论案件，限制审判委员会讨论案件的范围，必须加强对现有法官及合议庭的监督和制约。监督和制约法官和合议庭需要采取合理的方式。笔者认为，这种监督和制约最终还是寄希望于当事人。当事人的监督和制约是最有效的监督和制约。应当通过重新配制法官权力和当事人诉讼权利，实现这种监督制约机制，而不是在法官之上形成一个"监督链"或是给他设立诸多"上司"。

第四，建立有效机制，促使当事人自动和解，使争议"半途而废"。不少国家通过诉讼收费制度、律师收费制度和当事人诉讼行为评价机制，促使百分之九十左右的案件通过和解了结争议，只有极少数的案件（一般在百分之十左右）进入正式庭审过程。这种制度值得借鉴。要通过修改《诉讼费用交纳办法》和《律师收费暂行办法》，推动和鼓励当事人进行和解从而降低诉讼成本。

第五，在充分尊重当事人的诉讼请求及处分权的前提下，尽可能缩小审理的范围。由于受审判的超职权主义特征的影响，审理的范围被人为扩大，从而影响了司法效率。当事人没有争议的要审，当事人没有提出的也要审，当事人放弃的或要求撤诉的，出于国家干预主义的立场也不让撤诉。这些作法不仅人为地扩大了审理范围，而且影响了司法效益。

第六，在确保诉讼活动正常运转的前提下，要尽可能地降低诉讼成本。诉讼成本既包括直接成本，也包括间接成本；既包括表面成本，也包括隐性成本；既包括国家、社会成本，也包括当事人成本。司法改革不能将国家成本完全转化为当事人成本。司法成本的转移并不是司法成本的降低。当然，诉讼成本有一个各方主体合理分担的问题，这要进行综合分析。但总的目标是要降低诉讼的综合成本。

第七，要在司法职能正常发挥的情况下，力求司法效益的最大化。也就是说要通过个案的审理，充分发挥司法过程的宣教功能，从而全面实现司法的经济、伦理、政治等价值，推动人类的进步和文明。

第九章　论司法公信

十八大强调指出要加强司法公信力建设，这充分体现了中央对这个问题的高度重视。可以预见，加强司法公信力建设是各级法院今后相当长的一个时期所面临的一项极为重要的任务，也是法院科学发展的一个重要方面。

一、司法公信的概念

所谓司法公信是指社会公众对司法制度包括司法体制、司法主体、司法过程、司法行为以及司法结果的认知、信任和认同的状况，尤其是司法主体本身所表现出来的信用状况。关于这个定义，需要强调三个方面：

第一，司法制度、司法体制应当包括在司法公信的范围之内。在加强司法公信建设的过程中，要加强制度和体制建设，进一步完善司法的制度和体制。

第二，司法公信不仅仅包括社会公众对法院裁判行为、裁判结果的认知、认同和信任，还包括法院自身的信用。法院的审判质量和效率如何，公正水平如何，队伍廉洁程度如何，这是自身的信用问题。

第三，司法公信包括三个层次：第一层次是司法威慑，即通过一种强制作用，来保障司法裁判的完全实施。第二层次是理性认知，即当事人通过对裁判的理性认知，服从司法裁判，尊重司法结果。最高层次是司法认同，即社会公众从内心认同司法的过程、行为和结果。

二、为什么要高度重视司法公信建设

首先，从国家的层面来看，司法公信力是法律权威的最后支撑，是社会稳定与和谐的基石；是国家公器的有机组成部分，也是党的执政能力的表征；是科学发展的重要动力，也是科学发展的重要条件；是维系人民对法治信心的关键环节，也是建设法治国家的重要步骤；是维护社会秩序的重要手段，也关系着人民群众的幸福与安宁。

其次，从审判机关的角度来看，司法公信力是司法权威的基本凭据，是司法审判的生命线；司法公信力关系人民法院的形象和前途，是人民法院科学发展的一个重要条件；司法公信力也关系到人民法院为大局服务、为人民司法作用的发挥。

再次，从当事人的角度来看，司法公信力是公民合法权益得以保障的重要前提。只有裁判得到执行，胜诉当事人的合法权益才能实现。提升司法公信力在某种意义上就意味着降低司法的成本，降低当事人的诉讼成本。司法公信力关系到当事人生产生活秩序。法院裁判得不到执行，当事人反复缠诉、申诉，意味着当事人双方的生产生活处于不稳定不安定状态。

最后，从法官的角度来看，司法公信力建设关系到每一名法官工作的成败。司法公信力高，法官的工作才会得到尊重。司法公信力低，当事人整天缠访缠诉，就会影响法官的工作生活秩序甚至是人身安全。

三、司法公信力不变的表现及原因

近年来，人民法院在加强司法公信建设，提升司法公信力的方面做了大量的工作，也取得了一些成效。越来越多的矛盾纠纷通过司法渠道得到了妥善解决，绝大多数的当事人能够服判息诉，对法院的工作表示满意，对司法审判工作也给予肯定。但是，总体来说，司法公信力仍不甚理想，具体表现：一是一些当事人不相信人民法院会依法公正处理案件，千方百计托关系找熟人，试图影响人民法院的裁判结果。二是一些当事人在诉讼中以各种方式干预人民法院的独立审判，试图谋取非法利益。三是涉诉信访案件数量仍然在高位运行，有的群众"信访"不"信法"，选择非正常途径解决纠纷，法院判决终审无终。四是司法裁判自觉履行率不高，相当数量的案件包括不少调解案件最终进入了强制执行程序，当事人规避执行现象比较普遍。五是暴力抗法事件仍时有发生，法官人身安全和职业尊荣没有得到应有的保障。

（一）审判主体方面的原因

一是法官素质不甚理想影响了公众对司法的信任。法官素质不甚理想，既有历史原因、制度原因，也有法院自身的原因。现在全国法官数量太多，数量多就很难保证高素质，很难做到十个指头一般齐。我们国家法官的数量在世界上无疑是最多的，按人口或者按案件来算，我们的法官也是最多的。这样在选任法官的时候，就很难要求高标准。国外的法官少，但案件多，每个法官每年结一两千件案件，因为他们配备专门的助理、书记员和秘书。国外的法官选任程序是非常繁杂、严格的。国外法官实行高薪制，所以也很少出现腐败现象。

二是司法理念不端正影响了公众对司法的信望。我国的司法理念一直在探索和发展之中，但是司法理念的不确定，或者部分变化，往往给社会公众带来疑惑。当然这也是很难避免的，因为我国还处在社会转型之中。应该说，我国的司法理念总体上是不错的，但是在执行过程中，有时候会走极端，就容易影响司法公信。比如说，调解优先、调判结合本身是没有什么问题，但是在执行中，有时候过分强调调解，就会损害司法公信。过分的调解会让当事人觉得法律是个"橡皮筋"，司法审判是个"橡皮筋"，谁闹的凶，谁的嗓门大，谁的势力强，谁就可能处于优势地位。所以说调解机制运用得好，效果不错；运用得不好，可能对司法公信造成很大损害。

三是审判主体中立性不足也影响了公众对司法的信赖。审判主体不中立会让社会公众没有安全感，就会影响社会公众对司法的信赖。

四是被放大了的司法不公影响了公众对司法的信服。司法不公的案件尽管占的比例很小，但所谓"好事不出门，恶事传千里"，只要一个案件不公，其效应可能是十倍百倍乃至千倍的放大，就会影响公众对司法的信服。

五是程序和过程的非正当性以及裁判说理的不充分影响了公众对司法裁判的信从。司法结果的公正依赖于司法程序和过程的公正，没有司法过程和程序的公正，就很难指望结果的公正。只要程序透明、民主、公正、正当且裁判结果说理充分，有时候哪怕结果不公正，社会公众也会认可。美国的辛普森案件就是一个典型范例。

六是裁判标准多元化影响了公众对司法裁判依据的信仰。裁判的基本标准是法律，一旦这个标准复杂化、多元化，就会影响公众对司法的信仰。现在有的立法不尽科学，如果仅仅把法律作为裁判标准，社会效果确实不好。这与我国处于社会转型期有直接关系。所以有必要强调法律效果和社会效果的统一。但问题在于，什么叫法律效果，什么叫社会效果，并没有一个统一的界定。司法裁判标准就自觉不自觉地变成了一个多样化、多元化的标准，社会公众很难认识我们的裁判标准，从而影响公众对司法裁判依据的信仰。

七是不正确的政策导向以及某些不正当行为影响了公众对司法的信念。在法律不尽完善的情况下，过多地依赖司法政策，而有的司法政策不一定完全正确，特别是有些地方的司法政策存在短期行为现象，这往往会影响公众对司法的信念。

八是简单粗暴等官僚主义的作风影响了公众对司法的信任。有的审判人员或因为素质不良，或因为案件数量多压力太大，或因为性格急躁，在工作中言行粗暴，缺乏耐心细致的工作作风，往往造成当事人的误解，甚至产生抵触情绪。

九是司法不廉现象影响了公众对司法的信任。司法腐败现象对处于社会转型时期的国家来说是个普遍现象，接连的司法不廉现象会极大地影响公众对司法的信任。

十是面对阻力、困难和干扰不敢伸张正义的司法软弱和无力,影响了公众对司法的信心。例如,由于审理行政案件的难度大、阻力大,有些地方法院就以种种理由不受理当事人的起诉。再如,有的当事人搞虚假诉讼、妨碍法院执行或扰乱法庭秩序,有些法院不敢依法坚决予以制裁,等等。

十一是对不正确社会舆论的应对失当毁坏了司法的信誉。面对负面的社会炒作,如果没有积极有效的应对措施,就会使司法审判陷入更大的被动。

(二)审判体制与制度的原因

一是公权力干预审判现象层出不穷。由于体制上的原因,公权力机关及其领导干预审判现象比较普遍,影响了正常的诉讼秩序。

二是法官选任制度的缺陷造成法官素质不甚理想。从长远来看,法官队伍建设还是要走专业化、职业化的道路,也就是少而精的精兵主义道路。随着法官的自然减员,尽量去补充辅助人员,从而逐步走上专业化之路。

三是不当管辖制度形成了大量的错判误判以及同案异判现象。案件请示制度与审级制度实际上并不矛盾,请示案件如果统一由研究室负责答复,不会剥夺当事人的上诉权。遇到新情况、新问题,如果没有形成共识的机制,裁判结果当然各不相同,难免影响司法的公信力。当然,目前的请示制度还需要进一步的完善。高级法院尤其是最高人民法院应该把更多精力用于解决法律问题,而不是事实问题。需要研究的是如何尽快将新类型案件提到高级法院或最高人民法院,可以考虑借鉴有些国家飞跃上诉的办法。

四是审判程序缺乏高度的正当化,不足以对审判形成有效的监督制约。笔者认为最好的监督机制应当是提供一套高度正当化的诉讼程序,让当事人监督法官。当事人不仅有监督的动力,而且具有对称性,不至于一边倒；不仅具有合法性而且具有及时性。

五是裁判救济的扭曲导致有些错案得不到真正有效的纠正。首先，救济的范围过于宽泛，致使一些无理者也纷纷请求救济，浪费了救济资源。其次，当事人对裁判不服，可以同时向不同级别的法院、检察院、党政机关、权力机关等不同机关申诉。再次，除去再审制度之外还保留申诉制度，使裁判无法最终确定。最后，有些申请再审的条件弹性很大。难以做出准确判断，这些问题都亟须解决。

六是裁判的执行缺乏必要的制度铺垫，执行难和执行慢现象并存。目前缺乏一整套的反规避制度体系。近年来开展的反规避执行专项活动，效果很明显，实际执结率提升了五六个百分点，而且社会效果非常明显。社会普遍认识到执行难的问题不仅仅是法院的问题，也有当事人规避执行的问题。法院重拳打击规避执行有了舆论的支持，有了党政机关的支持，有了全社会的支持，使联动机制的完善有了一个好的基础。另外我国现有法律制度还缺乏治本措施。国外之所以不存在执行难，第一，有一个真正有效的破产制度。不仅企业可以破产，个人也可以破产，一旦进入破产程序，就进入清算程序，就不存在执行难的问题了。美国一年仅联邦法院系统就受理两百五十万件左右的破产案件，而我国每年受理破产案件才三千件左右。第二，有完善的保险机制。一旦发生交通事故、医疗事故等纠纷，这些案件基本上由保险公司理赔，也不存在执行难的问题。第三，有完善的救助制度。如果刑事受害人能得到及时的救助，也会消化一批执行案件。第四，有完善的信用机制。任何当事人都无法隐藏其财产。目前，解决执行难，治标的重点是反规避执行，治本就是要解决好这四个方面的问题。

七是对社会中介组织缺乏有效规范，造成一些案件不公，严重损害了司法公信。有相当多的案件需要通过中介组织去鉴定、审计、评估、拍卖。由于对这些中介组织缺乏有效的监督制约，而且法院法官在运用中介组织的诉讼结论的时候，缺乏一套正当程序，导致裁判和执行不公，但是"恶名"却背在法院身上。

八是司法保障制度尚不完善，法官人身安全和职业尊荣得不到保障。司法保障不足使一些法院借审判权谋利或乱收费，从而伤害司法的公信力。

（三）社会环境和舆论的原因

一是社会转型期发展与稳定的极端重要性挤压了法治的重要性。在社会转型期，发展是第一要务，稳定是第一责任。这在客观上挤压了法治的重要性。法院在审理案件过程中，如出现发展、稳定与依法办案的冲突，通常被要求服从发展和稳定的需要。

二是无处不在的人情关系网络使司法普遍陷入困境。人情关系比公权力的干预更为厉害。人情关系对司法干扰是一个普遍现象。"案件一进行，两边都找人"似乎成了常态，对司法审判的公正性带来了极大危害。

三是不正确的舆论炒作使审判活动受到无形的绑架。由于新闻法制不健全，舆论炒作个案的现象比比皆是。相当多的炒作实际上系当事人一方及其代理人精心运作而成，从而使审判活动或多或少受舆论的影响，这也是影响司法公信的一个重要原因。

四是境外反华势力恶意炒作个案企图毁坏我国司法权威。现在很多案件是境外反华势力炒作起来的，他们千方百计利用个案，企图使司法丧失权威性，从而搞垮我们的国家。

以上分析表明，司法公信力不变的原因是非常复杂的。要提高司法公信力，必须从多个方面入手。

四、如何加强司法公信力建设

（一）加强司法公信力建设需要综合治理

一要标本兼治，既要治标，也要治本。治标，主要是针对特别突出的问题，要采取有效措施尽快加以解决，尤其是裁判不公、司法不廉、执行难以及涉诉信访等问题。治本，就是要高度重视体制问题的改良、制度的完善以及社会环境的改造。

二要内外兼治。首先要从法院内部抓起。比如，解决执行难问题就要"治难先治内"。法院内部问题主要有两种表现形式：一是消极执行，二是乱执行。通过这几年的整顿，消极执行和乱执行的情况大大减少。过去反映到领导机关的问题大都是执行人员消极执行、乱执行的问题，现在反映到领导机关的问题大都是党政机关干预法院执行或党政机关作为被执行人的案件。所以，近年来中央两办专门发文件要解决党政机关执行法院裁判的问题。内部治理好了，治理外部的问题才可能有力、有效。

三要上下联手。法院内部、上下级法院之间，要形成共识，统一行动。如果法院内部不协调，最容易给逃避执行的人以可乘之机。要通过学习培训达到共识，上下沟通，上下协调，一方面尽量减少错误裁判，另一方面避免在裁判间上下来回"翻烧饼"。

四要官民互动。司法公信建设不仅仅是国家机关的问题，也有普通百姓的问题，社会公众都要参与进来，支持、配合法院审判与执行。

五要软硬兼施。司法公信建设，要尽可能少用强制手段。但在必要时候，对那些妨碍执法的行为、拒不执行法院裁判的行为、非法干预审判的行为，要果断采取强制措施。但采取强制措施一定要合法合理，要经得起推敲，要在法律上站得住脚。

（二）要把握好司法公信力建设的规律性

一是开诚信、谋民利。要诚心诚意地为人民谋利益，树立人民法院的诚信形象。

二是尚公义、去私利。要把国家利益、公共利益放在重要的位置，切不可通过审判活动谋取法院自身的利益。

三是明法度、忌任性。树立司法公信力一定要强调法治，任何价值都应该在法定的范围内实现。强调法治并不是忽视社会效果，其实依法办事就是最大的社会效果。

四是布公道、去偏歧。要讲公道，严禁歧视任何一方当事人，严禁偏袒任何一方当事人，要坚定法官的中立立场。

五是忌圆滑、存方正。讲方正，就是讲原则、讲规则。虽然与当事人打交道也需要讲究技巧，但法官办案必须讲原则而不能圆滑。

六是重诺言、信赏罚。法院的法官不应轻易许诺，一旦说了就要办到。对当事人有利的要坚决兑现，对违法行为，该处罚的必须处罚。

七是严操守、强素质。法官的职业操守必须严格要求。要全面提升司法能力，增强素质。

（三）要坚决避免失信行为

提升司法公信力，一方面要抓紧各项制度建设，另一方面要坚决避免失信行为。以下失信行为都是应当坚决避免的。

一是不敢直面冲突和矛盾。遇到问题退缩推诿，法律规定应当受理的案件不予受理，这样只会损害司法公信力。

二是不敢直面自身存在的问题以及媒体和公众的批评。问题难以避免，关键是应对的态度如何。越是躲，越是推，越是藏，越是大事化小、小事化了，越得不到公众的信任。

三是不敢坚持真理和原则，遇到干扰就偏袒歪斜。有些裁判本来没有错误或者没有大的错误，但有的法官为了迎合一些领导的意见，也进入再审甚至把正确的裁判"纠正"成错误的裁判。

四是不敢从严管理队伍导致队伍"贪懒狠粗"。贪是受贿，懒是消极怠工，狠是作风粗暴，粗是粗枝大叶。

五是不敢履行自己的承诺或者是兑现不及时。法院或法官不履行自己的承诺，必然使当事人丧失对司法的信心。

这五种行为的表现对司法公信力具有极大的杀伤力。

五、加强司法公信力建设的具体措施

加强司法公信力建设，特别是在短时间内提升司法公信力，需要采取一些具体的措施和方法。

一要把提高法官的素质和能力作为立信之根。最根本的是要强化法官素质。素质高了，能力强了，案件才有可能得到公正处理，司法公信力自然会得到提升。

二要把法治作为立信之基。如果法治地位提不起来，总是贬低法的地位，或者用其他工作来冲击法治的地位，就不可能提升司法公信力。树立司法公信，必须坚持有法可依，把法治作为立信之基。

三要把严格自律作为立信之盾。盾是保护法官自己的防卫工具。法官严格自律了，不出问题，就不会损害司法公信力。否则，一方面在建设，另一方面在减损，司法公信力建设就不会有效果。

四要把为生民立命作为立信之本。要敢于维护人民的权利，敢于为民请命。现在我们不讲为民作主，封建社会司法的公信力就是靠"为民作主"四个字。要敢于为民作主（这里的为民作主是指敢于捍卫人民的合法权益）。要抓住典型案例，大张旗鼓去审判，只要法院敢于捍卫人民权益，就会在短时期内提升司法公信力。

五要把敢于碰硬作为立信之机。如果法院只判决弱势群体败诉，而不敢判强势者败诉，就不可能树立司法公信力。只有当法院敢于碰硬的时候，人民群众才会信服。要敢于排除干扰，当然也需要讲究技巧和分寸。

六要把信赏必罚作为立信之表。人民法院要说话算数，一诺千金，信赏必罚，司法公信力无疑会得到大大提高。

第十章　论和谐司法

　　良善的司法应当是以追求和实现和谐为目的的司法。司法机关既是和谐社会的保障力量，也是和谐社会的建设力量。在构建和谐社会的进程中担负着重大历史使命和政治责任。司法与和谐社会具有本质的关联性。在一个充满矛盾和冲突的社会，离开法律和司法，要实现和谐是不可想象的。司法功能的正确、有效发挥，必然有利于和谐社会的建设。因此，探讨和谐社会对司法的需求和司法对和谐社会的作用方向和机制，不仅是加强司法机关自身建设和工作的需要，更是充分发挥司法机关职能作用，为构建社会主义和谐社会提高保障的需要。

一、科学诠释和谐社会的内涵，理性认识司法与和谐社会的关系

（一）要准确把握和谐社会的内涵

　　中央从战略高度提出"和谐社会"这个概念以后，不少专家学者从不同角度进行了诠释和阐述，有人认为这是我国社会主义新时期的主题词，也有人认为这是我党提出的一个具有崇高境界和伟大价值的命题。和谐社会究竟包括哪些内容，其内涵是什么？从柏拉图设想的"理想国"到我国古代的"大同世界"，从空想社会主义的"乌托邦"到马克思主义的共产主义社会等，古今中外都曾提出过许多理想社会的模型，其中都包含或多或少的"和谐"因素。而中国共产党要构建的

"和谐社会"既区别于"理想国"、"大同世界",也区别于乌托邦式的空想社会主义,与共产主义社会有一定的联系,但也有区别。她是民主法治、公平正义、诚信有爱、充满活力、安定有序、人与自然和谐相处的社会。其内容主要包括三种和谐:一是身心和谐,即人的内心世界的和谐,主要是个人自身的和谐;二是群己和谐,即个人与他人之间的和谐,人与人之间的和谐,包括家庭和谐、官民和谐、人我和谐等;三是天人和谐,即人与自然的和谐。

(二)要辩证地看待和谐,避免认识误区

第一,和谐社会应该是多样化的和谐,多样化的繁荣,多样化的协调,多样化的统一。社会和谐不是任何事物都要一体化,把整齐划一当作和谐的代名词是错误的。第二,和谐是在民主法治的基础上、在充分尊重社会主体权利基础上的和谐。和谐并不是不要自由,更不能把服从作为和谐的主要内容或基本内容。马克思主义描绘的共产主义社会是一种最高类型的和谐社会,这种社会是"自由人的联合体",是"把人的关系还给人本身"。我们所要建设的和谐社会是讲民主、讲法治、讲权利、讲自由,同时又讲秩序的社会。第三,和谐社会并不是没有矛盾,没有斗争。矛盾无时无处不在,有矛盾就有矛盾的斗争性和同一性共存。和谐社会并不意味着没有矛盾,没有冲突,因此构建和谐社会也不能完全排除斗争。第四,要注意防止对"和谐"的误解带来的负面影响。要避免讲和谐就强调绝对服从,讲和谐就强调平均主义,讲和谐就搞无原则的"和稀泥",讲和谐就忽略发展等,要防止把和谐庸俗化。第五,构建和谐社会也有阶段性。和谐社会也应有初级、中级、高级阶段之分。当前,我们构建的和谐社会是社会主义初级阶段的和谐社会。我们为构建和谐社会所制定的经济、社会、文化、司法等政策都要适应这一阶段的客观实际,避免"左"、右两种倾向,既要防止超越历史阶段的急躁冒进,又要防止墨守成规、止步不前。

（三）要理性的认识法治、司法与和谐社会的关系

首先，要理性的认识法治与和谐社会的关系。法治与和谐社会具有一致性。法治把社会的许多矛盾都容纳在一个统一体中，通过法律规范来协调公民个人的权利义务，分配社会资源，协调社会冲突，维护社会稳定，促进经济发展，从一定程度上讲，法就是用来调和社会矛盾的，就是统一社会矛盾的机制，其目的就是把社会矛盾控制在秩序的范围之内。但法治与和谐社会也并不是绝对的正相关关系，即并不是任何一种法治都有利于促进和谐社会的建设，如法西斯希特勒的法也是法，然而这种法不仅不利于社会和谐，反而还把全世界推向了战争的深渊，极大地损害了世界人民的权利，破坏了世界的安全与稳定。可见，法治本身具有二重性，认为实行法治就当然有利于社会和谐，或者说没有法治就不可能有和谐社会，这些观点都是片面的。如原始社会没有法治，社会是和谐的；共产主义社会也可能没有法治，也是和谐的。但是法治与现代和谐社会具有一种本质的关联性，但二者不是绝对的正相关，只是一个必要条件。

其次，要理性地认识司法与和谐社会的关系。由于我国目前正处于人民内部矛盾凸现期、刑事犯罪高发期和对敌斗争复杂期，大量的矛盾纠纷以案件的形式源源不断地汇聚到司法审判机关；依法治国方略的提出，使法律手段业已成为调节社会关系的主要手段，司法审判机关日益成为调节社会矛盾的主渠道。可见，司法审判的状况，直接关系到和谐社会能否实现。司法是法治的重要组成部分，其基本功能在于解决社会矛盾和冲突，因此，司法就其本身的性质和功能而言是有助于和谐社会构建的。司法具有解决矛盾纠纷、构建良好社会秩序的基础性作用；司法具有维护权利、保障稳定、促进发展的基本功能。司法具有维护社会公正，实现公平正义，促进社会诚信的保障性作用。但是，司法也具有二重性，司法并不当然有助于和谐社会的构建，这种正相关也是有条件的。司法作为上层建筑，只有当它确实担当起维护社会正义的责任并确

保裁判的公正的时候，只有当其作用方向与和谐社会的需求相协调时，司法才有利于和谐社会的构建。我们必须认真探索司法在什么条件下有利于和谐社会的建设，在什么条件下不利于和谐社会的建设，怎样才使司法有利于和谐社会的构建等重大问题。

二、明确和谐社会对司法的需求

要弄清人民法院应该如何司法才能更好地促进和谐社会的建设，首先必须弄清和谐社会对司法有哪些需求。

一是和谐社会需要司法机关能够最大限度地使社会冲突、矛盾和争议得到实质性的解决，把社会冲突控制在秩序的范围之内。任何社会都不可能没有矛盾，人民法院为和谐社会服务就是要通过司法审判最大限度地使社会矛盾与纠纷得到实质性解决，努力做到息诉止争，而不是"官了民不了"。用一句老话讲就是要实现"定分、息诉、止争"，定分就是指社会资源、权利义务得到公平分配；息诉是指通过审判使当事人之间的争议彻底平息；止争是指通过裁判的示范引导作用，使这类争议在今后不再发生。通过"定分、息诉、止争"，最大限度地解决社会矛盾和冲突，消除社会秩序失衡现象。

二是和谐社会需要司法机关最低限度地使用国家强制力，能有效地维护社会秩序的稳定。维护社会稳定既是和谐社会的保障，也是和谐社会的重要内容。危害国家安全犯罪、黑社会性质组织犯罪、严重暴力犯罪、严重影响人民群众安全感的多发性犯罪以及国内外敌对势力的干扰破坏，是对社会稳定和谐的严重威胁。没有对严重刑事犯罪和敌对势力破坏活动的严密防范和依法制裁，就不会有社会和谐。因此，依法打击严重刑事犯罪与敌对势力的破坏活动，不仅与构建和谐社会的要求是完全一致的，而且是构建和谐社会的必要条件。但是，过度使用国家强制力也不利于和谐社会的构建。这就需要司法机关科学地适用"宽严相济"的刑事政策，坚持教育与惩罚并举，坚持惩办与宽大相结合，坚持"恩威并重"，在确保社会秩序稳定的前提下，通过适度的"省刑"、

"慎刑"、"恤刑" 等方式，最低限度地适用刑罚，最大限度地减少
犯罪。

三是和谐社会需要司法机关最大可能地伸张公平正义，促进社会诚
信友爱。公平正义是社会和谐的基本条件。正如罗尔斯在其《正义论》
中所说："正义是社会制度的首要美德。"和谐社会需要人民法院通过
审判、执行各类案件，积极倡导男女平等、尊老爱幼、邻里团结、和谐
相处的家庭美德和人际关系，弘扬公平正义、诚信友爱、互谅互让、扶
贫济困的社会公德。

四是和谐社会需要司法机关最大可能地保护社会成员的基本人权和
正当利益，使社会充满活力。儒家的和谐理念以义务为本位，这种义务
本位观使社会缺少生机与活力，并在一定程度上严重影响了中华民族的
发展和进步。现代和谐社会应更加关注国民的权利，尊重和保障人权，
从而使社会发展充满活力。要通过司法审判，使个人的权利得到实现，
使被侵害的合法权益得到恢复，使正当的个人财产和个人利益不受侵
害；要依法调节经济关系，确保分配正义得以实现，平等保护各类市场
主体的合法权益；要加强知识产权的法律保护，为建设创新型国家提供
司法保障；要依法制裁侵权行为，确保国家赔偿、国家补偿制度的落
实，防止强势群体对弱势群体的侵害。

五是和谐社会需要司法机关通过司法审判扶贫济弱，矫正分配不
公。司法审判在某种意义上说是一种资源再分配，也是权利义务的再分
配。主要体现在对原有分配不公，或对被侵犯的权利义务关系进行矫
正。人民法院应通过加强审判工作，公正司法，积极采取司法救助措
施，维护社会正义，保护弱势群体的合法权益，最大限度矫正分配不
公，实现社会平等。

六是和谐社会要求司法机关保障环境友好型社会的建设，促进人与
自然和谐相处。和谐社会不可能建立在资源枯竭和环境恶化的基础上。
人民法院应通过对涉及生态平衡、环境保护、资源开发利用等方面案件
的审理，加强对环境保护的司法监督，规范资源的开发秩序，制裁破坏

生态的行为，确保自然资源的合理、有效利用，保持生态平衡，实现人与自然的和谐相处。

七是和谐社会需要司法机关具有极大的权威性。司法权威是法律权威与国家权威的重要体现，没有司法权威，就不可能维护好社会秩序；没有司法权威，就不可能有法律的权威和国家的权威。当然司法权威的维护、司法公信的树立，确保司法主体的独立性，需要司法机关的司法行为严格、公正、高效、文明，需要司法机关具有强有力的执行力，同时要加大法制宣传的覆盖面和渗透力，引导人民群众自觉履行人民法院的生效判决，消除"法不责众"的意识，形成尊重司法的习惯。

三、准确把握和谐司法的作用方向与作用机制

在构建和谐社会背景下，司法机关的作用方向，就是要围绕构建和谐社会，充分发挥司法功能，保障和促进社会和谐。通过维护法制、伸张正义，构建和谐；通过正当程序、文明司法，创造和谐；通过更新理念、调整政策，增进和谐；通过消除矛盾、息诉止争，保障和谐；通过打击犯罪、保障人权，维护和谐；通过扶弱济贫、扶正祛邪，增强和谐；通过创新方法、强化执行，促进和谐。准确把握和谐社会背景下司法机关的作用机制就是要把握在什么条件下司法工作最能促进和谐社会建设，如何最大限度地发挥司法的功能作用。具体来说需要注意以下几个方面：

一要准确定位司法目标。时代不同，司法目标也不同。在国家和社会高度重视发展经济的年代，司法审判把促进经济建设作为基本目标。构建社会主义和谐社会，给司法审判工作提出了更高的要求。在构建和谐社会背景下，司法机关不仅要促进经济的发展，而且要以科学发展观为指导，保障社会发展与政治、经济、文化发展相统一、相协调，促进中国特色社会主义事业的全面进步，使人与人之间的关系协调、融洽。为此，司法审判工作应以促进社会主义和谐社会建设，实现国家富强、民族振兴、人民幸福、社会安定和谐为基本目标。还应当看到，社会稳

定并不等于社会和谐。稳定是和谐的基本要求，和谐是稳定的最高境界。实现和谐比实现稳定要求更高，工作更艰巨。把工作标准定位在促进社会和谐上，意味着必须把促进社会和谐作为衡量司法审判工作的重要标准。评价司法审判工作，不仅要看办了多少案件，出台了多少制度，开展了多少次专项活动，接待了多少次群众来访，更要看是否化解了矛盾纠纷，是否理顺了群众情绪，是否促进了社会和谐。所有工作部署和措施、改革思路和方案，都要有利于促进社会和谐，都要以社会和谐这个重要标准来检验。司法审判机关的政绩，最终体现在为和谐社会创造条件和提供保障上。

二要及时调整司法政策。司法审判工作主要是依法办事，但司法审判的自由裁量权是客观存在的，司法政策也就有其存在的空间。如在过去"严打"时期主张"从重从快"就是一种刑事司法政策；现在我们讲"宽严相济"也是一种司法政策。当前，构建社会主义和谐社会，对司法政策提出了新的、更高的要求。要使司法政策符合构建和谐社会的需要，就要进行积极的调整。一是刑事司法政策的调整。首先要坚持"德主刑辅"，坚持"教育刑主义"，使刑罚的适用真正有利于遏制、预防和减少犯罪。其次要"省刑"，要在确保稳定的前提下尽量减少刑罚的适用，尽可能缩小犯罪的范围和罪种。再次要"慎刑"，可杀可不杀的，不杀；可抓可不抓的，不抓；可羁押可不羁押的，不羁押。最后要"恤刑"，依法可以从轻处理的要坚决从轻，对罪犯要着眼于改造教育，并实行人道主义待遇。二是民事司法政策的调整。在民事争议解决途径上，要尽可能的实行多元化，形成以人民调解为基础，行政调解和司法调解相互衔接配合的大调解工作体系，尽量少一些"对簿公堂"，多一些协调疏导，善于发挥基层组织就地化解矛盾纠纷的作用，不能把所有矛盾都引向司法渠道。在对待当事人的态度上，要加大对弱势群体的保护力度，通过释明权的行使，诉讼费的缓、减、免，确保诉讼双方在事实上的平等。在审判方式上，要加大沟通疏导的力度，赋予当事人更多的选择空间，推动执行程序中当事人的和解。在裁判结果的追求上，要注意寻求替代性的办法和方式解决争端，要把"无讼"作为民事诉讼所追求的终极目标。在价值取向上，要高度重视对欺诈行为的制裁，加大对诚实守信者的保护。三是行政司法政策的调整。要强化行政复议和行政监察的功能，尽可能地推动行政争议在行政机关内部解决；要扩大行政诉讼受案范围，放宽原告资格，放宽对起诉期间的限制，将行政争议纳入法律程序的轨道，避免行政相对人采取不正当途径解决行政争议；要加大行政争议解决过程中的协调力度，尽可能地用和谐的方式解决行政争议。

三要尽快更新司法方式。不同社会背景下的司法方式不尽相同。要围绕党和国家的工作大局，不断改革和创新司法方式。在构建和谐社会的背景下，要注意加强司法民主，健全公开审判、人民陪审等制度，扩大简易程序适用范围，落实当事人权利义务告知制度，完善和落实各种便民、利民措施，方便群众诉讼，强化司法沟通与协调。审判方式应该坚持以人为本，使之具有更多的人性化色彩，更富有沟通性、教育性、道德性，在确保司法审判秩序的前提下尽可能地减少强制手段的运用。

四要着力提高司法质量。司法质量始终是司法工作的生命线。司法审判任何作用、功能的发挥，都必须以一定的质量为前提，没有质量或质量低下，不仅作用和功能无从发挥，反而会产生巨大的负作用和负面影响。在社会主义和谐社会建设中，司法质量的高低、优劣至关重要。还应当看到，和谐社会对司法质量提出了更高的要求。人民法院不仅要依法解决纠纷、打击犯罪，还要思考全部司法活动如何才能促进和谐社会建设。

五要努力创造司法效益。创造司法效益不是要求司法机关创收赚钱，而是指通过司法审判活动促进经济社会的全面发展，增加全社会的福祉。司法机关要通过司法审判，降低司法成本，促进社会诚信，加快经济流转，保障合法权益，协调人际关系，化解社会矛盾，维护社会稳定，使司法的法律效果与社会效果达到最佳统一，以最少的司法资源和司法投入，实现司法效益的最大化。

六要大力转变司法作风。在和谐社会视野下，司法机关更应坚持"以人为本"的理念，坚持司法为民，多推司法便民之举，多拓司法亲民之路，多谋司法护民之策，多求司法利民之效。要尽力满足人民群众对司法功能的基本需求，着力解决人民群众最关心、最直接、最现实的利益问题。要加强对社会弱势群体的司法保护，确保当事人的诉讼地位真正平等。在诉讼中充分尊重当事人的程序性权利，实现程序公正与实体公正的统一。要不断完善诉讼中的便民、利民措施，尽可能降低当事人的诉讼成本。

七要努力提高司法能力。司法审判要适应构建和谐社会的需要，审判人员就必须具有相应的能力和素质。要以构建和谐社会为目标，更新司法理念；要在增强认定事实，适用法律的能力的同时，高度重视化解矛盾、案结事了、息诉罢访能力的提高；要在依法办事的前提下，实现社会效果的最大化；要在提高依法裁判能力的同时，提高调解和协调的本领；要在实现客观公正的同时，力求实现主观公正，最大限度地提高当事人和人民群众对裁判的认同度、满意度。

第十一章 论司法的社会效果

　　司法的社会效果问题是当前司法实践中一个十分重要的问题，同时也是一个在学术界引起颇多讨论的论题。什么是社会效果，有许多不同的观点：第一种观点认为，司法的社会效果是指法律对社会的调整、规范、促进作用是不是得到了实现，例如法律保障经济发展、协调社会关系、维护社会稳定等价值是不是得到了实现。第二种观点认为，司法的社会效果，是指司法的运作过程及结果是否符合国情、是否符合当地的实现情况。符合的就是有社会效果，超越国情、超越现实状况的，就不具有好的社会效果。第三种观点认为，司法的社会效果要看人民群众满不满意，社会舆论评价如何，当事人是不是有意见。显然这种社会效果观是指社会及当事人的满意度。第四种观点认为，司法的社会效果是指司法的过程和结论能否推动社会的发展和进步，这种标准不是着眼于现在而是着眼于未来，认为司法的结论要引领未来，引领社会，推动历史的发展，而不是迁就眼前的现实。处理一个案件要满足上述四个方面的要求是非常困难的，事实上，上述四个方面的要求也不是对司法的社会效果的完整描述。介于四种观点之间的观点还有若干种。那么，到底应该怎么把握社会效果呢？笔者认为，还是应该坚持主观与客观的统一，坚持现实和未来的统一，眼前利益与长远利益的统一，综合考虑各方面的价值要求，不能迁就某一方面的价值或要求。

　　社会效果和法律效果是紧密联系的一对概念，司法的社会效果问题实质是如何处理法律效果与社会效果的关系问题。这个论题虽然经过司法界和学术界长期的研讨，但是，仍然是各有观点，众说纷纭，并影响着司法审判和执行工作。有的认为用法律效果来统一社会效果就足够了，没有必要特别强调社会效果，因为立法机关在制定法律时就充分考虑了社会效果，不能说立法机关在立法时无视社会效果。司法的时候严格按照法律的规定办就同时实现了法律效果和社会效果。① 另外一种观点认为，在司法的过程中不仅要注重社会效果，而且要把社会效果作为主要追求的基本价值或者说重要价值，甚至有相当一部分人认为社会价值、社会效果比法律效果更为重要。② 在司法实践中，有的司法人员在办理案件的时候，明显违反法律的规定，当你追问他的时候，他说这是因为考虑社会效果的结果。由此可见，如果不澄清法律效果与社会效果的应然关系，不认真研究两个效果统一的途径、方式及方法，将会对司法实践带来极大的负面影响。这个问题的解决事实上也牵涉到对法律、对司法的一些基本观点的澄清。本章的主旨是力图说明司法的社会效果和法律效果具有统一的一面，也有矛盾的一面，司法活动追求社会效果可以在特殊情形下，在严格的规则和程序导向下，可以变通适用法律，但主要应当在法律之内或通过法律实现社会效果的最大化。

一、社会效果是司法必须考量的重要因素

认识这个观点，可以从以下几个方面加以理解：

（一）法律目的和功能的社会性

法律是用来调整社会关系的，是用来解决社会问题的，法律的终极

---

① 博登海默指出："为了作出一个正义的判决，法官必须确立立法者通过某条特定的法律所旨在保护的利益。"［美］E. 博登海默：《法理学、法哲学与法律方法》，邓正来译，中国政法大学出版社 2004 年版，第 151 页。

② 日本学者加藤一郎与星野英一教授强调"在利益衡量中否定法律家的权威，尊重一般人的常识，强调以实质性使得一般人信服"。段匡：《日本的民法解释学》（五），载梁慧星：《民商法论丛》第 20 卷，金桥文化出版（香港）有限公司 2001 年版，第 361 页。

目的是为了实现社会的福利。① 如果说法律的整个运作过程必须以实现社会目的为鹄的，那么，司法活动如不考虑到法律对社会所产生的效果和作用，就可能背离或偏离法律的目的，就会迷失方向。

（二）法律不可避免地存在着局限性、滞后性和非完善性

尽管立法者在立法的时候会尽可能地考虑到社会效果，但是，由于人类本身认识和理性的局限性、立法过程本身的博弈性质②以及法律相对社会变迁的滞后性，决定了立法活动的结果不一定是完全理性的或完全符合社会现实的。

（三）司法程序对于实现实体公正的或然性

司法过程绝不是跟售货机一样，投入了硬币就会出来所需要的商品。司法产生正义需要一套程序来完成。我们知道罗尔斯在《正义论》中谈到程序正义与实体正义的关系的时候曾提出有三种类型。有些程序是可以实现实体正义的，即程序正义与实体正义具有一种对应关系；但是在相当多情况下，即使程序是公正的，其产出的实体也未必就是公正的。③ 也就是说司法过程与公正"产品"之间并不具有一种绝对的对应关系，这种关系是一种或然性的。正是存在这样一种或然性，就需要法官进行主观的努力来最大可能实现实体的公正，实现社会效果。

---

① 托马斯·阿奎那多次指出："法必须以整个社会的福利为其真正的目标"，阿奎那主张个人的私利与公益融为一体，公平分配生活的需要，卓有成效地促进正当的生活。［意］阿奎那：《阿奎那政治著作选》，马清槐译，商务印书馆 1997 年版，第 106 页。洛克在《政府论》中揭示了自然法的目的，即自我保存，并且全社会井然有序。时显群：《西方法理学研究》，人民出版社，2007 年版，第 151 页。卡多佐认为：法律的终极原因是社会福利。未达到其目标的规则不可能永久地证明其存在的合理的。［美］本杰明·卡多佐：《司法过程的性质》，苏力译，商务印书馆 1998 年版，第 39 页。

② 因为在一个民主国家，立法往往是不同利益集团的博弈的结果。

③ 罗尔斯将程序正义分为：完善的程序正义、不完善的程序正义、纯粹的程序正义。如果没有对于正确结果的独立标准，而只有一种正确的或公平的程序，从而使其产生的结果也同样正确或公平（不管它会是什么样的结果），而只要这种程序得到恰当的遵守，那么纯粹的程序主义也就存在了。［美］约翰·罗尔斯《正义论》，何怀宏等译，中国社会科学出版社 1998 年版，第 80~84 页。

（四）人们对司法公正认识的差异性

什么叫司法公正，什么叫实体正义，这是一个涉及价值判断、涉及每个人主观判断的问题，每个人可能都有自己不同的看法。正是存在着这样一种差异性，决定了我们要实现实体公正，要使我们的司法活动真正产生出正义的产品。如果不考虑社会效果，考虑社会的可接受度，考虑到社会公认的、主流的价值观，如果背离我们的核心价值体系，要实现实体正义、实现司法公正也是很困难的。

（五）是现实社会对司法公正持怀疑态度的状况所决定的

由于种种复杂原因，我国目前司法的公信力还不理想。公众对司法在一定程度上持怀疑态度。如果我们简单地就案判案，不充分考虑社情民意以及人民群众的看法和接受程度，就可能会加剧公众对司法的评价以及司法系统的自我评价的紧张关系。

基于上述理由，笔者认为，社会效果是司法必须考虑的重要因素，对所有司法机关来说都是必须高度重视的一个要素。尤其是在我们这样一个转型国家，在法律制度还不完善、司法的公信力还不够高的情况下，更应该强调社会效果。

二、在法律之内寻求司法的社会效果的必要性

社会效果既可以从法律之内求得，也可以从法律之外求得。但是，笔者认为，如果要从理性的角度来看的话，在司法过程中寻求社会效果应该主要通过法律来实现，只有在特殊的情况下，在一定的范围之内，在规则和程序的导向下才可以变通适用法律。之所以强调主要应通过法律来实现社会效果，是基于以下三个方面的考虑：

（一）在法律之内寻求社会效果的正当性

第一，对任何纠纷的裁判都要经过事实判断和逻辑判断，而不容许

任意进行情感判断和主观价值判断。这一原则说明，司法的程序和功能决定了我们必须通过法律来寻求社会效果。司法的概念本身就隐含着严格按照法律的实体规定和程序规定来解决纠纷、处理案件的意义，这是由司法的性质和功能决定的。

第二，追求法律之内的正义是公正司法的基本品质。实现法律之内的正义是公正司法的基本要求。司法正义，在法治国家，主要是以合法性的形态存在的正义，而不仅仅是一种以实体价值形态存在的正义。

第三，司法正义是一种按照法律所确定的既定原则和标准进行裁判的正义。正如凯尔逊所说：将一个一般的规则实际适用于案情内容应该适用的一切场合，那便是正义的；如果适用于其他场合或者不相类似的场合，那便是一种非正义的。

第四，司法既要追求普遍正义，又要追求个案正义。普遍正义所要求的是"相同情况相同处理"，"类似情况类似处理"；而个案正义所要求的是"不同情况不同处理"。前者当中实际上已经蕴含着后者。只讲个案正义与普遍正义的对立，不讲二者统一的做法，是不符合辩证法的。在司法活动中，实现普遍正义就是要求对案件的处理要遵循法律的一般规定或先例。没有普遍正义这样的一般观念作为参照，我们如何判断某一个案的处理是否是正义的呢？而如果没有一个一个的个案正义，又何来普遍的正义呢？所以司法又不能不追求个案的正义。① 但是，司法必须通过普遍正义，而不能绕过普遍正义去实现个案正义。

第五，我们强调社会效果无疑是正确的，但是我们也必须充分认识到，保持法律的一致性、稳定性和连续性，也是最基本的社会利益之一。② 简单地说，法的安定性、确定性、稳定性也是一个社会的根本或

---

① 季秀平：《关于现代司法理念的一些误区》，载《南京社会科学》2006 年第 7 期。

② 卡多佐说："保持法律的一致性、公正，是最基本的社会利益之一。"这意味着"遵循先例应是常规而非例外"。与此相似，社会看重稳定、秩序、连贯，法官通常要容许源自逻辑、历史或习俗的法律沿它与生俱来的路线走下去，但不可走得太远。[美] A. L. 考夫曼：《卡多佐》，张守东译，法律出版社 2001 年版，第 217 页。

基本利益。试想，如果一个国家号称或声称要实行法治，但是他的这个法是个橡皮筋，同样的案件得不到同样的处理。同一个法律条文今天被这样解释，明天又被那样解释；今天这个法官判这个案件是这样一种结果，明天那个法官判这个案子是另外一种结果，那么事实上这个法是"非法"之法，实质上没有法治而是人治。没有法治就意味着这个社会是没有自由的社会，因为这个社会缺乏应有的"能见度"，没有可预测性，每个人都不能预测自己行为的后果，不能预测自己行为的后果他就没有行为选择的空间，没有自由。显然，法的安定性也是社会利益，而且是一种很重要的社会利益。

根据以上几点，笔者认为：对于司法过程来说，在法律之内寻求社会效果是具有正当性的。

（二）在法律之内寻求社会效果的优越性

社会效果是可以抛弃法律来寻求的，因为有时候这个法律可能有毛病和缺陷，所以在个别情况下抛弃它寻求社会效果可能会更便捷，效率可能会更高。但是我们为什么必须强调原则上通过法律来实现社会效果？这是因为通过法律寻求社会效果具有诸多优越性或具有比较优势。

第一，通过法律寻求社会效果可以增加法的安定性、确定性、稳定性以及连续性。通过法律寻求社会效果最大的积极效应是这种方式可以使全体公民尊重法律、信仰法律、信仰法治，并养成按照法律规则办事的习惯，从而在全社会养成一种规则治理的习惯。如果我们抛开法律规范情况就不同了，每个人对实体正义可能都有自己的看法，你说这个是正义的，他说那个是正义的；你说这样是公正的，他说那样是公正的。在这种情况下，该社会就没有判断是非曲直的标准了。

第二，通过法律实现社会效果具有平等性。每个人都无一例外地服从规则，意味着不能因人而异地进行司法，不能根据不同人的地位或者其他不相关的因素来作为解决具体案件的根据。如此，法律面前人人平等的宪法原则才能实现。

第三，从理念上说，按照法律办事实质上就是按照人民的意志办事。如此，可以避免少数人的专断和权力的滥用。

（三）在法律之外寻求社会效果的风险

第一，在法律之外寻求社会效果带来的最大的风险是可能形成法官的专断。既然对这个案子我们可以抛开法律进行裁判，判那个案子以及无数的后续案件为何不能这样做？于是评价裁判的好坏，就可能会完全取决于法官个人的价值观念或某一时刻的精神状态，甚至可能会取决于他昨天晚上觉睡得好不好，以至于某一个偶然事件就可能会对判决造成决定性的影响。

第二，强势集团、强势主体对司法机构的影响就会加深。既然不讲规则，不讲合法与否，裁判结果就可能取决于其他非法律因素。那么谁是强势主体，谁拥有强大的物质力量，谁就能在诉讼中处于优势地位。

第三，由于社会效果的不确定性，以及难评估性，在法律之外寻求社会效果，将可能导致某些人以强调法外社会效果为借口，肆意干涉法院的审判。

第四，如果我们大开在法律之外寻求社会效果之门，那么其他的非法律因素就会挤进来影响法院的裁判。

考虑到以上这些因素，笔者以为，原则上，社会效果一定要通过法律来实现，一定要在法律之内来寻求社会效果的最大化。

三、如何通过法律来寻求社会效果

有一种观点认为：要强调社会效果，那么就只能抛开法律，或者在法律之外去寻求。[①] 笔者认为，在法律之内存在着寻求社会效果的广阔

[①] 德夫林认为，存在着一种公共道德，其为一切人类社会提供黏合的水泥；而法律，他认为尤其是刑法，必须将维护这一公共道德视为自己的基本功能。至于在特定情形下，实际上法律应否借由特定的刑事制裁而获得执行，则取决于公众的情感状态。［英］丹尼斯·劳埃德：《法理学》，许章润译，法律出版社 2007 年版，第 193 页。

空间。不赞成在法律之内寻求社会效果的一个主要理由是说：法律在立法过程中就已经充分考虑到了社会效果，如果再强调通过法律寻求社会效果，就意味着这个法律就是有问题的了。如此说来，在法律之内并无司法寻求社会效果的空间。笔者认为并非如此，相反，在法律之内寻求社会效果的空间仍然非常之大。

（一）要善于掌握法律的精神实质

无视实质正义和社会效果的法律适用的"经典表现"是死抠法律条文字眼，仅仅抓住法律的字面意义，而不去关注法律的精神实质。这一点通常也是过分强调在法律之外寻求社会效果的人的一个很重要的借口。有些司法人员或法官确实存在死抠法律字眼的职业偏向，往往局限于狭隘的、孤立的文意解释，造成了机械的法律适用，导致社会效果极差。正是这样一种现象的存在给了我们一些同志一种口实：严格按法律办是不行的。其实，出现这种社会效果不好的情况，不是因为严格执行了法律，恰恰是没有抓住法律的精神实质，只是抓住了表面的文字。所以古罗马法学家塞尔苏斯（celsus）曾经说：认识法律并不意味着死抠法律字眼，而是把握法律的意义和效果。[①] 也就是说要善于在案件的背后、在法律的背后来把握他的政治、经济和社会关系，要把握住法律的目的和真义。

那么，怎样才能把握法律的精神实质？笔者认为最重要的是要进行目的分析。当我们感到法律的精神不好把握或者在理解上产生分歧时，我们首先要反思法律为什么要做这样的规定？法律作出这个规定，或者确立这个原则的真实意图是什么？把这个问题弄清楚了，那么就可能接近它的精神实质。比如说刑法上的禁止类推。一说到禁止类推，有些人就说所有刑事法律领域一律都不得类推。其实这种观点是不对的。我们

---

① 两千年前，著名罗马法学家塞尔苏斯说过："认识法律不意味抠法律字眼，而是把握法律的意义和效果。"孔祥俊：《论法律效果与社会效果的统一》，载《法律适用》2005 年第 1 期。

禁止类推，实质上是禁止有罪或重罪类推，除此之外很多事项是可以类推的，如对被告人可能有利的一些政策、规则、原则实际上是可以类推的。这就是我们没有把握住它的精神实质，而对禁止类推做了不适当的扩张。再譬如溯及既往。我们说法不溯及既往是一个基本原则，但是有些人就没有把握住这个原则的精神实质，他们认为在所有情况下都能不溯及既往。但事实上并不是这样。在行政法领域、刑法领域，有时候是可以溯及既往的。① 禁止溯及既往的本质目的是禁止不利的溯及既往，如果溯及既往对当事人来说有利且不损害法律的安定性和确定性，且不损害公共利益和他人利益的话，是允许的。

（二）要全面地把握相关的法律规定

有的案件审了许多次，当事人仍然不服，经最终审查原裁判仍然有问题，这些毛病大都在于有的法官片面适用法律，不全面考虑相关的法律规范。事实上，我国的法律体系是非常复杂的，有不同层级的法律规范、有不同时期的法律规范、有不同部门的法律规范。对同一个社会关系，对同一个事项有时候有多个法律规范直接或间接地在调整它，而有的审判人员只注意到某一个法律规范或者本身对法律规范掌握得不全面，完全跟着当事人、辩护人或代理人走，人家提出适用哪个法律规范，他也就只看到这个法律规范。当事人总是主张适用对他有利的法律规范，

---

① 在立法实践中，法不溯及既往首先是对刑事法律的要求，因为刑事法律规范着国家权力对公民最严厉的制裁，需要受到最大程度的约束。如《立法法》第84条规定："法律、行政法规、地方性法规、自治条例和单行条例、规章不溯及既往，但为了更好地保护公民、法人和其他组织的权利和利益而作的特别规定除外。"《刑法》第12条规定："中华人民共和国成立以后本法施行以前的行为，如果当时的法律不认为是犯罪的，适用当时的法律；如果当时的法律认为是犯罪的，依照本法总则第四章第八节的规定应当追诉的，按照当时的法律追究刑事责任，但是如果本法不认为是犯罪或者处刑较轻的，适用本法。"应松年在《行政处罚立法探讨》一文中提到，"从轻从旧"原则，也是行政处罚的重要原则。所谓从轻从旧，包括如下含义：第一，新的法律实行以前的行为，如当时的法律不认为是违法的，适用当时的法律；第二，当时的法律和新的法律都认为是违法，但规定不同处罚的，依照当时的法律给予处罚。但如果新的法律不认为是违法或处罚较轻的，依照新的法律。所以从轻从旧，"从轻"是主要的，"从旧"要服从于"从轻"。但"从旧"并非可有可无，"从旧"是从不溯及既往引发来的。

对他不利的就不会去涉及甚或有意规避。在这种情况下法官必须清醒，必须全面地查阅和掌握相关法律规定。比如刑法的犯罪构成问题，社会舆论认为我们有些案件判得不好、判得不对。从刑法分则的规定来看，犯罪嫌疑人的行为确实具备了犯罪构成，而根据分则的规定只要构成了犯罪，量刑就可能很重。但只要你稍微注意下总则的规定，问题就不难解决。比如说刑法总则规定情节显著轻微、危害不大的不认为是犯罪。这是一个很好的规定，他可以帮助法官来调节刑法分则在立法上可能存在的不足，实现一种衡平。但我们有的法官不太注意总则的规定，而只注意分则的规定。在民商事案件审判中也是这样，往往只注意到某个条文的规定，而不注重基本原则的运用。其实，有很多法律本身是可以"自足"的，即法律内部存在着一个协调的体系，如果我们稍微注意到它的协调性，充分利用其内部的调整机制，实质正义和社会效果就不难实现。① 不少法律的基本原则之间具有相互制约性，存在一种对立统一的关系。当适用某一个原则可能偏离正义时，可以适用另外一种原则来救济或矫正，但是我们有的法官往往只关注某一个原则而忽略了其他原则的适用。

（三）要按照既定的、科学的规则解释和适用法律

法律是不完善的，是有缺陷的，是有瑕疵的，这在任何国家都是不可避免的，但是人类社会同时也发展出一套在司法过程中能动地弥补这种缺陷的机制，这种机制就是解释和适用法律的规则。

解释和适用法律的空间非常之大，有一种极端说法是：除了人名、地名和数字以外，其他所有的概念、词语都是多义的，都是可以作若干种理解的。② 文字本身含义的多样性和丰富性尽管给我们理解法律带来

---

① 奥斯丁认为，法律体系是完整的门类齐全的封闭的逻辑结构体系，从这个体系自身的原则出发运用逻辑推理的方法就可以得出正确无疑的法律结论。时显群：《西方法理学研究》，人民出版社 2007 年版，第 244 页。

② 为什么要解释呢，就是因为语言文字有它的特点，它有多义性和模糊性。梁彗星：《裁判的方法》，法律出版社 2003 年版，第 52 页。

了不确定性，但同时也给了我们在解释和运用法律时的一种弹性，一种矫正法律的偏执和瑕疵的可能性，通过解释的方法修补法律上的缺陷的可能性。法律解释方法通常分为四大类：（1）文意解释；（2）论理解释，包括体系解释、立法解释、扩张解释、限缩解释、当然解释、目的解释、合宪性解释等等；（3）比较法解释；（4）社会学解释。① 娴熟、准确地适用这些解释方法就可以在相当程度上避免实质正义流失和社会效果不好的问题。事实上对一些社会效果不好的裁判稍加分析，相当一部分与没有严格按照解释规则来解释法律，对法律规范做了不正确的解释，或者故意歪曲、曲解法律有关。要做到在法律之内寻求社会效果，很重要的一条就是要按照既定和科学的解释规则来解释和适用法律。所谓既定的、科学的解释规则，应当是法律人共同体已达成共识的规则。也就是说，同样案件、同样场景，同一个需要适用法律的具体案件，所有理性的法律人来作出解释都应当可以得出同样的结论。如果我们提供的解释方法张三来用是一种结论，李四来用是另外一种结论，那这种解释方法就会最终导致司法的不一致性、不确定性，甚至是司法的混乱。现在学术界对法律解释研究得很多，提出的解释方法多达十几种，但是笔者觉得学术研究不仅要提供解释方法，更多的要研究解释规则，即在什么情况下只能运用什么样的解释方法，作出何种解释。但是，我国法律界在法律解释方面目前还没有建立起一套具有共识性的规则，对解释规则研究得不多，没有形成一种共识性规则，因而通常出现对同一个法律条文却产生不同的人解释出不同结果的情形。所以现在要做的就是建立起任何法律人、任何法律共同体，对同一法律条文解释都可以得出一样的，或者大致相同相近的结论的规则和程序。

---

① 梁慧星先生归纳的法律解释方法包括：文义解释、论理解释、比较法解释、社会学解释。其中论理解释又包括：体系解释、法意解释、扩张解释、限缩解释、当然解释、目的解释、合宪性解释。梁慧星：《民法解释学》，中国政法大学出版社 1995 年版，第 134 页。

（四）要正确合理地解决规范冲突

法律规范本身有很多层级，有不同主体制定的，还有不同时间制定的，规范"打架"的事情经常发生。遇到规范"打架"的时候，就需要按照规则来解决冲突。如果不讲规则就可能会出现谁的声音大、谁的权力大、谁的后台硬就适用谁的规定的情况。这无疑会影响法的确定性和稳定性。目前我国解决规范冲突的规则是存在一些问题的。这些问题是：（1）解决法律规范冲突的规则是粗线条的。简单地说"后法优于前法"、"高层级的法优于低层级的法"、"特别法优于普通法"等。其实，从司法实践中的个案来看，每一个命题都是存在问题的，上述每一个原则都是有例外的，而现在的毛病是太粗、太机械、没有例外。（2）解决法律规范冲突的规则具有太多形式主义的法治观，实质正义考虑得太少。（3）对每一种规则适用的前提和条件界定得不清楚。上述问题导致在解决同一冲突规范时，不同的法官、不同区域的法院在解决规范冲突的时候得出不一样的结论，有的说这个规范有效、有的说那个规范有效。这种状况需要改善。

（五）要积极能动地填补法律的漏洞

法律存在着漏洞并非个别现象。尤其是在社会体制转轨的大背景之下，要想立法不存在漏洞是难以办到的。因为在转轨的情况下，立法者既要考虑"昨天"，又要考虑"今天"，还要考虑"明天"，顾头难顾尾，难免形成法律上的诸多漏洞。[①] 在这种情况下，法官有责任去弥补

---

① 黄建辉：《法律漏洞·类推适用》，台湾蔚理法律出版社 1988 年版，第 21～22 页。杨解君：《法律漏洞略论》，载《法律科学》1997 年第 3 期。黄茂荣先生指出，"在功能上实然不及于应然之标准，该物便有这里所称的漏洞"，以此为基点将法律漏洞定义为"法律体系上之违反计划的不圆满状态"。黄茂荣：《法学方法与现代民法》，中国政法大学出版社 2001 年版，第 293 页。黄茂荣先生提出了法律漏洞产生的三种原因：（1）立法者思虑不周。（2）在法律上有意义之情况的变更。（3）立法者自觉对拟规范的之案例的了解还不够，而不加规范。黄茂荣：《法学方法与现代民法》，中国政法大学出版社 2001 年版，第 335 页。

这些漏洞。有些裁判社会效果不好，就是因为法官遇见法律漏洞，避退三舍、机械执法，不知道或不注重去弥补这些漏洞，而有的在弥补法律漏洞时又不讲规则而滥打"补丁"。所以，笔者认为：（1）我国在弥补法律漏洞的规则方面还不系统，就是说没有系统的漏洞弥补规则。（2）有的法官在弥补漏洞时，有时候忽略了基本的法治原则。比如说有的运用"举重以明轻"或者"举轻以明重"的方法进行犯罪构成或行政处罚类推，那就是违反了罪刑法定、处罚法定的原则。此外，在弥补漏洞时，有时也犯过分小心的毛病，束缚了法官的手脚，这也是不可取的。

（六）要正确行使自由裁量权

在法律之内寻求社会效果，一个非常重要的问题是如何防止自由裁量权的滥用问题。自由裁量权在任何国家都是不可避免的，任何国家的法律都不可能做到穷尽所有的案型，总要或多或少地给法官或者其他执法者留下一定的自由裁量空间。我国现时法律留给法官或执法人员的裁量空间一般都比较大，这是由所处的历史条件决定的。我国目前正处在转型时期，很多社会关系不太确定，立法者要兼顾到所有的情况，立法的结果就只能非常抽象概括，非常具有弹性，难以具体化，难以做到准确明白。法律愈简单、愈抽象，愈具有弹性，法律概念愈模糊，法官的自由裁量权就愈大。如此，怎样正确行使自由裁量权，怎样来对自由裁量权进行监控，就成为我们必须要研究的重大问题。笔者认为：（1）要进行权限控制，有些特殊的自由裁量权只能由特殊的主体来行使，不能广泛授予。（2）要进行规则控制，必须确定一系列行使自由裁量权的原则，违反了这些原则就是权力滥用。比如合目的原则、正当考虑原则、平等原则、比例原则、禁止不当联结原则等等，这些原则都是控制自由裁量权的规则，违反了这些规则，有权机关就可以撤销相关裁量。（3）要进行基准控制。即由执法、司法部门或者地方政府根据本部门本地区的具体情况对有关规定进行细化，通过制定一些更加具体的规则和指导性的意见作为裁量的基准，从而达到在可能的范围内限制、缩小自由裁量权的目的。（4）要进行程序控制，对于某些重要的裁量要进行程序控制，比如说举行听证会等。全面有效的监控制度的缺乏，是造成自由裁量权的滥用或不当行使的重要原因，也是裁判的社会效果不佳的一个重要因素，应当引起高度重视。

（七）要在法律体系之内建立衡平制度

为了避免司法中可能出现偏离正义太远、偏离立法目的太远的情形，需要在法律制度内部建立起自足的衡平救济机制，英国历史上的衡平法院就是为了解决这类问题而创立的。衡平制度就是为了解决在司法实践中可能出现的明显不公、明显脱离正义的案件而建立的制度。比如，我国《刑法》第63条第2款规定："犯罪分子虽然不具有本法规定的减轻处罚情节，但是根据案件的特殊情况，经最高人民法院核准，也可以在法定刑以下判处刑罚。"这就是刑事法律本身设定的一种自足的衡平机制。如私自购买、收藏爆炸物品，只要具备犯罪构成要件，刑罚就会很重，有的地方农民为修水利或公路，私自制造爆炸物品，按照我国的刑法构成犯罪，一旦构成该罪，处刑就很重，在这种情况下就可以报最高人民法院核准后在法定刑以下处刑。笔者认为，在我们这样一个转型时期的国家，在每类法律内部都应当建立这样一种相应的机制。此外在刑事法律中建立大赦和特赦制度，也是一种衡平机制。新中国成立以后，我国曾经对部分战犯实行过特赦，[①] 但此后一直没有使用这个制度。其实，赦免制度也是一种法律内的衡平机制。在有些国家，某些行为人按照法律规定必须要判处刑罚，但是社会公众普遍不接受，普遍认为这种行为不应当判刑，如果判刑就与主流价值观不相容，但法律又

---

① 1956年4月25日第一届全国人民代表大会常务委员会第34次会议通过了《关于处理在押日本侵略中国战争中的战争犯罪分子的决定》，同日公布。1959年9月17日全国人大二届九次会议作出了《关于特赦确实改恶从善的罪犯的决定》。新中国成立以来我国共有过7次特赦，分别于1959年、1960年、1961年、1963年、1964年、1966年对确实改恶从善的蒋介石集团、伪满洲和伪蒙疆自治政府的战犯进行赦免，直至1975年赦免全部在押战犯。首次特赦主要对象为战争犯罪分子、反革命分子及普通的刑事犯罪，包括伪满洲国皇帝溥仪。此后6次都是针对战犯。

明确规定构成犯罪，不判又违反了法律的规定，此时就可采取先对罪犯判刑，继而依照法定程序进行赦免的方法处理，从而实现法律效果与社会效果的统一。

（八）要建立科学的法律规范的过滤机制

所谓建立法律规范的过滤机制，就是要通过一种程序性的制度设计，让有问题或有瑕疵的法律规范被过滤排除掉，不让有问题的法律规范进入实施过程。司法过程必须关注两种价值：一方面必须通过司法实现个案正义；另一方面又必须注意到法的安定性和稳定性。如果我们抛开法的安定性或稳定性去寻求正义，那就有可能抛开法律去寻求正义，这样导致的后果是任何人都可以按照自己的价值观去判断法律是对还是不对，是应该遵守还是不应该遵守。这样法律秩序就无法维护。但是，如果过于拘泥于法律规范，可能有时会出现在遵守法律时丢掉了正义，丢弃了法律规范所追求的目的，在这种情况下应当怎么办？如果兼顾上述两种价值的话，就必须采取一种理性的办法。现代社会发明了这种办法，这就是建立一套法律规范的审查过滤机制。由被授权的法定机关，通过一种法定的程序，来解决规范的合法性和合宪性问题，淘汰掉那些有问题的法律规范，不让它们进入实施过程。这样就能够使个案正义和法的稳定性、安定性同时实现，收到"鱼"和"熊掌"兼得的效果。

（九）要建立适时修改"问题规范"的机制

对有问题的规范，可以根据问题的不同程度采取不同的办法：对一般的缺陷、轻微的瑕疵，完全可以通过法律漏洞的填补方法和对法律规范的解释方法来避免其缺陷；对某些个别规范存在问题的，如违法或者违宪，则可以通过过滤机制来加以淘汰；对于那些有相当一部分规范均有问题的法律，就必须通过废止或者修改来加以解决。

以上所讲的都是在法律的范围内寻求社会效果的基本方法，实践中还存在更多的方法。不难看出，在法律之内寻求社会效果的空间是相当大的，法官也有很大的"作为空间"。通过上述方法完全可以既兼顾到法的安定性、稳定性、确定性、连续性，同时又能够最大可能地实现社会效果，最大可能地接近实体正义。

四、通过法律实现社会效果应当注意的几个问题

通过法律实现社会效果，不是无条件的，相反，只有在一定的时空范围和条件下才能获得。

（一）应当以法的安定性为基本价值，同时也要兼顾法的合目的性和正义价值的实现

在司法实践中，有三个概念非常重要：第一个是"法的安定性"；第二个是"法的合目的性"；第三个是"公平正义"。其实大部分法律问题几乎就在这几个概念之间进行协调和平衡。怎样才能使这三者达到协调和统一呢？法的安定性，即法的稳定性、确定性、连续性。没有法的安定性，就难以实现法的价值，就没有法治，就没有规范性，就没有可预见性，就没有自由。但是任何时候我们都不能忘掉法律的目的，人们从事社会活动都是有一定的目的的，党的行动有目的、政府机关的活动有目的、人民群众从事的活动也有目的。法律本身既不能吃、也不能穿，法是不具有绝对性的，法的价值对人类来说也不具有绝对的至上性，人类不是以法来作为终极目标的。人民的福祉、社会的福利才可能是我们追求的目标。这些目标同样是有价值的。但人类在实现自己的目的的时候，不能不择手段，不能无所顾虑，更不能无所不用其极，而必须坚守我们的核心价值理念和伦理原则。不能忘记，我们在坚守合法性和法的安定性的时候，在致力于实现我们的目标时，必须高度重视公平正义的实现，或者说我们必须尽可能通过合法的、至少不违反公平正义准则的方式实现我们的目的。我们强调法律效果与社会效果的统一，很大程度上，就是要在这三者之间进行协

调和权衡。

（二）在立法环节应当赋予法律概念以适度的张力

为了便于操作，人们都希望立法规定得越细致越好。但实际上立法规定得越细，问题也可能越多，以至于离公平和普遍正义越远；法律越细密，实现个案正义就越难。在我国目前情况下，要做到法律效果与社会效果的统一，法律要适当地多赋予执法人员和司法人员自由裁量权。但是，同时要加强对自由裁量权的监控。只有如此，才有可能做到两全其美：一方面有利于实现个案正义，另一方面又能防止权力被滥用。

（三）必须形成一整套统一的、完整的法律适用方法、法律解释方法和裁判方法

尽管目前我国有许多学者研究这方面的问题，但是没有把一些科学理性的成果和结论"硬化"为司法规则和制度，尚未广泛地运用到司法实践中去。在实践中，有的执法司法人员解释适用法律的随意性很大，这与没有一个统一、明确的规则作指引不无关系。所以要通过法律实现社会效果，当前急需解决的一个问题是，尽快形成系统的、完整的法律解释方法和法律适用方法，并适时上升为法律或司法解释。

（四）必须注意转变审判作风，以追求公正的最大值和效果的最大化

我们强调要通过法律实现社会效果，法律之外的工作是否就不用做了？当然不是！通过法律之外的工作也是可以实现社会效果的。但是在法律之外寻求社会效果，决不意味着违背法律去寻求社会效果，而更多的是要求审判人员多做一些法庭外的工作：（1）使裁判的公正性、合法性和正义性让包括当事人在内的所有人都能了解和明白，使客观公正变成大家的共识，变成社会的共识，这就需要增强裁判的说服力；（2）通过转变作风，做一些延伸性工作（例如沟通协调工作），使裁判的社会效果最大化；（3）通过审判人员的工作把负面效应降到最低程度。这些工作都要通过转变审判作风来完成。总之，在强调通过法律寻求社会效果的同时也不能忽略在可能的情况下多做一些法律之外的延伸工作。

（五）在特定的情况下，不排除变通执行法律

强调在法律之内实现社会效果，并不绝对排除在非常特殊的情况下，可以变通执行法律。在特殊情况下变通执行法律，有很多人都提出过，如马克思、恩格斯、列宁等都曾经讲过。马克思曾讲过法官除了法律就没有别的上司，但他，特别是恩格斯同时也讲过：当某一个法律离正义很远的时候，法官的责任就是要避开这个法律的适用。① 董必武在20 世纪50 年代也曾经讲过一样的观点，他说：法官在特殊的情况下可以变通适用法律。② 那么这个观点是不是仅仅是中国或者马克思主义者这样强调呢？不是。在英国，著名的大法官丹宁勋爵也曾表达了相近的观点：丹宁曾经作过一个极其形象的比喻，如果把法律比作编织物，那么议会决定编织物的材料，而"一个法官绝不可以改变法律织物的编织材料，但他可以，也应该把皱折熨平。"③ 沈宗灵先生在研究国外的法官适用法律的时候他得出的结论是这样的：有些法官，尤其是在特定的情况下，例如出现社会矛盾、发生社会危机、对外战争等这些场合，法官会或者改变法律的字面意义，或者改变法律的原意来解释法律、处

---

① 马克思说，法官除了法律就没有别的上司。法官的责任是当法律运用到个别场合时，根据他对法律的诚挚的理解来解释法律。《马克思恩格斯全集》（第 1 卷），人民出版社 1956 年版，第 76 页。"理论是灰色的，生命之树常青。"，列宁多次引用歌德《浮士德》中的这句话，说明只有革命的实践才能对各种理论和原则进行严格的检验。

② 做审判工作，只懂得法，不懂人情物理，法学博士也不一定能搞好审判工作。《董必武法学文集》，法律出版社 2001 年版，第 419 页。

③ ［英］丹宁勋爵：《法律的训诫》，杨百揆、刘庸安译，法律出版社 1999 年版，第 13 页。

理相关案件。

　　笔者认为，变通执行法律必须讲条件、讲范围、讲程序，必须严格控制。任何法官都不能随心所欲地变通法律。至少要符合以下几个条件：（1）必须是在特定的情形下。这个特定的情形通常指社会矛盾异常的激化、发生了重大的危机、战争等极其特殊的情形。古罗马一位法学家曾经说过：“为了实现公正即使天塌下来也要去做”，① 英国的丹宁法官也曾经引用过这句话说：“为了实现公正即使天塌下来。”这种说法似乎有些极端。后来丹宁又诙谐地说道，如果实现了公正，天是不会塌下来的，天应该感到高兴。② 在另外一个场合，丹宁强调在特定情形下法官要尽可能避开适用不当的法律。③（2）特定情形下变通适用的价值一定要高于法的安定性价值。如果为了维护法的安定性、稳定性，机械地司法最后导致整个国家骚乱、社会动荡，显然得不偿失。因此必须进行利益衡量和价值考量。（3）变通适用必须有利于实现法律的最终目的。（4）变通适用能够得到社会主流价值观的认同，与社会主流价值观相协调，也就是说能得到大多数人的认同和认可。（5）变通适用必须有一定的法定程序，例如报最高人民法院核准或报立法机关做出扩大或限缩解释或者确认。总之，笔者认为只有这五个条件同时具备的情况下，才可以变通适用法律。

（六）必须注意社会效果的客观性和普遍性

　　强调社会效果无疑是正确的。但人们对社会效果的认识是不一样的。有的人认为社会效果就是当事人和舆论的赞成、认同；有的认为社会效果就是法律规范对社会进行了有效地调整；有的认为社会效果就是

---

① 正义女神的背面刻有古罗马的谚语：“为实现正义，哪怕天崩地裂”。

② 刘庸安：《丹宁勋爵和他的法律思想》，载《中外法学》1999 年第 1 期。一再阐明这样的立场：“宪法不允许以国家利益影响我们的判决：上帝不让这样做！我们绝不考虑政治后果，无论他们有多么可怕，如果某种后果是混乱，那我们不得不说：实现公正，即使天塌下来！”

③ ［英］丹宁：《家庭故事》，伦敦巴特沃斯公司出版 1981 年版，第 174 页。

法律的实施、个案的处理推动了社会发展的进程、推动了历史的前进；更有一部分人认为，社会效果就是某一方当事人的满意度，就是符合本部门的利益、符合某个地方的利益等等。① 所以谈社会效果一定要注意其普遍性和客观性，若是不强调其普遍性和客观性，社会效果就会被庸俗化，"注重社会效果"就会被某些人用来作为枉法裁判或者寻求非法利益的借口，就会为某些人违法干预审判打开方便之门。能够作为裁判基准的必须是客观的标准。正如卡多佐所说：真正作数的并不是我认为正确的东西，并不是法官个人认为正确的东西，也并不是某一个官员他认为正确的东西，更不是某一方当事人认为正确的东西。是什么决定了我们是否是正确的呢？是那些我作为一个法官有充分的理由认为，其他有正常理智和良知的人都可能会合情合理地认为是正确的东西。我们讲什么是社会效果，并不是某一个法官或其他人士的个人偏见和私利，而应是所有有良知和理性的人都能得出同样的结论。这才是我们应当追求的社会效果。

五、结　语

笔者的观点大致可以归纳为以下几点：

第一，社会效果的实现途径是多样的，但是司法追求的社会效果主要应该通过法律来获得，应该在法律之内来寻求。

第二，强调通过法律来实现社会效果，并不意味着绝对不能通过法律之外的途径来寻求社会效果。为了实现法的安定性、正义价值以及法的合目的性三者之间的平衡，我们也可以在特定的情况下，在严格限制条件的情况下，在某些方面通过法律之外的途径或变通法律适

---

① 主要观点有："社会效果是通过审判活动来实现法律的秩序、公正、效率等基本价值的效果"；"社会效果是指通过对具体案件的审理和裁判，获取的社会各界和人民群众对其评价和认知程度"；"社会效果，是指由于实施具体执法行为而在社会生活、社会公众中所产生的影响和结果"；"审判的社会效果是指通过法律适用或审判活动，使法的本质特征得以体现，实现法的秩序、自由、正义、效益等法的价值的效果，从而使审判的结果得到社会的公认。周溯：《论法律效果与社会效果的统一》，载《公正与和谐》，人民法院出版社 2007 年版，第 99 页。

用获得。

第三，法律效果和社会效果既有同一性，又有冲突性。只要法官充分发挥主观能动作用，多做工作，多想办法，采取恰当的方法和途径，是完全可以缩小他们之间的对立和冲突的，是完全可以在一定限度内实现二者的统一的。

第十二章　论法官良知

良知是人类良心之所居，亦为人类正义之源头；司法良知是法院公信之根，亦为法院文化之魂；达致司法良知，是法院文化研究之"精粹"，亦为法院文化建设之"鹄的"。

法官工作的要义在于断别是非善恶，其准据为事实、法律和良知。申言之，法官审理案件，应以事实为根据，以法律为准绳，以良知为圭臬。[①] 经过数十年之磨砺与积淀，我国法官在查证事实、运用法律方面的技能和经验取得长足进展，相形之下，法官良知滞为短板，[②] 故作为司法进步可期待之新增长点，不可不予严肃与严格探究以求明达。

[①]　我国三大诉讼法确定的原则是，审理案件应以事实为根据，以法律为准绳。笔者以为，在事实与法律之外，法官不可不本着良知审理案件。（放眼世界，法官依照良心履行职责，已经成为现代法治的一个基本原则。）

[②]　改革开放以前，新中国法学对"司法良知"是持批判态度的，理由主要是：第一，"'理性'和'良心'并不是超阶级的，而是有阶级性的。按照不同阶级的理性和良心来判断事实，就会做出不同的结论"；第二，"资产阶级以不可知论的哲学思想为根据，要求法官办案应基于其良心、理性在内心所确信的真实，也即主观上的真实"，不可能提供发现案件客观真实的保证。（参见巫宇苏：《证据学》，群众出版社 1985 年版，第 26 页；陈一云：《证据学》，中国人民大学出版社 1991 年版，第 90 页及以下。）改革开放以后，尤其是进入 21 世纪以后，尽管"司法良知"被平反，而且在《法官职业道德基本准则》中明确规定，但重视程度仍然不够。这是我国司法良知滞为短板的基本背景和主要原因。

一、法官良知的价值[①]

在审判活动的三项准据中，事实是自然的法则，规制的是法官与物的关系；法律是社会的规则，规制的是法官与人的关系；良知是法官内心的法则，规制的是法官与其心灵的关系。三个层面的法则各有独特价值，其中，法官良知的价值可以概括为以下几个方面：

（一）"良知即独知"，是法官内设于心并用以自我审判的"法庭"，它的存在使建基于司法最终裁决之上的现代民主政治构架成为可能

"独知"一说，在中国始于儒经《大学》、《中庸》所论之"君子慎其独"，王阳明在此基础上提出"良知即独知"[②]的命题。良知之所以为独知，是因为其处于人之内心，依朱熹所言，即"人所不知而己所独知之地"[③]，勾连的是人与其内心的关系，是不假外求的人心内蕴之自觉。在该问题上，中西方之体认虽小异而大同。譬如，休谟认为良知就是通过反思行为来发现、思考、展开自然的美德；康德提出，"良心是一种面向自我的道德判断力"[④]，即在人之中的一个内部法庭的意识——每个人都发现自己被一个内部的法官注视着、威胁着，并且对这个法官始终保持恭敬（与敬畏相连的尊敬）；[⑤]海德格尔主张良知是一

---

① 之所以强调这个问题，并非满足行文结构的需要，更非道德说教，而是因为很多人对法官良知的重要性持怀疑态度。例如2003年1月出版的《法制与新闻》杂志登载了江西作者魏文彪的文章《良知靠不住》。在文中，作者提出："法官的良知可敬但却是靠不住的。法治的力量、法制健全所能发挥的效用会千百倍于法官的良知。"这个看法仅把法治看做规则之治，未看到法治也是良心之治。换言之，其忽略了人在法治中可以发挥的作用。

② 全文为"良知即是独知时，此知之外更无知。谁人不有良知在，知得良知却是谁？"王阳明：《答人问良知二首》，吴光等编校：《王阳明全集》，上海古籍出版社1992年版，卷二十。"良知即独知"一说后经阳明后学欧阳德等屡申而发扬光大。

③ 朱熹：《四书章句集注》，中华书局1983年版，第7页。

④ Kant, Die Religion innehalb der Grenzen der bloen Vernunft, S. 210.

⑤ Kant, Metaphysik der Sitten, Teil II, Tugendlehre, S. 289.

种对自己的倾听,"良知在根基上和本质上向来是我的良知"①。

现代社会是由司法最终裁决法律争端的社会,司法的性质决定了法官必须处于国家机器的最后一个环节,不应有人再来"审判"法官,否则司法的中立、案件的公正就不复存在了。经验和实践表明,这种赋予司法权最终性的"危险设置"并没有带来预想中的危险,究其本源,无非在每个法官内心都有一无形之"审判者",即良知,对其想法和行为进行审视和矫正。② 正如法国文豪雨果之问——"谁是法官的法官",答案是法官自己。这位端坐于"内部法庭"的"法官",有时比繁密周全的外在监督更为有效,因为一个人可以不太困难地逃避所有外在监督,但无论如何都无法逃避自己良知的拷问。这就破解了"谁来监督最终裁决者"难题,使建基在司法最终裁决之上的现代民主政治构架具有了心理防线。

(二)"良知即善端",是法官进行利益平衡和价值选择的重要依托,它从法官灵魂深处决定了审判活动的正义含量

孟子曰:"恻隐之心,仁之端也;羞恶之心,义之端也;辞让之心,礼之端也;是非之心,智之端也。"③ 这里的"端"即"善端"。而良知,正如王阳明所言,"知善知恶是良知"。④ 司法是公正与善良的艺术,是主观见之于客观的活动,法官在审判活动中断别是非善恶,宣

---

① 关于良知究竟是"我"的良知,还是"我们"的良知,何怀宏先生与倪梁康先生曾有过深入的探讨。倪梁康坚持良知为自知,是我的良知;而何怀宏认为良知是共知,是我们的良知(具体内容请参见倪梁康:《良知:在"自知"与"共知"之间》,载《中国学术》2000年第1期;何怀宏著:《何怀宏学术作品集——良心论》,北京大学出版社2009年版)。笔者以为,良知的性质还应该是独知,但人与人有共性、可通感,因此亦不完全封闭,或可归纳为"开放的独知"。

② "只有道德良心才能匡正一个人的行为,只有一个人自己的意志才能使他自己变得诚实和正直。因此,良心是心灵圣殿中的道德统治者——它使人们的行为端正、思想高尚、信仰正确、生活美好——只有在良心的强烈影响之下,一个人崇高而正直的品德才能发扬光大"。[英]塞缪尔·斯迈尔斯:《品格的力量》,宋景堂等译,北京图书出版社1999年版,第194页。

③ 《孟子·公孙丑上》。四善端是孟子所持性善论理论思想的一部分。

④ "四句教"是王阳明晚年对自己哲学思想的全面概括,具体内容为:"无善无恶心之体,有善有恶意之动,知善知恶是良知,为善去恶是格物"。

示公平正义，离不开利益平衡和价值选择。然而，但凡有过审判经历而且认真负责的法官都知道，司法绝不是在法条与案件之间的简单比照，无论利益平衡还是价值选择都是颇为复杂甚至难以抉择的过程——这个过程不仅是科学的，而且是艺术的；不仅是技术的，而且是人文的；不仅是理智的，而且是感性的；不仅是合规律的，而且是合目的的。

试举例一二加以说明。假设法官在审理案件中遇到"可以赏、可以不赏"或者"可以罚、可以不罚"的情况，不管是赏还是罚在法律上都可以成立，那么，这个案件如何判才公正？看看东坡先生的智慧，他说："凡事之可以赏、可以不赏者，赏之；可以罚、可以无罚者，不罚；此忠厚也。凡事之可以赏、可以不赏者，不赏；可以罚、可以无罚者，罚之；此刻薄也。刻薄成家，理无久享。"① 又如，当案件的关键事实难以查清，裁判不免会冤枉一方当事人，怎么选择？海瑞提出："窃谓凡讼之可疑者，与其屈兄，宁屈其弟；与其屈叔伯，宁屈其侄；与其屈贫民，宁屈富民；与其屈愚直，宁屈刁顽。事在争产业，与其屈小民，宁屈乡宦，以救弊也。② 事在争言貌，与其屈乡宦，宁屈小民，以存体也。③"④ 这些例子直观地表明，在法律之内法官有广阔的空间，良知是利益平衡和价值选择正当性最为可靠的保障，本着良知进行选择，正义大多会如约而至；反之，如果"恶知"（有良知必然就有恶知）当道，审判活动即便貌似合法，实则与正义相左。

（三）"良知即良行"，是用以克服法官人性弱点和弥补制度漏洞的法宝，它为良法善治供给了不可或缺的主体性要素

良知与良行具有同一性。对此，王阳明指出，知即是行，行即是

---

① 《刑赏忠厚之至论》。

② 乡宦计夺小民田产债轴，假契侵界威逼，无所不为。为富不仁，比比有之。故曰救弊。

③ 乡宦小民有贵贱之别，故曰存体。弱乡宦擅作威福，打缚小民，又不可以存体论。

④ 这是明代地方行政官员海瑞对司法裁判经验的概括和追求。载陈义钟编校：《兴革条例》，载《海瑞集》上册，中华书局 1962 年版，第 117 页。

知，或曰知之真切笃实处即是行，行之明觉精察处即是知。这就意味着，作为一名法官，如果仅仅意识到什么是"是"、什么是"善"，但没有求是、行善之意与行，那便不是真正有良知。良知是一定要行的，良知本身就是良行。良知不仅在"知"的层面引导法官，而且在"行"的层面约束法官，所以，它是用以克服法官人性弱点并使其趋向于良善的法宝。

法治在一定程度上是良法之治与良心之治的合体。法治之难，非法之难，乃人之难也。法律所应得之尊严与威望，往往取决于执行者的认识高度以及他们对其所服务和担当的事业的责任意识的性质和强烈程度。良知，让法官的血管流着正义的血，让法官的行为隐含着良善的动机，从而为良法善治提供了不可或缺的主体性要素。我们不难想象，如果没有法官的良知意识，审判活动只会成为一个输入法条输出判决的机械过程，公平正义只是一种奢求;① 我们不难想象，如果不仰仗法官的良知，法律难免变成一堆冷冰冰的规则和"只有知道法律的人才能利用的魔术"②，因为从形式到空洞、从普遍到冷漠、从理性到理性的自负和狂妄其实只有一步之遥;我们不难想象，如果良知被遮蔽，"专制在法律人士手中将会变成具有公正和依法办事的外貌"③，其危害甚于赤裸裸的专制;我们不难想象，如果失去法官良知，在法制存在漏洞以及即便没有漏洞但有赖法官裁量的领地，我们依靠什么实践和保障良法善治?

综上，强调法官良知的价值绝不是道德至上主义的说教，它不仅关系到法官自身的境界，而且关系到审判活动的正义含量;不仅关系到良

---

① 一个意志决定是善还是恶，并不在于通过法律而完成的外部的和客观的规定，而是仅仅在于做决定的个人内心中的判断规范：即看这种规范是否符合良知。一个行动符合决定者本人信念的便是善的，反之便是恶的。参阅：Windelband, Lehrbuch der Geschichte der Philosophie, a. a. O. , S. 264.

② ［日］川岛武宜：《现代化与法》，王志安等译，中国政法大学出版社 1994 年版，第 31 页。

③ 法国思想家托克维尔的话。

法善治的可能与否，而且关系到现代民主政治框架的建构。所以，它是具体的，也是现实的，更是必要的。

二、法官良知的内涵

法官良知的内涵或可见仁见智。在笔者看来，似可概括为"八心"，即一视同仁、平等对待之心；求真求实、勿冤良善之心；坚守正义、善解法意之心；惩恶扬善、保国安民之心；案结事了、息讼促和之心；真诚恻怛、哀矜裁判之心；勤奋敬业、救人水火之心；清廉如水、一尘不染之心。

（一）一视同仁、平等对待之心

审判工作，要在一个"公"字，贵在"一碗水端平"。纵观古今中外，司法在不同的社会形态、社会制度、社会阶段中，在不同的民族、宗教、文化背景下，呈现出多种多样的面向，但对公正的追求则始终如一、亘古不变。可以说，公正是法官第一等的良知，而一视同仁、平等对待则是人们赋予公正最基本的内涵。当事人可以接受败诉，社会可以容忍法官的错误，但绝不宽容法官的偏袒和歧视。正因为如此，我国古代的韩非子说："刑过不避大臣，赏善不遗匹夫。"① 管子指出："公之所加，罪虽重下无怨气；私之所加，赏虽多士不为欢。行法不道，众民不能顺。"② 亚里士多德也指出："公正不是德性的一部分，而是整个德性；相反，不公正也不是邪恶的一部分，而是整个邪恶。"

做到一视同仁、平等对待，需要认识到：人生而平等，不可有不合理之差别对待；对一方之偏袒，必然损害对方之权益；对一人之歧视，即是伤害人类之尊严。要意识到：一湖不平，必生波澜；一路有坷，或生祸殃；一瞥不尊，招恨终身。要参悟到：众不患贫而患不匀；国不患

---

① 《韩非子·有度》。
② 《管子·禁藏》。

寡而患不均；案不患难而患不公。

（二）求真求实、勿冤良善之心

有道是，"假作真时真亦假，无为有时有还无"。刑案不得真则无辜遭戮或有罪者逍遥；民案不得实则良善受害而奸猾者得利。为裁判者，必须务求事实清楚。要认识到：晦一事则是非因以颠倒；蔽一恶则生灵或遭涂炭；冤一人则身家性命难保；假一案则社稷国家遭殃。为法官者，须精于由表及里、由此及彼、弃粗取精、弃伪存真。于精微处明是非；于幽暗处辨真假；于巧伪处得虚实。事实存疑的地方，"简孚有众，惟貌有稽，无简不听"，唯此方能"具严天威"①。

持求真求实、勿冤良善之心，法官切不可仅把审判工作看成一门艺术，亦须秉持科学精神；切不可信奉"水至清则无鱼，人至察则无徒"，满足于"葫芦僧乱判葫芦案"，而应明察案情于秋毫；② 切不可故意颠倒黑白，应坚守不害人的伦理底线；切不可把审判工作等同于"和稀泥"，须知明定是非曲直是一切审判工作的基础。人有冤情才求诸法官，法官如不能申冤反要冤枉人，就会造成莫大的冤屈，不可不慎之又慎！

（三）坚守正义、善解法意之心

法官被视为是正义的化身，坚守正义是法官的天职。正义有多种解，非诚心正意不得其真义；法意或可异说，非良知善智不得其底蕴。

---

① 《书·吕刑》。
② 在中国历史上，宋慈是求真求实、勿冤良善的执法官的典范。他在《洗冤集录》的序言中，一开头就提出写作此书的动机与目的："狱事莫重于大辟，大辟莫重于初情，初情莫重于检验。盖死生出入之权典，直枉屈伸之机括。于是乎决法中。"又说："狱情之失，多起于发端之差，定验之误。"宋慈辑撰此书，是为了"洗冤泽物"、"起死回生"。因此，宋慈对于狱案，反复强调要"审之又审，不敢萌一毫慢易之心"。他再三教诫审案人员"不可辟臭恶"，"须是躬亲诣尸首地头"。深入现场调查，"须是多方体访，切不可凭信一二人口说"。检验时"务要从实"，同时尚需了解被害人生前的社会关系，经济状况，要充分掌握真凭实据。

说法而背离正义，良法将会变成恶法；释法而怀揣私意，真理将会变成歪理。是故，准绳曲则匠心失，规矩枉则方寸滥，法意昏则天下乱。

审判是一项专业性较强的活动。法律人理解的正义，与社会上一般的正义观不尽相同，例如司法的准则是法律判断先于（不一定优于）非法律判断，法律正义先于非法律正义，法律的程序正义先于法律的实体正义，法律的整体正义先于法律的个别正义。但也必须看到，法者，国家与国民之所共，其文须与天下所共守；其意须与国民所共参；其解须得公意之共识。所以，法官不应止步于抽象的正义原则，而须本着良知最大可能地实现具体的正义，也就是一种让当事人和社会都能感受到的正义。正如英国著名法官休厄所说，"不仅要主持正义，而且要人们明确无误地、毫不犹豫地看到是在主持正义，这一点不仅是重要的，而且是极为重要的。"换言之，尽管某些审判活动客观上是正义的，但如果这种正义没有被人所感受到的话，充其量只实现了一半的正义。只有把主观的正义与客观的正义都展现出来，才构成完整和圆满的正义。

法官坚守正义、善解法意，需要做到：释法用法，切不可本于私欲、杂于邪念、蔽于乡愿。以私欲释法法必毁于私；以邪念用法法必堕入邪；以乡愿司法莫如非法法也！故为法官者，解释适用法律，必本于正义、出于善意、合于公理。正如马克思所言，"法官的职责是当法律运用到个别场合时，根据他对法律的诚挚的理解来解释法律"。法律不只是作为一种条文或规范存在，更重要的是作为一种原则和精神存在。一个合格的法官，并不在于对于法律条文表达敬意，而在于透过条文对其精神作出诚挚的理解，以自己的智慧和法律素养，将法律精神贯彻于裁判之中。这或许就是一个法官内在的良心与法律的化合过程吧。

（四）惩恶扬善、保国安民之心

审判是一项行走在善恶交界处的工作，除直接影响当事人外，还或隐或现地影响整个世道人心。所以，法官裁判案件，不仅要依法，而且要准于良知；不能只求止争息讼，而且要惩恶扬善、保国安民。^① 古人讲："天子立司寇，使掌邦刑，刑者所以驱耻恶，纳人於善道也。"^② 说的就是审判的社会教化和政治治理作用。通过审判工作惩恶扬善，一方面绝不能冤枉好人，正所谓"钢刀虽利，不斩无罪之人"^③；另一方面也不能无限度地"宽容"主观恶性极大之人，"法官如果宽恕有罪的人，法官就是有罪的人"^④。如果一味地强调对犯罪者的人文关怀和道德感化，使违法犯罪者得不到应有的追究，就会既偏离最基本的善恶准则，也容易成为个别法官枉法牟利的幌子，有必要端正视听。须知对罪大恶极者可以有内心的"哀矜"，也绝不能放弃感化教育的机会，但万不可恣意放纵恶行，因为对犯罪者的无度宽纵不仅是对受害者的二次伤害，而且模糊了人间的善恶准则，钝化了刑罚特殊预防和一般预防之功能。

法官不仅要通过审判惩恶扬善，而且要以让人感受得到的方式惩恶扬善。法律人有一套专业的思维和方法，^⑤ 比如"任何人无须贤明于法律"^⑥、"恶意不推定"^⑦ 等等，但我们是否只满足于运用这套思维和方法得出一个结论？绝对不是。反思"彭宇案"，不是彭宇到底撞没撞人这个事实问题，也不是在事实难以查明情况下如何判决的法律问题，而是审判人员的一句"不是你撞的，你为什么要扶她"^⑧，折伤了人们的情感防线的和社会的道义底线。法官如果只管审判案件，不管惩恶扬善，就没有案件的社会效果可言，更无法保障司法事业的正义性——因

---

① 何谓良善，是值得深究的一个问题。如果要下一个定义，笔者赞成"我们称一个人为善的，是当他对自己的生命的塑造符合人的完善的理想、同时推进他周围人的幸福的时候；我们称一个人为恶的，是当他既无心愿也无能力为自己或他人做任何事情、相反却扰乱和损害他周围的人的时候。"〔德〕包尔生：《伦理学体系》，何怀宏、廖申白译，中国社会科学出版社 1988 年版，第 212 页。

② 《周礼注疏》卷三十四秋官司寇第五。

③ 《五灯会元》。

④ Publilius Syrus（普波利斯·赛路斯）

⑤ 所以，法官的知善、行善不能用绝对纯粹的普适性伦理来衡定。

⑥ 即拉丁文谚语之"Neninem oportet esse sapientiorem legibus"。

⑦ 即拉丁文谚语之"Malum non praesumitur"。

⑧ 根据媒体披露所引，并未核实。

为这种正义性需要靠我们的实际行动来证明，而非不证自明。

（五）案结事了、息讼促和之心

一个有良知的法官，须有案结事了、息讼促和之心，做到案结事了人和，而非结案了事。在中国古代，这个要求被视为是司法的核心价值，如书经大禹谟篇说："汝作士，明于五刑，以弼无教，期于予治，刑期于无刑，民协于中，时乃功，懋哉。"在孔子看来，"讼期不讼"为司法的理想，所以他说："听讼，吾犹人也；必也使无讼乎。"清代名幕汪辉祖《学治臆说》云："勤于听断，善已，然有不必过分皂白可归和睦者，则莫如亲友之调处。盖听断以法，而调处以情，法则泾渭不可不分，情则是非不妨稍借。理直者则通亲友之情，义曲者可免公庭之法，调人之所以设于周官也。或自矜明察，不准息销，似非安人之道。"①

与案结事了、息讼促和相对应的是结案了事。结案了事是一种简单化了的法律处置，着眼于法律程序上的结案，在任何时代的任何社会都不被提倡；案结事了人和，是兼容法、理、情的综合措置，着眼于实际纠纷的了结，注重平衡社会关系、平息纠纷，彻底解决争端。当然，案结事了、息讼促和绝不意味着可以无原则地"和稀泥"、无规则地协调和解以及无底线地迎合"民意"，而要靠司法产品所显示的公平正义。所以，法官并不能片面地追求调解结案率，而应切实做到"能调则调，当判则判，调判结合，案结事了"。

（六）真诚恻怛、哀矜裁判之心

司法不仅是威严的，也是有温情的。司法的温情有赖法官的真诚恻

---

① 这段话解释为：勤于听讼断案，是非常好的行为。但有些不必过分分清是非就可以使当事人双方归于和睦的案件，就不如由亲友调解，因为判决要依据法律，而调解则依据情理，依法律的判决，不能不泾渭分明，而依情理的调解，则是非可以不必太过计较。这样，理直的人既可以顾全亲友出面的情义，理曲的人又可以避免法律的制裁，这就是西周设置调停人的原因。法官如果自以为明察善断，不准许双方当事人息诉销案，这似乎不是使人安宁的方法。

恒、哀矜裁判之心。真诚恻怛是法官的真诚心、恻隐心，哀矜裁判是法官的同情心、怜悯心。孔子说："如得其情，则哀矜而勿喜。"孟子曰："人皆有不忍人之心……无恻隐之心，非人也。"① 亚当·斯密指出："无论人们会认为某人怎样自私，这个人的天赋中总是明显地存在着这样一些本性，这些本性使他关心别人的命运……这种本性就是怜悯或同情，就是当我们看到或逼真地想象到他人的不幸遭遇时所产生的感情。"② 在现代司法中，过分强化法官超然之心态容易使得法官脱离人情世故，只追求法律效果，而忽略社会效果。怀着真诚恻怛、哀矜裁判之心的法官则更易作出符合情理被社会接受的判决。所以，此心对现代司法理念具有调和补益作用，更有利于促使现代性与传统性、普适价值与本土资源的有机结合。

要做到真诚恻怛、哀矜裁判，要求法官须诚其意，中国古人讲，"所谓诚其意者，毋自欺也"③；要能设身处地的、感同身受地对待案件当事人，做到"了解之同情"④；要区分法官的纯粹情感和私欲情感，保障纯粹情感，杜绝私欲情感。

（七）勤奋敬业、救人水火之心

中国的老百姓，不到水深火热，一般是不会到法院打官司的。所以，法官亦必持有一颗勤奋敬业、救人水火之心。勤奋敬业、救人水火之心，是"夙夜在公、寝食不安"的公仆情怀，是"采得百花成蜜后，为谁辛苦为谁忙"的奉献精神，是"春蚕到死丝方尽，蜡炬成灰泪始干"的忘我精神，是"衣带渐宽终不悔，为伊消得人憔悴"的惜民心态。郑板桥有一首诗写到："衙斋卧听萧萧竹，疑是民间疾苦声。些小

① 《孟子·梁惠王上》。
② ［英］亚当·斯密著：《道德情操论》，蒋自强等译，商务印书馆1997年版，第5页。
③ 《礼记·大学》。
④ 借用古哲学史研究方法。陈寅恪：《冯友兰中国哲学史上册审查报告》（原载1931年3月《学衡》第74期）一文开端说说："凡著中国古代哲学史者，其对于古人之学说，应具了解之同情，方可下笔。"

吾曹州县吏，一枝一叶总关情。"① 说的就是这种良知。

做到勤奋敬业，需要法官不能只把法官的工作看作谋生的手段，只把法官的职业当成一个"饭碗"，只把法官的称号看作一种社会身份。要时刻记得，办一个案件，只是法官一年工作量的几十分之一甚至几百分之一，但对当事人来说，却意味着百分之百。人们将其财产、声誉乃至生死相托于法官，法官的担当能不重如泰山？所以，法官工作绝不只是谋生的手段，更是一种理想；法官职业绝不只是一个"饭碗"，更是一种使命；法官称号绝不只是一种社会身份，更是一种责任！在工作效率上，法官要有"救人于水火"的紧迫感和责任感。要意识到，案件耽搁一天，或许当事人会倾家荡产；裁判延误一时，或许会导致难以挽回的后果；裁判晚到一刻，或许会造成当事人血本无归。为法官者，当有"耽搁不得"如芒刺在背的焦虑，当有"救人水火"不可有丝毫迟缓的紧张！

（八）清廉如水、一尘不染之心

清廉是法官绝不可逾越的本分。不廉的法官，即便公正，亦会被认为不公。培根大法官的经历就是最为生动也最为惨痛的教训。这位被后人誉为"法律之舌"的先贤，一个以"一次不公正的审判，比十次犯罪所造成的危害尤烈，因为犯罪不过弄脏了水流，而不公正的审判则败坏了水的源头"诲人的《论司法》的作者，受当时流行风气的影响，在案件审理过程中接受了当事人的馈赠。他辩称自己无罪，因为他所作出的判决都是客观公正的，但英国上议院还是通过了对培根的有罪判决。培根对此意味深长地说："扪心自问，我可以说是英国近五十年以来最公正的法官，但对我的审判，则是近二百年来国会所作的一次最公正的裁决。"可见，在法官廉洁这个问题上，容不得半点马虎，因为正义的天平容不得半点倾斜，庄严的法台容不得半点亵渎，法官的品行容

---

① 《潍县署中画竹呈年伯包大中丞括》中的诗句。

不得半点玷污。

清廉如水、一尘不染，要求法官当以冰壶秋月为镜，洁身自好。面对权力，如临渊履冰；面对职责，应殚精竭虑；面对诱惑，必安如磐石。为法官者，当时刻扪心自警：如吃一次"案请"，法官的自尊和荣耀将丢的干干净净；如因案受一丝一毫，裁判的公信力将会因此而丧失殆尽；如因私欲己利而胡定歪判，法律和准绳将被视为儿戏。为法官者，因果责任重大至极。清廉如水、一尘不染，贵在自律、贵在慎独、贵在坚守，而这要靠坚定的信仰、无私的奉献精神和高尚的家国情怀，这无疑是一种非常艰难但又必须完成的内心修炼。

三、法官良知的养成

法官良知的养成，须顺应规律，讲究方法，下定功夫。笔者以为，其"方便法门"可概括为"四法"，即推己及人的判断善恶之法，养守慎戒的良知形成之法，反躬自省的矫正固化之法，形成文化的扩展推广之法。

（一）推己及人的判断善恶之法

法官良知的养成，首当其冲的任务是明确善恶的判断标准。善恶的标准存在于相对性与绝对性、主观性与客观性、具体性与普遍性、目的性与手段性几个向度中。从绝对性与相对性的向度观察，善恶评价标准是绝对性的一元与相对性的多元的辩证统一；从主观性与客观性的向度观察，善恶评价标准是客观的一元性与主观的多元性的辩证统一；从具体性与普遍性的向度观察，善恶评价标准是普遍性的一元化与具体性的多元化的辩证统一；从目的性与手段性的向度观察，善恶评价标准是目的的一元与手段的多元的辩证统一。可见，善恶标准包含了主体性和主观性的因素，更呈现出变动性和复杂性的样态，由此决定了善恶判断的难度，也可以解释为什么社会上有声音质疑某些法官

的善恶观偏离常识。① 在审判活动中断别善恶，怎样实现前述的几个
"辩证统一"，使其良知不仅是"我"的良知，而且是作为法官共同体
的"我们"的良知？其方法就在于"推己及人"。良知公共性的取得是
通过主体之间的尊重、同情、将心比心、推己及人而达到的。所谓推己
及人，是使"己心如人心"或"人心如己心"，换言之，就是以己之
心，度人之心，以心揆心，以己量人，考中度衷，设身处地。孔子讲，
"己所不欲，勿施于人"，② 就是这个意思。"施诸己而不愿，亦勿施于
人"，即凡是希望别人怎样对待自己，则应以这种方法对待他人；凡不
希望别人这样对待自己，也不应用这种方法对待他人。一名法官，只有
做到推己及人，才能掌握辨别善恶的基本方法，才能通晓"社会和人
民群众的感觉"，也才能回应人民群众的"关切和期待"。

（二）养守慎戒的良知形成之法

良知形成的方法可以凝练为四个字，即养、守、慎、戒。

一为养。正所谓"木有所养，则根本固而枝叶茂，栋梁之材成；
水有所养，则泉源壮而流派长，灌溉之利薄；人有所养，则志气大而识
见明。"③ 法官良知亦须先养而后能成。一要养鸿鹄之志。志有高低之
分。"志于道义，则事业不足道；志于事业，则富贵不足道；至于富
贵，则其人不足道。"④ 法官要把志向定位在通过审判工作惩恶扬善、
保国安民，这是正义的事业，更是人间之大道。二要养为政之德。美国
大法官卡多佐认为："除了法官的人格外，没有其他的东西可以保证实
现正义。"⑤ 法官需要养成廉洁、公道、爱民、正直、刚毅等良好品德，
将之作为承担职责的根基。三要养浩然正气。有了一腔浩然正气，才能

---

① 李曙明：《法官的善恶观为何总是偏离常识》，载 http://www.legaldaily.com.cn/zmbm/content/2012-05/29/content_3605067.htm? node=20347，2012 年 8 月 5 日访问。
② 子贡问曰："有一言而可以终身行之者乎？"子曰："其恕乎！己所不欲，勿施于人。"
③ 《省心录》。
④ 《吹剑录·外籍》。
⑤ ［美］卡多佐：《司法过程的性质》，苏力译，商务印书馆 1998 年版，第 6 页。

无所畏惧地前进，才能不屈不挠地坚守公平正义，也才能对各种诱惑具有有效的抵抗力，正所谓"香饵非不美也，鱼龙闻而深藏，鸾凤见而高逝者，知其害身也。"① 四要养廉耻之心。廉耻是立人之大节，"君子不耻，内省不疚"②，"人有耻，则能有所不为。"③ 没有廉耻就不会感到内疚，没有内疚的过程，就没有办法升华精神境界。

二为守。"守"就是坚守。法官面前存在两条基准线：一条是法律划出的线，一条是良知划出的线。前者是人格之底线，是对一般人最低限度的要求，达不到这个线的，不成其为人；后者是法官之格的线，是有良知的法官对自己不负世人期待和所托的要求。作为法官，不仅要守住为人之格，更需守住法官之格。一要守得住良善本心。法官应当在任何一点上都确保其行为处于无可非难之地，在此基础上做到无惧于不当的批评，无惧于非法的干预，无惧于无理的喧闹，无惧于个人的得失，无惧于恶人的恐吓。对于履行本职，法官应持独立不依、凛然不屈的大无畏精神，将人类内心存在着的正义观、公平观等等各种善之观念，化为司法的实际过程。二要守得住法律底线。法官是法律的守护神，守法的底线切不可突破。三要守得住道德提防。法官在一定意义上对人们的行为具有示范作用，所以不仅要达到法律上的要求，而且要有较高的道德标准。四要守得住职业操守。要坚持宪法法律至上的司法理念、公平正义的裁判意识、执法如山的敬业精神、文明司法的工作作风和不负众望的职业道德。五要守得住各种诱惑。做到"贵不能威，富不能禄，贱不能事，近不能亲，美不能淫也。植固而不动，奇邪乃恐。"④ 六要守得住寂寞清贫。"法律人的尊荣，在于法律人的寂寞。"⑤ 守得住寂寞清贫，才能不因惑于多数的赞赏而忘

---

① 《盐铁论·褒贤》。
② 《春秋繁露·楚庄王》。
③ 《朱子语类》卷十三。
④ 《管子·任法》。
⑤ 翁岳生教授语。

却维护少数价值最起码的生存权利；戒避成为知识与权利的主宰，致力成为良心与正直的值更人。

三为慎。"慎"是对主体内心的约束，指的是细致严谨、小心慎重，保持严密的科学态度和高度的责任心。"慎"既不是胆怯和懦弱，也不是畏缩不前，而是实事求是、一丝不苟、严密细致的科学态度。作为法官，要力求做到慎始，谨防迈出腐化堕落的第一步；慎微，谨防被蝇头小利害名节；慎独，谨防被暗箱操作所掌控；慎好，谨防被欲望爱好所淹没；慎取，谨防被私欲我利所牵引；慎权，谨防招权纳贿陷泥潭；慎友，谨防被损友贼友拉下水；慎处，谨防瓜田李下惹出正当怀疑；慎终，谨防"晚节不保"悔恨终生。

四为戒。"戒"是指如果内心的自我约束不起作用，就要在外在行为上进行约束。与养、守、慎相比，戒是通过对反面行为的警惕，禁绝任何产生不良不端行为的苗头。作为一名法官，要戒声色犬马、奢侈淫乱；戒好逸恶劳、贪图享受；戒浮华虚荣、物欲膨胀；戒营私肥己、滥用职权；戒随波逐流、同流合污；戒自我松绑、放弃坚守；戒侥幸苟免、胆大妄为。

（三）反躬自省的矫正固化之法

法官良知的形成固然不易，但更为关键的则是通过矫正固化之法使之具有稳定性和可持续性。这种方法就是"反躬自省"。《礼记·乐记》有云："好恶无节于内，知诱于外，不能反躬，天理灭矣。"失去或错过良知，靠什么补救？靠的就是反躬自省，所以孔子说"为仁由己"，一个人只要挖掘自己，就能找到仁。通过反躬自省就能明了自己的内心深处到底是什么，是善是恶，是对是错，是正是邪，是悟是迷，从而做到"认识你自己"（苏格拉底），及时矫正错误的认知，巩固和扩大自己的良知。反躬自省大抵可从以下几处着手：

第一，是否存在于法外求良知的倾向。法官是法律的执行者，任何情况都不能成为法官违法的借口。"执行法律的人如变成扼杀法律的人，正如医生扼杀病人，监护人绞杀被监护人，乃是天下第一等恶。"[1]
"世上的一切苦难之中，最大的苦难无过于枉法。"[2] 所以，法官不能以
枉法为代价实践良知。对此，古人早有教诲："法外索平，无平矣"[3]；
"失刑者，严而不检"[4]。卢梭也曾表明了这样一种看法：正义只有通过
法律才能实现，否则，正义的法则在人间将是虚幻的，且于正直的人反
而有害无益。即便现行法律有重大缺陷，也不可擅自突破，而必须在法
律范围内想办法。尤其在我国当下，不少人对法治缺少信心，对司法公
信评价不高，更需要法官做守法的表率，通过法治的方式真正有效地促
进社会公平正义[5]，以此证明选择法治道路是正确的和可行的。法官
守法，有积极守法和消极守法之分。消极守法，是一种机械因此也是
偷懒的做法。与之不同，积极守法是在法律可能的最大限度内，主动
探寻并不断比较解决诉争案件的各种方案，在此基础上选出最佳方
案。如果这个最佳方案仍然无法消解现行法律的缺陷，那么，为了维
护法治，作为一种整体性进步的策略和更为长远的考虑，应遵守这些
法律，同时寻求改革与完善之策。对此，可以看看诸葛亮和梁武帝：
"诸葛亮治蜀十年不赦，而蜀大化。梁武帝每年数赦，卒至倾败。"原
因就在于，"夫谋小仁者，大仁之贼。"[6] 同样的道理，法官守法是
"大仁"，法外求平只是"小仁"，这是强调切不可于法外求良知的原因
之所在。

　　第二，是否存在使良知止于感性的问题。经典法治理论否定和排斥
情感的传统是法官良知养成的一大障碍。从历史上看，法治自发轫起就

---

　　① 耶林语。
　　② ［英］培根：《培根人生论》，何新译，陕西师范大学出版社 2002 年版，第 216 页。
　　③ 《杂说》。
　　④ 《通易论》。
　　⑤ 正如管子所言："不法法则事毋常，法不法则令不行。"《管子·法法》。
　　⑥ 《贞观政要·赦令》。

与理性合流，而与情感分道扬镳。① 然而，良知一定是发于情感的，它的生成需要建立在人的喜怒哀乐等情绪之上，但"法者，非以快人之怒、平人之愤、释人之怨、遂人恶恶之情者也"②，所以要求法官要"断事以理，虚气平心，乃去怒喜"③，"明刑而不滥乎所恨，审赏而不加乎附己"④。这就出现了一个既需要法官的喜怒、同情或憎恶的情感又不能以个人的情感来左右法律的实践的状态。⑤ 解决这个问题，需要法官之良知发乎于情但又不能止于感性。发乎于情，要求法官拒绝做一个麻木不仁的看客，对于各方当事人和诉争的问题做到"了解之同情"；不能止于感性，是把情感和理性融合起来，用理性阻断情感的任性。但是，一定要注意，以理止情，并不是一种排斥情感的状态，而是尽可能情理两尽。换言之，此时法治所依凭之理性，不是传统意义上冷冰冰的理性，而是"平静通晓而有情"⑥ 的理性。

第三，是否将良知完全等同于高贵动机。善之极即恶之极，是故持中是正道，良知只有在正道上才有可能出现。日本检察官用"秋霜烈日"的箴言来警醒自己的控罪活动，意思是说，如果检察官对实施检察权不够谨慎、恣意妄为，苍生会备受荼毒，宛如难抵烈日烧灼的秋霜。同样的道理，法官如果只讲求高贵的动机而不能持中守正，也会走

---

① 柏拉图认为神创造人时给予人的灵魂包括可朽和不可朽的因素，情感是属于其中可朽的部分，只有克服了情感，人才可以过一种公义的生活，而如若人被情感所支配，那么他的生活就是不公义的。亚里士多德从政治学中审视情感，他发现人的情感是不可避免的，它终将使统治者无法进行冷静的判断而产生偏见，因而倡导法治。他说："崇尚法治的人可以说是崇尚神和理智统治的人，而崇尚人治的人则在其中掺入了几分兽性；因为欲望就带有兽性，而生命激情自会扭曲统治者甚至包括最优秀之人的心灵。法律即是摒弃了欲望的理智。"按情感进行的判断，在亚里士多德看来是不可能导致公正的判断的，因为感觉大多是欲望所起的作用，而欲望是兽性的而不是人性的，人性的特点是理性。郭忠：《法理和情理》，载《法律科学（西北政法学院学报）》2007年第2期。

② 《读通鉴论》卷二十一。

③ 《管子·版法解》。

④ 《抱朴子·臣节》。

⑤ 耶林认为："法官必须具有意志及道德勇气，不以个人的喜怒、同情或憎恶来左右法律的实践。"陈新民：《公法学札记》，中国政法大学出版社2001年版，第288页。

⑥ 梁漱溟的主张，参见其《人心与人生》，上海人民出版社2005年版。

入歧途。持中守正对法官的基本要求包括：忠于法律而不执著于法条；尊重事实但不偏听偏信；坚守独立但不可拒绝监督；秉持正义但不可偏执一隅；尊重规则技术但不迷信规则技术；行直履正但不可小看合理怀疑；专注法学但不可疏忽常识；刚正廉洁但不可恃德傲物；平等对待但不可忽视不同情况区别对待；勤勉敬业但不可越俎代庖。

第四，是否因事业艰难而自贬其格。很多法官没有看到法官之格的高贵，认为法官不过是一个再普通不过的职业，何必提出这么高的标准？然而，必须看到，世人对法官有最高的期盼和无限的乐观，[①] 或假定为完人，[②] 或誉为有修养的伟人，或定位为仅次于上帝的人，或认为是正义的化身[③]；法官手中握有国之重权，纠纷由其盖棺定论，世事由其最终了断；法官的肩上有最重的托付，人们将其财产、声誉乃至生死相托，能不重乎？雨果在《悲惨世界》中说过一段话："做一个圣人，那是特殊情形；做一个正直的人，那却是为人的常轨。"一个与世人的期待和托付相称的法官，需要成为这种"特殊情形"，切不可自贬其格。

第五，是否止于"有心无力"、"半途而废"状态。当前有一种认识得到相当广泛的同情：在现实障碍面前，法官应当"持守理想并深深地珍藏之"[④]。如果这不是怯懦者的退缩，一定是堕落者的自欺。试问，如果没有为理想而奋斗的决心和刚毅，这种所谓的"理想"是否有资格称之为"理想"；如果没有为信仰而坚守的果敢和行动，这种所谓的"信仰"何以称之为"信仰"。中国从人治转向法治，是付出巨大

---

①　此一判断，与其说是经验总结，毋宁说为一个道德假定或良好期待——它并不意味人们对法官内心恶端的忽略以及对现实中法官不良行径的宽容，恰恰相反，这是一个更为深刻（当然也是无奈）的体认，因为只有对法官的认知理性和道德人格的彻底认同和无限乐观，其他的才有指望。否则，民众凭什么把自己的财产、声誉乃至生死相托？

②　西谚曰："法官是完人"。

③　亚里士多德说："理想的法官是正义的化身"，"法官是仅次于上帝的人"。

④　匿名法官：《给法科学生的信》，http://www.21ccom.net/articles/dlpl/shpl/2012/0517/59896.html，2012年5月31日访问。

血泪代价的。有良知的法官，应当懂得法治的意义与价值并义无反顾捍卫之，懂得法治对中国的珍贵并竭尽心力呵护之。识大义而不是"识时务"，所以能在有形无形的压力乃至诱惑面前坚守，这才是良知真正的力量。

（四）形成文化的扩展推广之法

法官良知不仅为个人所体验，而且为法官群体所共享。如何将法官良知这种内在于个体的意识与其他人和多数人的所想、所感、所断吻合，使之凝集起一种道德共识？答案在于文化。梁启超曾指出："文化者，人类心能所开释出来之有价值的共业也。易言之，凡人类心能所开创历代积累起来有助于正德、利用、厚生之物质的和精神的一切共同的业绩都叫做文化。"① 可见，要想让法官良知蔚然成风，需要形成法官良知文化，通过法官良知文化发挥引导教化功能、约束规范功能、凝聚感召功能、激励鞭策功能、辐射塑型功能，使法官的良知得以扩展和推广。建设法官良知文化，要坚持社会主义核心价值体系，弘扬社会主义法治精神，按照司法工作特点和文化建设规律，深入挖掘、不断充实审判工作的文化内涵，大力加强法官精神文化、制度文化、行为文化、物质文化建设，用科学理论引导人、先进文化熏陶人、高尚精神鼓舞人。要坚持继承创新，注重发扬中华民族优秀传统文化，借鉴其他行业先进文化，吸收国外法治文化的有益成果，坚决抵制腐朽文化的消极影响，以创新的思路和方法，不断探索法官良知文化建设的新内容和新载体，努力营造崇尚学习、积极进取、特色鲜明的文化氛围，培养和造就一支政治坚定、业务过硬、一心为民、公正廉洁的法官队伍。

良知是法官心中不灭的灯塔，也是社会所沐浴的公平正义之光的源头。面对这份光明，我想，对每一位法官来说，致良知不是为难自己的义务，而是成就自我的宝贵机会。

---

① 梁启超：《饮冰室合集》，中华书局 1989 年版，第 14 册。

第十三章　论司法伦理

良善司法必须建构于司法人员的良好道德之上。这是我们强调司法伦理的主要原因。

司法伦理的水准决定着司法的权威性和裁判的公正性。法官如果没有高尚的职业伦理，就不可能制造出公正的司法产品。

法官的职业特点需要一种特殊的职业伦理。梁启超在《法官之修养》的演讲中曾说过，"法官职责之重大应该有特别修养之必要"。法官的一言一行关系到当事人的生死存亡，关系到当事人的生存权和财产权。管子讲，"狱吏者，百姓之所悬命也"。可见，司法官吏的司法行为，与老百姓的命运是联系在一起的，老百姓的命运就掌握在这些官吏手中。与人民群众的生命、财产权利紧密联系的法官职业特点，决定着法官必须要有特殊的职业伦理规范。

法官的职业伦理规范是最高标准的职业规范。西方有句格言："法官是仅次于上帝的人"。如果说上帝是完美的话，法官是仅次于他的。法官的道德标准高于政治家的道德标准。政治家为了实现政治目的有时会不择手段。在某种程度上，人们对政治家的不择手段是可以容忍的。但法官不同，若一个法官不择手段，当事人和社会是不能容忍的。所以说，司法伦理的水准，是人类行为准则中的最高规范。

根据最高人民法院《法官职业道德基本准则》，法官职业道德包括六个方面：保障司法公正，提高司法效率，保持清正廉洁，遵守司法礼仪，加强自身修养，约束业外活动。要言之，可浓缩为四句话：坚守公正，保持廉洁，勤勉敬业，注意形象。

一、坚守公正

（一）为什么要坚守公正？

之所以用"坚守公正"四个字来概括，而不用"忠实于法律、忠实于事实"这样的语言来表述，主要是基于以下几点考虑：

第一，公正是司法的命脉和核心。执行法律固然是实现公正的重要方面，但并不是全部，仅仅忠实于法律、忠实于事实是不够的。坚守公正，既包括对法律、对事实的尊重，也包括法官对社会效果的追求。"公平"这个概念，很大程度上是指实体上的正义，是指分配上的正义，而"公正"既包括分配正义，也包括权利救济方面的正义。为什么要用"坚守"二字？因为公正不是轻而易举就可以实现的。一个法官要自始至终、始终不渝的实现公正，必然要付出一定的代价。用"坚守"二字，才能表明实现公正的艰巨性、曲折性。

第二，法官必须有公正的立场。法官承担着维护社会公平正义的重大职责，只有以公正的态度、公正的良知，才可能作出公正的裁判。

第三，公正是人民大众对法官群体的一个共同的期望。法院作为维护社会正义的最后一道防线，人民大众碰到矛盾纠纷，在运用教育的、行政的和经济的种种手段无法解决时，最后都要诉至法院，希望得到一个公正的解决。

（二）什么是公正？

关于公正，有不同的说法，笔者认为对公正应从五个层面理解。

第一，外在公正与实质公正。外在公正，或者说表面上的公正，是指司法审理的过程以及裁判结论在外表上符合法律的规定，没有违反法律的要求和规范。大家知道，有些审判活动表面上符合法定程序，事实上却可能违反正当程序。实践中有的法官在案件审理过程中表面上并没有违反法律规定，但可能存在不正当的问题；有的表面上和实体上符合法律规定，但可能违反了正当性和合理性。所以仅仅追求外在的公正是不够的，还必须追求实质公正。实质公正，就是要求司法活动的整个过程，不仅要符合法定的程序，而且要符合正当的程序要求；在实体上，实质公正不仅要具有合法性，而且要具有正当性；司法的实体裁判不仅在表面上要符合法律的规定，而且要暗合法律的精神，符合法律所追求的目的。

第二，程序公正与实体公正。程序公正是指司法审判的全部过程必须要具有公正性。大家知道，程序公正是实体公正的保障。尽管我们不能说公正的程序必然导出实体的公正，但在相当程度上程序公正是有利于实现实体公正的，或者说实体公正有赖于程序公正。但笔者不认为程序公正就当然等于实体公正，这是因为：一是实体公正毕竟是程序公正的灵魂和脊梁；不以实体公正作目标，程序公正是无法设计的；程序公正必须以实体公正作为依归。二是仅仅程序公正不能保障完全实现实体公正，必须用实体公正的目的来矫正程序，使程序具有正当性。三是实体判决不是通过程序自动产生的，而是通过法官进行实体判断得出来的。如果没有实体判断的要求，法官的判断过程就没有实质性的约束和规范。程序公正毕竟只是一种手段、一种途径。因此，必须正确处理二者之间的关系，做到既重实体也重程序。

第三，主观公正与客观公正。主观公正指人民法院的裁判以及司法的整个过程要让当事人和公众感到是公正的。有句话讲，"公正不仅要实现，而且要用看得见、摸得着的方式，或者用公众能够感知的方式实现"，这就是主观公正。客观公正是指司法裁判的整个程序以及实体裁判的整个内容在客观上是公正的。在实践中两者是有差异的：有时当事人感觉是公正的，但事实上这个裁判并不公正；有时当事人认为是不公正的，但实际上是符合法律规定的，因为当事人可能不懂法。所以我们要追求主观公正与客观公正的统一，既要遵守法律的规定，正确行使裁判权，又要增强裁判的说服力，使裁决结果符合正当性，让当事人赢得堂堂正正，输得明明白白。

第四，形象公正与内容公正。形象公正是指法官在审理案件的过程中能够自始至终保持公正的形象，平等对待当事人，不偏不倚。内容公正是指全部司法活动客观上是公正的。有个别法官，在庭审过程中似乎偏向某一方，但最后裁判时却又对他不利；个别法官还跟一方当事人约定在法庭上狠狠训斥他，给另一方当事人一种假象，裁判时，却又偏向另一方，造成形象公正与内容公正的偏离。这实际上是在欺骗当事人，是一种极不道德的行为。

第五，个案公正与社会公正。个案公正是指法院对某个具体案件的裁判符合公正的要求。社会公正是指某个案件放到全社会来衡量，符合社会整体利益，与整个法律规范体系是一致的。为什么要提出这对范畴呢？因为有些法律规范内部体系不完全一致，个别法律规定与整体法律精神不相协调。个案的裁判符合法律的规定，但放到整个法律体系中来衡量，则不一定符合。我们之所以要强调法律效果和社会效果的统一，就是说要站在社会整体利益的高度，来全面评价裁判的社会效果。

可见公正是一个复杂的评价和认知体系。坚守公正，就要正确认识和处理好以上五对关系的公正，在全面把握公正涵义的基础上来实现公正。

（三）怎样坚守公正？

坚守公正说起来容易，做起来难；在一般情况下是容易做到的，在非常情况下很难做到。对于法官来说，尤其要注意在非常情况下做到公正。要坚持公正，法官必须有以下几个方面的品质：

第一，要实事求是。实事求是在一般情况下都可以做到，但是当案件事实的认定涉及自身的利益、涉及某些权势时，那么，还能不能做到实事求是呢？我这里讲两个故事。一个是包公选师爷的故事。包公在选师爷（相当于法官助理）的时候，下面推荐了十个候选人。他出的试题，是要应试的人评价他的长相。第一个说他肤色长得很好，第二个认为他的眼睛长得非常好看。前面九个都夸奖包公的长相，但包公知道自己是非常丑的。第十个却说："虽然不能说是奇丑，但至少不能说是很美，因为你肤色太黑，眼睛也长得不好"。包公一拍惊堂木，"你竟敢侮辱本官！"这位应试者从容地说："你要我实事求是，还是要我说假话呢？如果我讲假话，以后怎么办案？"包公听了很高兴，马上选了他做师爷。另一个是有关郑板桥的一个例子。清代的郑板桥，刚到外地当县令的时候，为了测试衙役的忠实度，把衙役找来，给每人发十颗花种子要他们拿回去种。过了一段时间，问他们花长得怎么样。有的说花长得很好，有几个却说花没有长出来，甘愿受罚。郑板桥说："不是你们当受罚，而是说花长得好的要受罚，因为那些种子是炒过了的，不可能生出花来，说花长得好明明是说假话。"法官在审理各类案件的时候，必须有这种实事求是的精神。

第二，要不畏权势。审判人员在一般情况下坚持公正办案是容易做到的，但更重要的是要在碰到强势主体的情况下坚守公正。权势是指有权有势的人或组织，权指有权力的人如高官；势指势力，如土豪劣绅、黑社会，都叫势。不畏权势，就是说不怕强权、不怕黑恶势力。在中国历史上，有很多不畏权势的例子。譬如汉代张释之直言犯上。一天皇帝出行，一个老百姓要告御状，从路边上爬出来把皇帝的马惊了，使皇帝因此受惊。当时皇帝要杀告御状的人，而张释之却说这种事情交给廷尉判刑就可以了，不足以判死罪。还有一个东汉董宣不畏权贵缉凶的故事。东汉有一个叫董宣的，是个性格很直的人。湖阳公主（刘秀的姐姐）的家奴行凶，董去缉拿凶犯时，湖阳公主把他藏在家里，董宣就在外面等，过了好多天凶犯终于出来了。董宣把他逮住当场斩首。湖阳公主很生气，告到刘秀那里。刘秀知道董宣很耿直，秉公办案，杀了于心不忍，不杀又不好向湖阳公主交代，于是就采取一个折中办法，要董宣向湖阳公主磕头认罪。但董宣认为自己是依法办事没有错误，就是不磕头，最后刘秀不仅没有杀他还奖励他。董宣也因此被称为"强项令"。

第三，要大义灭亲。在案子牵涉到自己亲人的情况下，最能考验一个法官能否做到真正公正。这个亲包括亲情、亲属、亲信，也包括所尊敬的人或者对自己有恩的人，能不能公正执法，是问题的关键。古代有很多这方面的例子。比如说，戚继光大义灭亲的故事。戚继光的侄儿戚安顺有一次强奸民女，民女受辱后跳河自杀了。民女的父母告到戚继光那里。戚安顺对戚继光有救命之恩，曾在别人暗杀他时为他挡了一刀。临刑前戚继光端了一碗酒敬他的侄儿，感谢侄儿的救命之恩，但最后还是把戚安顺斩了。还有一个陈天定大义灭亲的故事。明朝万历年间，漳州太守陈春芳强奸杀人被捕，吏部尚书陈天定是他的父亲，陈天定一怒之下把陈春芳踢死了，死后还斩首示众。另外，郑成功、林则徐等都有这样大义灭亲的故事。郑成功夫人的堂兄董源，因为侮辱民女，民女拼死呼救，董源见事情败露，竟将民女抛入江中淹死。郑成功的叔父郑鸿达想包庇他，最后郑成功仍然斩了董源，并且罚了自己的叔父郑鸿达三十两银子。林则徐在广东禁烟时，有个同学叫吴三太，关系非常要好。吴三太吸食鸦片，第一次林则徐罚了款就放了他，第二次吴三太在监狱吸烟，这一次林则徐没有放他回家，而是既罚了吴三太的款，又让吴在监狱强制戒烟，声明戒掉了就让吴出监。但吴三太偷偷让人把烟送进监狱，这一次林则徐弄了好酒好菜和他聊了一夜，第二天就把他斩首了。现在我们采取回避制度来处理大义灭亲的问题，但当时没有回避制度，一个地方就一个县太爷，回避就没有人来审案子，所以要强调大义灭亲。

第四，要力戒个人偏好。一般情况下，公正比较容易做到，但有时候公正也会与个人偏好、审美观、价值观相冲突，在这种情况下坚持公正就不容易了。比如说，一个罪犯，如果这个人非常富有、非常可怜或非常漂亮，可能在有形无形中引起审判人员的恻隐之心，把握不好，就成偏袒之心了。

第五，要有牺牲精神。梁启超在任储才馆的馆长（储才馆馆长就是我们现在法官学院的院长，梁启超是中国近代第一任法官学院院长）

时说，"孔夫子云，'人必自侮之，然后人侮之'，假使法界的人，能特立独行，以身殉法，只要牺牲几个人，你看效果怎样？我司法实际上至今未能独立，都因为没有真正守法的人，如想要真正达到独立地位，非抱着牺牲精神不可。"我们现在经常强调司法环境不好，干扰多，法院地位低，法官待遇差，这种情况虽然在一定程度上客观存在，但主要要从法院自身找原因。法院司法不公、队伍不廉，外界自然会干扰司法。法院自己要有牺牲精神，顶得住压力，公正办案，秉公执法，干扰司法的情况就会大大减少。要公正执法，必须要有牺牲精神。又比如前面讲的"强项令"董宣，知道自己触犯湖阳公主，很可能要斩首，皇帝传他时，他把后事都处理好了，对皇帝说"请你下令斩我好了"，这就是牺牲精神。

第六，要有丰富的社会经验和洞察力。要公正司法，法官必须有智慧，要有丰富的社会经验和敏锐的洞察力，要有办案的谋略。现代医疗科技的发展，使医生过多地依赖医疗仪器，一碰到病人，就先用仪器检查，然后根据检查结果作诊断。这在一定程度上阻碍了医生主观能动性的发挥，造就了一批庸医。过去的医生没有先进仪器，通过望闻问切，就能把病看得很准。这样的医生现在是越来越少了。同样，现在办案，由于有了证据规则，又有很复杂的程序，机械地按程序办事，也可能造就一些低能的法官。我们在强调要按程序办案时，要看到它的负面效应。根据举证责任规则，当事人举证不能就败诉，但是不是这样就可以达到实体公正或实质公正呢？古人没有这么多证据规则，也没有严格的司法程序来约束，就只能靠智慧。比如《水浒传》里的李逵，有一次，一个县令在办一个两个人争一个钱袋子的案件时，一筹莫展，无法判断。李逵走过去，问当事人是干什么的，其中有一个说是卖醋的。李逵拿过袋子一看一闻，就知道袋子是谁的了。袋子上有醋味，当然是卖醋的。这个案子就这样判了，他靠的就是个人智慧。还有一个例子，郑板桥在当县令的时候，碰到一个女的告一个男的，说他强奸她，男的却大呼冤枉，说他是给女人送钱，女人不但不领情反而说强奸她。郑板桥说

"你这个女人怎么不知好歹"，却不说男的强奸她。女的一听急了，说"你到我家搜搜，看有没有银子？"男的却说，"隔了这么久，怎么可能搜得出来？"郑板桥判了女的冤枉好人，说"本来可以判你四十大板，但考虑你有身孕就免了"，就把女的放走了，然后要那个男的呆在衙门里，郑板桥接着审其他案子。第一个案子是两个人为了钱的事争吵，郑板桥叫那个男的给十两银子了结，男的虽然苦不堪言但还是给了。第二个案子来了个老太太，说儿子不赡养她。郑板桥又让那个男的给十两银子，男的不愿意。郑板桥说，"你对那个女的可以给银子，这个老太太你也给十两吧。"这个男的却说，"我哪里给了？我没有给那女的呀"。郑板桥说，"你当场撒谎，你刚才说给了现在说没给，打四十大板。"就这样判了那个男的败诉。这些都是用智慧来判案的。

二、保持廉洁

（一）为什么把保持廉洁作为法官职业伦理的重要内容？

笔者认为主要有以下原因：第一，保持廉洁是正当程序的基本要求。我们知道正当程序的基本要求是任何人都不能做自己案件的裁决者。如果法官有不廉洁的行为，就意味着这个案件有他个人利益掺和其中，就难以保证案件会有公正的裁决。第二，不廉洁的行为是司法权威的最大的损害者。如果法官在案件中有不廉洁的行为，人们是不会相信他会公正司法的，即使判决是公正的，也难以得到当事人和人民大众的尊重。第三，司法廉洁是社会行为的引导。在某种意义上说，法官是当事人的导师，孔夫子讲，"君子之德风，小人之德草，草上之风，必偃"。法官是社会行为的楷模，法官的行为不廉洁，必然使当事人进而使整个社会的行为都不规范，所以在职业伦理中必须强调司法廉洁。

（二）怎样才算司法廉洁？

笔者认为至少要做到以下两点：第一，不接受当事人、代理人以及请托人的任何好处。包括请吃、请玩、礼金、礼品以及其他的利益。许多法官对接受高额贿赂是有警惕性的，但是对接受数额不大的礼品、礼金往往警惕性不足。有的法官利用案子谋取非经济利益，钱也不收，饭也不吃，却要当事人帮忙为其亲属安排工作。这也是一种变相的索贿，接受好处。第二，不要有任何足以引起当事人和社会公众的合理怀疑、与不廉洁有关的行为表现。有的法官生活非常奢侈，有的还自己在外面吹嘘每天吃鲍鱼，这些足以引起公众怀疑。

（三）怎么样才能保持司法廉洁？

笔者认为，保持司法廉洁要做到以下六点：

第一，要珍惜名节。也就是要树立正确的价值观，要珍惜自己的名节，把名节放在非常重要的位置。一个法官辛勤了一生，判了无数案件，但是如果有一次不廉洁的行为，就会前功尽弃，背一生骂名，辛苦了一辈子也得不到社会的承认。清朝有个宰相叫陈宏谋，有一次有人想要买官，给他送了一个如意龟，并说这个龟很神奇，白天像石头一样睡觉，晚上把它放在身边，可以在身上爬，帮人搔痒，还能保证不做噩梦，价值连城。陈宏谋说，"你有个宝贝，我也有个宝贝，我的宝贝叫'不贪'，是无价之宝，用有价的宝贝换无价的宝贝，这是亏本的交易啊"。他十分看重他的名节，才不会被诱惑。

第二，要崇尚俭朴。司马光曾经说过，"有德者皆从俭来"，即是说有道德的人品行都是从俭朴这个基本德行中生长出来的，也就是以俭养廉。史书上记载的廉洁官吏，大都注意俭朴，很难找到生活很奢华而在行为上却很廉洁的官吏。审判人员不能追求奢华。如果一个人生活俭朴，钱对于他来说就是多余的。东汉有个叫羊续的，在南阳做了三年太守，全部的资产仅有一件千疮百孔的棉袄，他走的时候部属送他一头代步的驴他都不要。古时候还有很多官吏，俸禄不够维持生计，自己开荒种地过日子。当然，不是说一定要过苦行僧一样的日子，但不要追求奢侈。要清贫自守，安贫乐道，树立清正俭朴的形象。

第三，要有正确的荣辱观。有的人喜欢和别人比个人福利，认为当法官几十年，和别人相比，在经济上差了一大截。别人开高档车，自己坐班车。这样比就会越比志越短，越比心越贪。要有个正确的荣辱观，攀比私利、享受之风不可有。东汉张衡曾经说，"君子不患位之不尊，而患德之不崇；不耻禄之不多，而耻智之不博"，就是说不要以官位低、俸禄少为耻，而要以道德不高尚、知识不广博为耻。我们法官就要有这样的情操。

第四，要善始善终。要做到清正廉洁，首先要谨始，要把好第一次。第一次破例了，后面就难以收拾。古人强调"修身"时，都是讲要把好第一关，并一直保持高风亮节。湖南是湖湘文化的发源地，湖湘文化有三次勃兴：第一次是楚文化；第二次是宋朝的理学文化；第三次是以曾国藩、张之洞为代表的近代文化。其中，理学文化就主张诚心正意，修身齐家治国平天下，强调的就是要善始善终。这方面的例子很多。比如清朝有一个县令，他在出任县令的时候就张榜公布，讲如果谁来送礼就要杖二十，当时的风气是去做官下级官员都要送礼，张榜以后，风气从此大变。他这个"慎初"做得好。清代兴化县的一个官叫严名清，他当了三年的县令，在任期间为官清廉，办的案子都处理得很公正，调任的时候请了四桌酒席并接受别人送礼。一个人送了一条青鱼，并在鱼的尾巴上洒了一些石灰水，还写了个纸条："父不送行子送行，头上青来尾不青"。送鱼的人就是郑板桥的儿子，就是暗示县令要善始善终。县令醒悟过来，马上撤了酒席。后来他坐船走，什么财物也没带，就搬了一块石头压船，在下船的时候还嘱咐船家要把石头运回兴化县去，后来这块石头被称为"廉石"，这就是善始善终。

第五，要慎微慎独。慎微就是讲哪怕是很细小的事情也不能出错，极轻的钱财也不能收；慎独，就是在只有一个人的时候，别人都不知情的情况下也不能做坏事。现在有很多送礼的，开始的时候送些小东西，然后逐步再加大砝码，最后，你不小心，就陷进去了。东汉有个叫羊续的，虽然当官却家里很穷，有人送他一条鱼，他却把鱼悬挂在衙门的屋檐下，告诉别人即使送了他也不会用，所以"羊续悬鱼"成为千古美谈。东汉还有一个太守，当太守三年离任时，老百姓认为他做了很多好事，买了十条鱼送给他，他只收一条鱼，但仍于心不安。拿回去以后，他把鱼卖了十文钱，买了馒头扔在河里喂鱼。他说，鱼会长得快一些，渔民打鱼的时候会大些，只有这样才会心安理得。晋代陶渊明的祖父陶侃，在陕西咸阳当官的时候，衙门分了一些咸鱼，陶侃很孝敬母亲，拿回去给母亲吃，母亲问鱼从哪里来，陶侃说鱼是公家分的，母亲突然态度严肃起来，说"这个鱼谁也不能动"，并批评陶侃："你现在当个小官就可以分到鱼，分了鱼还高高兴兴，要是你当了大官还不知道会怎样呢！陶侃马上跪下认错，这就是慎微。东汉有个杨震，任荆州刺史时，他推荐了一个叫王密的做苍义县的县令。几年后，杨震要去东莱赴任，路过苍义县。王密听说后赶紧迎接，夜深人静的时候提了十斤黄金悄悄送给杨震说，"你推荐我有恩，我一日不报心不安宁，今天夜深人静谁也不知道，就请你收下礼品，也了却我的心事"。杨震说，"当时推荐你当县令是因为你清正廉洁，现在看来我有失误，我还没有真正认清你。谁说不知？有天知、神知、你知、我知，如果说没有人知道就可以受贿，就是欺世盗名，这样怎么能做官呢？"王密赶紧跪下认错，这就是慎独。我们有的同志公开场合是拒贿的，包括吴振汉的述廉报告中还专门写了拒贿多少次多少元，但是私下他就不拒，最终摔了跤，既害了自己，又害了法院。所以，保持司法廉洁，要慎微慎独。

第六，要节制嗜好。有时候廉洁是与自己的嗜好联系在一起的。当拒贿与自己的嗜好发生冲突的时候，能不能坚持廉洁是考验一个法官司法伦理的最佳时刻。有些不廉洁的行为往往是因为不节制嗜好造成的。有一个关于书画家米芾的故事。他当官的时候，有个因案子要向他求情的人知道他喜欢石头，就送他一块非常昂贵的宝石。他确实很喜欢。但当他听说还有案子的事情需要帮忙时，米芾说这个宝石他不能要，要了就不能秉公执法了。可见，保持廉洁，一定要节制自己的嗜好。

三、勤勉敬业

所谓勤勉敬业，就是在司法审判过程中，一定要专心致志地搞好本职工作，对自己的审判工作高度负责，高效率、低成本地完成自己的工作任务。

（一）为什么把勤勉敬业作为司法伦理的组成部分？

笔者认为至少有以下两点理由：第一，法官的勤勉敬业精神直接关系到当事人的基本权利，关系到当事人官司的输赢成败。第二，司法怠惰、司法迟缓，是人民群众非常厌恶的一种行为和现象。中国古时候，讲究案件的日清月结，朝廷对下进行监察，往往都要看地方官的官司是不是拖延。在西方，有"迟到的公正不是公正"的说法。因此，任何国家都把勤勉敬业作为法官司法伦理的标准之一。

（二）怎样做到勤勉敬业？

笔者认为，至少要做到以下六点：

第一，要树立以人为本的理念，或者说树立以当事人为本的理念。以人为本的理念也不是现代才提出来的。中国古代就有以民为本的思想，近代梁启超说得更直白，举人任事要以行为道德为本位，教育家要以学生为本，父母对家庭的教育要以子女为本，司法官当然要以诉讼当事人为本。没有这样的本位思想，勤勉敬业是很难办到的。司法官以人为本就是要站在当事人的立场，想当事人之所想，急当事人之所急，利当事人之所利，便当事人之所便，尽量减少当事人的诉讼成本，尽量考虑当事人的需求，平等地对待双方当事人。

第二，要有强烈的责任心。梁启超讲法官的修养的时候，第一条讲法官独立，第二条就讲法官的责任，把法官的责任心当成司法伦理的重要内容，他说，责任心无论做何事都是要有的。司法官的责任心比一般的行政官、教育家不同，因为司法官一举一动都直接影响诉讼当事人的生命财产，所以他的责任比其他官吏更重大。司法官一举一动，无不影响到当事人的利益，其利害关系重大，常出于吾人意料之外。假使司法官看轻他的责任，往往因宴客打牌迟误几天，那么，穷苦的当事人困顿旅舍，就生出极大的变动，甚至断送他们的性命，实际上也是常有的事。又如当书记官的精神不济，漫不经心地随便写写，要知道我们平日写错字不要紧，当书记官的随便写错一个字足可以影响当事人的身家性命，关系可就大了。他说得很真切。他还说，现在法界的通病，就在于迟缓疏忽，迟缓固然不能全怪法官，手续繁重，法官无论怎样勤劳，也难表现他的敏捷手腕，固为一种重要原因。可是把自己责任看得不真切，精神萎靡，漫不经意地轻易疏忽，这的确是法界人的罪恶。迟缓疏忽，所以说铸成了法界一种恶空气的原因，就是司法官把自己的责任未看得重，不曾以当事人利害为本位的缘故。假使看清自己责任，我想他就是要缓也不敢缓，要疏忽也不敢疏忽。可见，提高审判质效的关键是责任心。

第三，要戒除不良嗜好。司法的迟缓与延误，司法的怠惰，往往跟法官的不良嗜好有关系。有的喝酒喝醉了，几天干不了事；有的赌博通宵达旦，工作没有精神；有的还有其他爱好，心思不在审判工作上。古人为了专心判案，主动戒除不良嗜好的例子很多。我们知道，最早的戒酒令是夏朝的。大禹治水时，他的女儿在家找了一个会酿酒的，酿了许多美酒。大禹回来后女儿把酒献给他，结果他喝了很多，睡了两天才醒过来。他醒过来后觉得误了国事，从此他下令不准酿酒也不准喝酒。相反商纣王就是因为酒池肉林，终究灭亡，足以为训。晋朝的陶侃（陶渊明的祖父），在武昌任职的时候，有一个名士请他喝酒，他喝三杯就不喝了，并说年轻时曾喝酒误过事，母亲为他定了喝酒三杯的数量，亡母之约不可改，如果母亲还在还可以改，但母亲已经去世，他永远也只能喝三杯。

第四，要心无旁骛，专心致志。作为审判官，有业余爱好是好的，但不能过分，过分追求业余爱好，让业余爱好反客为主，影响自己工作就不好了。比如写文章，最好是晚上写，在上班的时候确实任务都完成了，写写东西也可以。现在有的法官把案子放到一边，先把自己的事情做了再说，这样做是不行的。

第五，要提高司法能力。勤勉敬业，需要有司法能力作保证。现在讲终身学习制度，终身学习制度这个提法也不是现在才有的。梁启超就对司法官吏讲过要终身学习。关于司法能力笔者在此想提几个问题，什么叫别除权？别除权、取回权、抵销权等权利之间是什么关系？其立法意图是什么？什么叫物权法定原则，什么叫买卖不破租赁，大家是否都清楚。笔者以为，在司法能力上，法官也有三六九等。第三流的法官，只记得基本原则；第二流的法官，既知道基本原则，又懂得所有例外；第一流的法官，既知道基本原则也知道例外，更知道贯穿这个原则和例外之间共同的法律精神。我们现在的法官大都停留在第三流，只知道基本原则，不知道例外，更不能融会贯通法律的基本精神。但也有的法官知道原则和例外，但仅仅懂得这些还不够，他们中间为什么会有例外，他们之间共同的东西是什么，那才是法律的精髓和精神，这些不仅要学，而且要思考，要琢磨。

第六，要有良好的精神状态。梁启超论述法官修养的第三条就是讲法官要有美满的精力。所谓美满的精力，就是说勤勉敬业，必须要有好的精力。法官审案件的时候睡意兴隆，昏昏沉沉，哈欠连天，哪能审得好案子！所判的案子肯定是糊涂案。古人听案，要以"五声听狱讼"，审案时要察言观色，当事人的每一个细节、每一个表情，都要看在眼里记在心里，这都要求法官有良好的精神状态。要有良好的精神状态，就要有健壮的体魄，要学会适当的休息，要养精蓄锐。

四、注意形象

按照最高法院的《法官职业道德基本准则》，注意形象，主要是要约束业外活动，加强自身修养，遵守司法礼仪。

（一）为什么要把法官形象作为职业伦理的重要组成部分？

笔者认为有以下三个原因：良好的形象，有利于提高司法的公信力；良好的形象，有利于增强裁判的权威性，有助于裁判得到实现和执行；良好的形象，有助于教育全社会的人遵纪守法，维护司法的权威。

（二）如何保持良好的形象？

作为法官的良好形象至少要具备"三性"：第一是中立性，法官应处于等边三角形的顶端，要不偏不倚，地位超然；第二是权威性，法官的形象必须有助于树立司法和裁判的权威；第三是示范性，法官的行为必须成为当事人乃至于整个社会的楷模，成为社会效仿的榜样。根据"三性"的要求，笔者提出三种形象：第一是中立形象；第二是文明形象；第三是人格形象。中立形象要求法官在审理案件的整个过程中必须表明自己是中立的，是超然于当事人的；对当事人不偏不倚，平等对待，不带有任何歧视或偏袒倾向。文明形象就是法官的举止、语言、穿戴应该文明；人格形象是指法官应具有特殊的魅力，具有一种感召力和向心力。具体说来，就是要做到以下三点：

第一，要平等对待，不倚不偏。很多案件的裁判是公正的，但因为法官不注意形象，让当事人对公正产生了怀疑。尤其是一些细节问题，譬如：两方当事人都就座，一方当事人是法官的熟人或老师，法官上庭后情不自禁向朋友或老师点头示意；有的与一方当事人握手，对另一方当事人却视而不见；有的看到一方当事人穿得破破烂烂就皱眉头，另一方长得很漂亮就心旷神怡；有的因一方当事人是大律师高谈阔论，法官就一个劲点头，另一方结结巴巴，词不达意，法官直晃脑袋。这些都会让人感到不公平。因此，法官一定要特别注意"细节的中立"。特别是当事人及其代理人发言的时间问题，更要体现中立性。当然有的时候当事人啰啰嗦嗦，说得很多，不得要领，碰到这样的当事人要加以引导，进行一定的干预，既要让他把话说完、把案情说清楚，又要节省时间。

庭审的艺术很大程度上就体现在这些方面。法官对当事人的陈述要随时进行准确的提炼，把握争议焦点。既要随时进行诉讼指导和提示，又要不让人觉得偏向某一方。有的法官审案，总是埋怨当事人水平低，说话啰嗦，其实是法官自己没有把握好，法官的问话没有经过深思熟虑。法官是庭审的主导者，要好好研究庭审艺术，研究怎样引导当事人在不重复的情况下把与案件有关的事实和理由说完。

第二，要举止文明，态度庄重。法官要善于把庄重威严与和蔼可亲融合在一起，这两者能够融合一体是极具魅力的。能够把威严与和善熔于一炉，最好的典范是佛像。我觉得法官应有"佛"的形象。作为法官，要亲和与威严兼备，要宠辱不惊。但现在有些法官在审判席上要么脸绷得很紧，要么缺乏尊严，不能同时具备威严感和亲和力，不像个法官。中央电视台有一个节目叫《走进非洲》，其中有一个讲述非洲某个酋长在原始部落里怎么审理案件的故事。我看他审理案子时可以说是"魅力四射"，他坐在那里非常庄严，但又露出一种和善，所以他做出的裁判，当事人不能不服。法官是分层次的，一般的层次是能庄重，这是三等法官；二等法官能够做到庄严与和蔼的融合；一等法官，不仅庄严和蔼，而且宠辱不惊，这是最顶尖的。什么是宠辱不惊呢？有这样一个故事，有个当事人对案件裁判不服，法官宣布判决后，当事人将鸡蛋砸在法官脸上，鸡蛋液体糊住了法官的双眼。要是有的法官肯定非常愤怒，一气之下可能对当事人进行司法拘留，这是匹夫之勇。而当时那位法官却诙谐地说，"尽管我现在的视线模糊，但是我的判决仍然会以事实为根据，以法律为准绳"。

第三，要谨慎交往，行为规范。法官的业外活动必须得到约束，不该要的东西不能要，不该做的事情不能做，不该去的地方不能去，不该交的朋友不能交。法官和政治家不一样，政治家可以团结一切可以团结的人，可以化敌为友。刘邦之所以战胜项羽，一个原因就是他善于交朋友，鸡鸣狗盗之徒他都交往，所以他得到了天下。而法官不行，要约束自己的业外活动，不能滥交朋友。朋友有好有坏，要谨慎社交。孔夫子讲君子要"亲贤人而远小人"。法官跟不三不四的人来往，人家就会把法官也当成不三不四的人，不三不四的人也会把他当挡箭牌来谋取个人不正当的利益。笔者有次在征求律师意见时，有一个律师讲："现在当事人与某个律师是否签约，常常是看律师手里有没有法官的电话。如果律师手中有法官办公室的电话号码，当事人认为就有三分可靠性；如果有法官的手机号码，就认为有七分可靠性；如果律师不仅有手机号码、办公室电话号码，还有法官家里电话号码，这个案子就'搞定'了。"这当然有些夸张，但也绝不是空穴来风。我们有些同志不太注意这些方面的细节，"近朱者赤，近墨者黑"，所以交友必须要慎重。有人说得好，法官的职业很高尚，但就像养在鱼缸里的金鱼。如果选择了法官这一职业，就像选择了做金鱼，选择了孤独。国外法官是很讲究这些的，甚至交往的细节都在社会的监督之下。笔者在德国大使馆参加一个宴会时，有一个教授拉着我和德国最高行政法院院长合影，那个院长当时在喝酒，但他一听要照相，马上把酒杯放下，把衣服整理好才开始照相，这是一个细节。作为法官，他就必须注意个人形象，要不然媒体就会对他曝光，他的形象就会受到损害。国外对法官个人举止和业外活动要求之严，是我们无法想象的。

　　总之，每一个法官都要高度重视自己的言行，维护法官职业的崇高性。维护法官职业的崇高性就是维护法律和司法的权威性，就是维护法律职业的圣洁和神圣，就是维护每一个法官的尊严，同时也就是提升每一个法官的价值。

第十四章　论司法的正当性

　　实现良善司法要求人民法院不仅要重视司法审判的合法性，更要重视司法审判的正当性。在我国对司法审判的合法性研究得比较多，而对司法审判的正当性研究得不太多，或者说在这方面研究得非常不够。但是司法审判的正当性对于提高司法审判的质量和品质至关重要。从法院处理的涉诉来信来访看，大部分案件从合法性的角度来审查，没有太大的问题，但是就正当性而言，往往存在这样或那样的毛病，难以使当事人服判息诉，造成了司法审判的高成本，极大地浪费了司法资源。同时，众所周知，近十余年来，人民群众对司法的要求和期望越来越高，其中最突出的是人民群众不仅要求司法审判具有合法性，而且要求具有正当性。要满足人民群众对司法正当性日益增长的需求，笔者认为，司法审判正当性问题不仅是法学界应当研究的课题，而且也应成为司法界研究的重要课题。

一、司法审判正当性的意义和价值

　　所谓司法审判的合法性，一般是指司法审判的程序和实体裁判结论，都应当符合法律的规定和要求。对此，无论是学术界还是实务界并无多大异议。但对司法审判的正当性认识并不一致，理论界对正当性的解释有四种不同观点：

　　第一种观点认为，应从正统性角度理解，就是由法官来裁判案件的权力根据是什么，司法审判的正当性就是讲凭什么由法官裁判争议甚至是宪法性的争议，这种认识实质上是从正统性意义上讲正当性。这个问题与宪政基本理论上的契约论有相同意义，认为人民大众通过契约来让渡其权利，转移给公权力，然后由执政者行使公权力。这个正当性很大程度上来源于人民大众的同意，或者通过其代表授权，然后执政者具有这个权限。司法机关拥有公权力的属性更加明显，法官是通过权力机关任命后从事司法审判工作，在中国司法审判的正当性很大程度上是来自权力机关的授权。为什么说一个副部级或副省级的行政领导人，可以不经过人大的任命，但是一个级别比较低的（审判员）法官，必须经过人大常委会的任命，而院长们还要经过人民代表大会的选举，这就是要取得一种正当性的资格，即人民授权法官行使司法权。

第二种观点认为，应从正义的角度理解，即司法必须符合正义的要求。

第三种观点认为，应从可接受性的角度理解，是指某项制度、做法、决定具有能被社会成员普遍认同、接受、信任、支持、赞成的属性。

第四种观点认为，应从适当性和合理性的角度理解，实质上是考究法官行为是不是合理、是不是适当。

这里所要探讨的司法审判的正当性主要是第四种观点意义上的正当性，但与其他几种含义又相关联。首先，合理性和正当性是与正义性相关联的，正当性必须体现出司法的正义；其次，在适当性的基础上，符合一定的正义，才有最大可能被社会赞同、接受；最后，在满足上述条件后，司法才可能取得正统性。但是，本章的中心议题是讲司法行为，无论是司法程序还是实体裁判，不仅要符合法律的规定，而且要合理、正当、适当。

（一）坚持司法审判的正当性是对合法性的必要补充

众所周知，在我国，人民法院裁判案件是以法律为准绳。全国人大及其常委会是最高权力机关，它制定的法律，人民法院必须遵守执行；

人民法院没有违宪审查的权力，法官不能对法律提出质疑。只有当法律本身存在冲突，法官才有一定的规范选择适用权，而不具有审查权。在现行的司法体制下，合法性仍然是最重要的概念和命题，也是判断案件裁判是否公正的一个最基本的标准，也是说服当事人服判息诉的一个最基本的依据。当然，合法性离不开正当性，合法性中的"法"就是法律，其本身是建立在一定的正当性基础上，没有了正当性，合法性实质上也就没有了准绳。然而制定法律首先应当考虑什么？第一位的是应当考虑其正当性，一定程度上决定和制约着合法性。如果法律本身具有天然的局限性，存在缺陷、不完备，具有滞后性时，良善的司法制度就不能是仅仅根据法律的规定裁判案件，了结争议，而是要充分发挥司法正当性的功能，通过法官的审判来弥补法律的不足，使法律的滞后性、局限性、不完备性的负面作用降到最低限度。另外，我们还应考虑法律在某些情况下存在"空白"。在"空白"地带，法官怎么判案？那就要根据正当性的规则裁判案件。众所周知，在许多情况下，法律赋予了法官自由裁量权。自由裁量权包括作为和不作为的裁量，即可以做这种决定，可以不做这种决定，这本身就是做与不做的一种自由裁量权。同时，法律还经常给法官留下选择裁量的余地。如刑事处罚中，法官对被告人适用刑种和量刑幅度有选择权；在民商事审判中，对于案件的定性、如何判决等也存在自由裁量。对这些问题的处理，也必须要靠正当性来弥补。

（二）坚持司法审判的正当性是实现司法正义和司法公正的必然要求

实践证明，坚持司法的合法性这个标准是必要的，在现有的国体和政体结构下，合法性是非常重要的，合法性是司法的最低标准，但不能成为最高标准。要真正实现司法公正，必然要涉及司法的正当性。对相当一部分再审案件进行分析，可以发现很多案件从表面看是合法的，但事实上却不符合司法正当性的基本要求，对于这样的案件，在一定的限度内要予以纠正。

（三）坚持司法审判的正当性是实现法律效果和社会效果统一的重要途径

人民法院的全部审判活动，很大程度上都是在追求法律效果与社会效果的统一。通常讲法律效果，是指法的目的性以及安定性在具体个案中得以实现；社会效果，是指一个案件的裁判，对社会是否有促进作用，与社会主流价值观是否合拍，与人民群众的公平正义感是否协调等。法律效果和社会效果在一般情况下是能够统一的；但在一定情况下，有可能发生冲突，而且难以统一。怎样解决这个冲突？机制和手段是什么？其中，一个很重要的机制和手段就是充分发挥司法审判正当性的作用。如果对一个案件的审判，既满足了合法性的要求，又满足了正当性的要求，可以肯定地说，这个案件裁判的法律效果和社会效果都是好的，其法律效果和社会效果就能够得到统一。

（四）坚持司法审判的正当性是息诉止争、解决申诉难问题的基本方法

涉诉信访案件中，相当一部分案件从合法性的角度来看，勉勉强强过得去，但用正当性这个概念一"照"，就要出"丑"。例如，有的案件，法官指定举证期限过短，限定当事人在两天的期限内举证，否则视为证据失权。如果因一些特殊的原因过了期限，一方当事人没有办法在两天内提供证据，法官按证据失权来处理，按照另一方当事人提供的证据进行裁判，案件的裁判结果肯定会有问题。若仅从合法性的角度来说，似乎挑不出太多毛病。但从正当性角度进行考量，即审视法官指定的期限是否合理，则结论就会大不相同。如果当事人根本无法在两天时间内提供证据，法官指定两天的举证期限，就属于指定期限权的不正当行使，甚至可以说是指定权的滥用，因而这个裁判就有问题，需要予以纠正。只要用正当性一衡量，这个案件的"丑"就亮出来了。再如对

于非法证据，法官是有权排除的。但是非法证据排除得越多，据以定案的证据就越少，因为特定案件的证据总量是有限度的。如果将大量的客观证据当成非法证据予以排除，剩下的证据就不多了，基于不完整的证据做出的裁判就非常危险。在此情况下，是不是说所有非法的证据都必须排除？因此，排除非法证据也存在正当性问题，即哪些证据应该排除，哪些证据不应该排除。可见，人民法院进行司法审判，绝不可以仅仅只关注合法性，还必须高度重视正当性的要求。我们必须善于揭露合法性下面隐藏的不正当的东西，善于揭穿合法性的外衣下隐藏着的本质上属于非法的东西，从而真正实现社会的公平正义。

二、司法审判正当性的基本要求

关于司法审判正当性的基本要求，目前学术界没有做太多研究，资料不多、不系统。一般而言，只要一个人具有良知和基本的正义观念，对于社会上的一些行为，哪些是不正义的、哪些是不正当的，基本上能做出一个判断。但这是不够的，必须就此问题进行系统化、理论化的研究。笔者试就司法正当性的要求从程序的正当性和实体裁判的正当性两个方面进行归纳。

（一）司法审判程序的正当性

我国的三大诉讼法对审判程序都做了一些规定。法定程序是人民法院审理案件的程序依据，非常重要，是必须遵守的。但是，我国的法定程序中正当性水平还有待进一步提高，与成熟法治国家相比，还有相当大的差距。一是有的程序规定比较简略、粗放，例如，行政诉讼法的条文才几十条；二是有的程序规定详略不当，对不需要规定的地方规定得非常详细，恰恰对需要规范的地方又规定得非常简略，甚至是没有规范；三是对法官程序性权力约束太少，涉及法官作出裁定或决定的权力时，国外的诉讼法通常把各种情形都尽量列举出来，什么情形下法官可以做怎样的裁判，往往规定得很清楚，而我国的诉讼法只笼统授权法官可以作出裁定或决定，而不规定作出裁定或决定的法定条件或具体程序。正是由于我国程序法的正当性程序不高，因此，更要求法官必须重视程序的正当性。有主张程序本位的学者称，只要法院、法官办理案件是按照法定程序办的，就应该推定裁判是公正的。应当明确，公正的结果确实与公正的程序具有高度的关联性，但前提是这个程序必须具有高度的正当性和完整性。还应当看到，即使是完全公正的程序，有时也不一定能够产生公正的结果。司法程序如果设计得不那么科学合理，就更不能指望产生公正的结果。法定程序规定得合理公平正当，它自然有更大可能导向结果公正；当法定程序不那么科学，不那么完整的时候，指望它产生公平的结果就很困难。因此，仅仅要求法官们按照法定程序办事是不够的，还必须牢固树立正当程序的理念和观念，司法审判程序不仅要合法，而且要正当，这样才有可能使实体裁判最大可能地接近公平和公正。

　　什么叫正当程序？正当程序是指在制定和适用规则的过程中程序具有正当性。[①] 在世界范围内，正当程序的概念被公认为起源于英国国王于 1215 年签署的《自由大宪章》。1354 年英国国会通过的第二十八条法令《自由律》第三章规定："未经法律正当程序进行答辩，对任何财产或身份的拥有者一律不得剥夺其土地或住所，不得逮捕或监禁，不得剥夺其继承权，或剥夺其生存之权利。"这条规定首次以法令形式表述了正当程序原则，并扩大了正当程序的适用范围。这种正当程序在英国通常被叫做是自然正义、自然公正。在人类历史上，第一次正式在宪法中使用"正当程序"这个概念的，是汉密尔顿起草的 1787 年的纽约州批准的宪法，该宪法规定：除非依照"正当的法律程序"，否则，任何人都应得到保证，不被剥夺特定的权利。这对于后来宪法史的发展是一种具有创新意义的变化，"它构成了美国宪法第五条修正案和后来的第

---

① [美] 罗尔斯：《正义论》，何怀宏等译，中国社会科学院出版社 1988 年版，第 80 页。

十四条修正案的正当程序条款的起源"①。正当程序这个概念要求程序必须具备高度的合理性、科学性、适当性。关于什么样的程序具有正当性，学术界做过很多探讨。程序有立法程序、行政程序、司法程序，每一种程序都有它特有的正当的标准和要求。立法程序正当性的核心在于民主性，必须通过程序吸纳、集中，反映人民的意志；行政程序的核心在于允许利害关系人充分发表意见；司法程序有其特殊要求，关于司法程序的正当性，学术界做过很多探讨，但属于仁者见仁，智者见智。笔者将司法程序正当性的标准归纳为十一条，当司法审判的程序符合这些标准时，就能确定司法程序具有正当性。

第一，中立性。中立性是指法官必须在整个审理过程中保持中立。具体包含以下基本内容：一是任何人不得作为自己案件的法官，即审判该案件的法官在该案件中不得有自身的利益，如果接受了当事人的贿赂，如果案件牵涉到其购买股票的公司，如果和当事人一方有着特别的联系和关系等等，就应该主动申请回避，不能参与案件的审理；二是法官必须对当事人双方保持相等距离，平等对待双方当事人；三是法官不得对任何一方当事人具有歧视或偏袒；四是法官不得在审理案件的过程中对任何一方当事人持有偏见，不能把个人的偏见带到案件的审理过程当中。

第二，对等性。对等性是指在审理案件的过程中，诉讼双方当事人必须具有平等的地位，必须确保诉讼当事人能够确实有效地进行攻击和防卫。具体包括四种含义：一是当事人在诉讼过程中，除了由其角色本身决定的权利义务不一致以外，例如原告、被告和第三人在诉讼中的权利，因角色本身决定其有所不同，其他的权利义务应当是一致的、平等的；二是法院、法官必须确保双方在法律地位上的平等，对一方当事人利用自身优势形成事实上不平等的局面要进行有效地改变；三是要求法官在确保当事人平等的前提下，为防止因信息不对称或知识不对称而影

① ［美］伯纳德·施瓦茨：《美国法律史》，王军等译，中国政法大学出版社1990年版。

响双方的对等地位，法官要充分行使指挥权、释明权，确保当事人地位的对等；四是不允许任何一方当事人利用自己的强势和优势，不正当地干扰和影响诉讼程序的顺利进行。

第三，参与性。参与性是指人民法院和法官必须确保诉讼当事人充分参与到诉讼程序当中来，要充分调动诉讼当事人参与诉讼过程的积极性，积极有效地进行攻击和防卫，从而弄清事实真相，正确适用法律，和平解决争端。具体要做到如下几点：一是要确保当事人各方平等参与。二是要确保当事人各方实质参与，防止诉讼过程走形式走过场。三是要确保当事人各方充分有效地参与，尽可能地让当事人各方进行充分陈述和辩论，特别是辩论环节，如不管有理无理、理多理少，一律限制五分钟讲完，表面上看是平等的，实质上是不公平、不合理的。因没有道理的一分钟也多，有道理的却五分钟说不完。充分有效参与的要求是在不重复的前提下，围绕争议焦点和应当解决的问题进行全面、充分而有效的阐述。四是要确保当事人各方理性地参与，这就要求参与过程中不能搞突然袭击，不能暴力式地参与，不能有侮辱性语言等等。

第四，有效性。有效性是指在诉讼程序中，要防止诉讼的空洞化和形式化。有的法官开庭纯粹是按诉讼程序走过场。要做到司法程序的有效性，需要注意以下五个方面：一是要在诉讼中尽可能地减少不必要的、繁琐的形式主义内容。国外的法官一天开十几个庭，在庭审中都是单刀直入、直奔主题；而在我国，庭审中形式主义的东西太多，把很多时间花在一些无用功上面，当事人就在面前，法官还要问性别，看不出来吗？当事人还需要核对身份吗？许多问题都是庭前书记员就可以解决的。开始浪费时间太多，到关键的辩论阶段，却限制每人五分钟。因此，在庭上一定要问关键的、对作出裁判有价值的问题。二是要依法确定审理的客体、范围和对象，法院能够审什么，不能审什么，必须搞清楚，这是司法有效性的一个重要方面。三是要准确地概括争议的焦点，这是体现法官水平的重要方面。归纳争议的焦点要客观全面、不要遗漏；要抓准实质问题，不要看表象，不能被当事人牵着走；不要武断，要询问当事人归纳的争议焦点有没有遗漏，如果遗漏了争议焦点，是重大失误。四是要注意科学地确定举证责任的承担者。任何诉讼都有举证责任承担的问题，一般情况下是谁主张谁举证，但也存在举证责任倒置的情形。就像辩论时要确定正方和反方一样，如果角色没有确定清楚，就很难判断输赢。辩论时的正方就相当于举证责任的承担者，如果出现待证事实的时候，法官首先必须确定举证责任由谁承担，否则就无法运用证据规则做出裁判。五是要科学合理地安排庭审结构，过去走过场的庭审结构到现在还是影响很大，法庭调查和庭审辩论的两阶段的分法不一定科学，因为庭审辩论阶段并没有限定只解决法律问题，很多事实问题也需要辩论，调查和辩论在许可的情况下可以穿插进行，以便于对争议焦点一个一个调查审理清楚。现在的调查阶段，只是摆出证据，对证据的可采性问题不进行辩论。为什么一个案件审十几次，当事人打很多年打不下来，往往是因为第一次开庭煮了"夹生饭"，问题始终没搞清楚。因此，一定要下决心解决好庭审的有效性问题。

第五，公开性。公开性大多数情况下属于合法性问题，因为法律规定必须公开，但其中也带有一定的正当性。应当注意好以下几个方面：一是要明确公开审理的范围。现在许多案件因为涉及国家秘密、商业秘密和个人隐私，不公开审理；但什么属于国家秘密、商业机密和个人隐私，涉及法官自由裁量，法官必须正当地划分和确认什么叫国家秘密、商业机密和个人隐私。当然，涉及一些政治敏感的问题，必须做一定的权衡，但将来应该逐步过渡到尽可能地公开。二是当事人的攻击、防卫手段必须具有一定的公开性，要严防当事人搞证据突袭；防止当事人之间应当进行证据交换却不交换，应当进行证据展示而不展示，做到当事人之间攻击防卫手段公开、透明；在对社会公开之前，必须要进行诉讼内公开。三是当事人双方的信息一定要具有对称性，有的当事人请了律师，对如何攻防非常清楚，但有些当事人请不起律师，对案件中出现的问题如何在法律上作出选择不清楚。现在有的法官也征求当事人意见，但实质上是"蒙"当事人。应当做到让当事人在做出选择时（如是适用简易程序还是适用普通程序，是否申请回避等等），既要明确法律的相关规定，也要知道选择的后果。

第六，客观性。司法审判要具有客观性，至少要满足三个方面的要求：一是整个司法过程一定要以确定的、可靠的、明确的认知为基础。裁判作出的基础应当是当事人所能够感知到的，能够理解的，而不是玄而又玄，当事人理解不了的。如果在审判过程中讲得很玄，完全是抽象的概念，当事人根本都无法理解，这个审判显然不具有正当性。二是一定要以形式逻辑为依据。我国属于大陆法系的国家，通常是以演绎推理为基本工具，大前提、小前提都必须是客观的；如果用辩证的逻辑来思维就不具有确定性，没有办法判案件。三是一定要在具有高度客观性的事实基础之上作出裁判。在某些情况下，是不可能完全发现客观真实的，此时应当允许用法律真实判案，但必须严格遵守举证责任规则。

第七，排他性。排他性是指除了法定参与程序过程的主体之外，其他主体不得参与这一决定过程，即排除其他非法干预。具有三个方面的要求：一是诉讼要具有亲历性。一般情况下，审与判必须合一，审理者必须是裁决者，尤其是案件的事实，原则上没有参与庭审就不能对案件事实问题发表意见。审判委员会没有参与庭审，没有阅卷，原则上对事实认定不宜作出决定，当然事实认定也不完全是事实问题，例如对证据规则的适用不是事实问题而是法律问题。二是对法律问题的决断要严格遵守法律规定，只有法律规定可以干预诉讼程序的，才可以介入诉讼过程，审委会的介入是有法律依据的，是有权介入。院长、庭长对拟判意见也可以提出异议，但不能采取行政命令的方式，不能强迫合议庭接受自己的意见和观点。三是禁止他人非法干预审判过程。

第八，自治性。自治性是指诉讼当事人对自己的程序性权利原则上拥有处分权，即诉讼当事人可以参加庭审，也可以不参加，可以提交证据，也可以不提交，但诉讼当事人要对自己的行为承担相应的法律后果。人民法院、法官在司法审判中应当做到：一是要充分尊重各方当事人对程序权利和实体权利的处分权；二是为便于当事人理性地行使自己的处分权，审判人员要进行必要的释明；三是法官的指挥权要受到一定的限制，既要防止过去法官大包大揽的职权主义、甚至是超职权主义倾向的出现，也要防止走到另一个极端，把应当由法院做的事完全推给当事人。

第九，人道性。诉讼当事人应当被人道地对待，其隐私权应受到尊重。在诉讼过程中，人民法院和法官，必须以人为本，实行人道主义，在司法审判中应当做到：严禁逼供；尊重当事人的人格尊严和善良风俗；对妨碍诉讼行为进行处罚时要充分注意人道的要求，不能采取不人道的方法来实现目的。

第十，成本的低廉性。司法审判要让当事人以尽可能少的投入解决矛盾纠纷，依法保护其合法权益。这就要求人民法院做到：要规范诉讼程序，缩短办案周期，减少诉讼环节；要在诉讼中尽可能为当事人提供各种必要的便利，保障当事人、诉讼参与人公平地享有国家的司法资源；要在国家和当事人的成本之间进行合理的分割，尽可能减少当事人的成本。

第十一，及时终结性。司法审判的完成时间要有明确要求，整个诉讼程序应该尽可能快速高效地完成使命。具体要求：要在合理的期限内完成诉讼行为和审判行为，不能任意拖延；对当事人的请求应该积极回应，2012 年修订的民事诉讼法就人民法院对当事人的请求未做出回应的，已作为申请再审的事由；要注意裁判的既判力，不能让当事人反复缠诉。

（二）司法审判实体的正当性

司法审判的实体正当性是指人民法院作出的实体裁判应当具有的合理性、适当性、妥当性等要求。一个具有正当性的裁判至少应当满足下列要求：

第一，合正义性。合正义性要求实体裁判符合特定时代人们关于正义的主流观念或占有支配地位的观念。尽管正义观念有其多允性和不确定的一面，但处于同一时代的人们多少会有一些共识。在不同的社会关系或不同的场景中，正义有不同的要求。所以正义可分为分配的正义、交换的正义、矫正的正义、惩罚的正义等等。关于分配的正义，通常认为必须遵循"得所应得"和"一视同仁"两个规则。但人们对这两个规则有不同的理解。得所应得、一视同仁就是对同等地位的人同等对待，但不是说绝对的均等。而有人认为，应该根据各人的地位来决定；有人认为，应该根据各人的需要来决定；有人认为，应该根据各人的身份来决定；有人认为，应当根据各人的劳动和贡献来决定；但有一点是共同的，就是对同一类人同等对待。关于交换的正义，一般要求等价或对等。关于矫正的正义，一般要求做到公平公正。关于惩罚的正义，一般要求过罚相适应、罪刑相适应。

应当注意到正义观也是不断发展的。例如关于惩罚的正义，不同的历史时期有不同的观点。占支配地位的，有三种观点：第一种是报应主义的惩罚观；第二种是人本主义的惩罚观，这种观点认为惩罚应当关注人性和人的发展；第三种是恢复性的惩罚观，这种观点认为惩罚应当考虑怎么让受害人、加害人回归社会。尽管不同的历史时期存在不同的正义观，但一个时期总有一个主流的正义观。当前，人民法院处理案件，就是要符合这个时代的主流价值观，符合当下社会所公认的正义观念。

第二，合目的性。人民法院作出的裁判一定要注意与法律授权的目的相符合，即手段一定要符合目的。在司法审判中，采取的措施一定要和法律授权采取这个措施的目的相适应，不能相冲突。例如，关于证据失权的问题，有的当事人超过法定期限没有提供证据，法院应当如何处理？如果法官接受了的证据，对方当事人可能提出异议，认为违反了证据规则；如果法官不接受证据，但由于基本证据的缺乏，对这个案件可能做出错误的裁判。在这种情况下，法官应当从合目的性的角度加以考量。法律或司法解释之所以要确定一个提供证据的期限，目的是要防止当事人搞证据突袭，是为了提高审判效率，也是为了防止当事人故意不提供证据扰乱正常的审判秩序。根据这样的目的，就可以推断出一个当事人如果在规定的期限内没有提供证据，如果不是因为他自身的原因而超期提供，这个证据就应当接受；如果一个当事人在指定期限内能够提供，却故意不提供，这个证据就不应被接受。所以，关键是不能在规定期限内提供证据可否归责于当事人自身。

第三，考虑因素的合理性。法官在诉讼过程中要作出很多决定、裁定和判决。作出判断时，法律要求其考虑一定的因素即法定考虑因素，如法定因素没有考虑，是违法问题，不是正当性问题。法律没有规定必须考虑，也没有规定不能考虑的因素，法律只要求法官根据具体情况作出决定，这种情况下，法律事实上是要求法官考虑一些合理的、应当考虑的因素。例如，做出一个赔偿多少的决定时，应当考虑的因素有损害结果、加害人的主观过错、损害的方式和情节、受害人本身有无过错、加害人和受害人各自的经济状况等等，而当事人的性别、美丑、民族、国籍等就不属于应当考虑的内容，如果考虑了这些因素，就是不正当的，这种不正当考虑在法学上叫不正当联结。

第四，平等性。平等性要求对任何人都要一视同仁、同等对待。不允许对任何人持有偏见，不允许歧视任何人，也不允许袒护任何人。具体到案件，就是要做到相同情况相同处理，不同情况区别对待。如果情况相同却不能相同处理，必须有充分理由，否则就必须遵从惯例。虽然我国没有严格的判例拘束力，但也要求尊重先例裁判，不能朝秦暮楚、翻云覆雨，裁判一定要保持其连续性和合理性。

第五，成比例性。成比例性要求作出裁判必须符合比例原则。行政法要求行政机关在行使自由裁量权时必须遵守比例原则，这一原则在相当多国家已经上升为宪法原则。该原则通常包括三方面的含义：一是手段和目的的一致性。要求采取的手段一定要和实现的目的相适应，如果两者相反或者南辕北辙，说明违反了比例原则，属于滥用权力。二是最低限度原则或最少损害原则。即如要实现一个司法目的，如果存在多种手段，法官应当选择成本最低、对当事人损害最小的方式来实现。这一条非常重要，在诉讼过程中，妨碍诉讼的行为如果终止了，采取的制裁行为（如司法拘留）也应该终止，这就是手段和目的相适应的原则。如果妨碍诉讼的行为非常轻微，法官可以通过训诫、批评教育的方式足以制止其妨碍，如果采用拘留、大额罚款等措施，就违背了比例原则。另外，在采取保全措施时，也应当使保全措施与可能发生的债权相适应。司法实践中存在过度超标的保全，超范围查封、扣押等情形，就属于违反比例原则。此外，在查封中，对生产经营必需的财产，要尽量采取不影响生产经营的方式进行保全。当事人愿意用现款或让他人提供担保，有的法官却非要查封其工厂，这也是违反比例原则的表现。违背比例原则的乱查封、乱处罚、乱执行，是不应当的；尽管法官有权力去查封、扣押、执行、处罚，但不正当行使，应当依法承担责任。三是手段和目的的相宜相称。例如，法官的制裁决定必须和当事人妨碍诉讼的行为相宜相称，要具有均衡性。

第六，有效性与可实现性。法官在诉讼过程中作出的任何程序裁定、决定和实体判决，必须有效且具有可实现性。如果法官作出一项决定，当事人根本无法履行，这就是权力滥用。例如，当事人在五天之内都不可能提供某个证据材料，却要求其在两天之内必须提交，否则就视为证据失权，这就是不具有可实现性的行为。不具有可实现性的行为，在法律上通常被称为无效的行为。

第七，与善良风俗习惯的非冲突性。法官作出裁判时一定要注意风俗习惯。法官行使自由裁量权时，应当尽可能避免与风俗习惯发生冲突，尤其不能与善良的风俗习惯发生正面冲突。因为风俗习惯在某种意义上是一种民间法，前几年，法理学界掀起了对民间法研究的热潮，将民间法提到很高的地位，认为国家的立法应当尊重民间法，尊重某一个地区、尤其是少数民族地区的风俗习惯。

第八，与党和国家的政策的适应性。一般情况下，政策与法律的关系两者是统一的，但在一定的情况下也存在冲突。立法中要尽可能考虑到党和国家政策的要求，一旦法律颁布生效，就应当严格按照法律办事。司法审判中，法官行使自由裁量权时，应当尽可能考虑政策的需要和要求。

第九，合准则性。法官适用法律时一定要符合社会、法律共同体公认的准则。如果某一问题法律没有明确规定，但法律人对此有一定的共识，理论界、实务界已经形成共识，法官判案就不应当违背这个共识。例如，法律解释是有规则的，怎么进行文义解释，怎么进行目的解释，怎么进行体系解释，是有规则的。尽管没有一部法律对这些规则作出明确规定，但是法学界对于如何解释法律是有基本规则的，这些规则就应该遵守。适用法律时出现冲突规范，如何选择使用？对这个问题，立法法做出了规定。但在立法法生效之前，只能遵守一些既定的、约定俗成的规则，即后法优于前法，特别法优于普通法，主管机关的规定优于非主管机关的规定，等等。当然，这些规则本身也需要辩证地理解，有许多例外情形，也应当注意。如非法证据排除规则，在证据法没有作出明确规定的情形下，对于已经形成共识的，一般是不能违背的。

第十，连续性、一致性和稳定性。对大体相同或基本类似的案件，应当作出大体相同的裁判。不能同一时期，做出不同判决，今天这样判，明天那样判，更不能同一法院不同法官，做出不同判决。法院的裁判要保持一种连续性、一致性和稳定性。当然，法律是发展的，裁判也是发展的，但是在作出不同的裁判的时候，一定要有充分的理由和根据，在没有找到充分的理由和根据之前，只能相同情况相同处理，只有在找到具有法律意义的不同点时，才能作出不同的裁判。在判例法国家，法官就是通过找出具有法律意义的不同点而作出不同的判决，从而发展法律的。没有足够的证据证明具有法律意义的不同点时，必须保证连续性、一致性和稳定性，这是法的安定性的基本要求。

三、实现司法审判正当性需要注意的几个问题

司法审判的正当性是司法公正的重要保障。司法的正当性直接关系到司法"产品"的优劣，直接关系到人民群众对法院的公信度，直

接关系到法院自身的形象，直接关系到法院为党和国家中心工作服务的水平，直接关系到社会稳定的维护。没有司法的正当性就不可能有人民群众所希望的司法公正。法官在处理每一个案件时，必须注重正当性对司法审判的影响，必须统筹考虑具体的、个别的公平正义与法律整体的社会效果的统一，不能机械办案和为追求整体的法律效果而不顾个案的正义。在司法实践中，要特别注意处理好以下五个关系：

（一）正确处理好正当性与合法性的关系

这个命题是法律发展的一个基本矛盾，法律的进化和变更，主要是法律的正当性和合法性这对矛盾运动的产物。适用法律一方面要注意合法，另一方面要注意正当，如发现法律不正当就应当通过法定程序进行修改，使之变得正当。在适用法律的过程中，人们不断地认为这个法律有待进一步正当化，从而依照法定程序进行再修改，进而使法律不断完善。司法实践中，如何处理好这个关系？首先，合法性的判断标准不是绝对的。自然法学派主张区分实定法（或人定法）和自然法。实定法是人制定的，而自然法是独立于人定法之外的最高的理念和规律（有人将自然法理解为人类社会的客观规律，有人将其理解为神的意志）。自然法学派认为人制定的法律总是有缺陷的，因为人不是天使，立法机关也不是天使，制定的法律不可避免存在毛病。那么如何评价实定法？怎样使实定法具有正当性？自然法学派认为实定法应当符合自然法的要求。如果一个国家的实定法不符合自然法的要求，不符合人类社会发展的规律，或者不符合神的意志，那么它就不叫法，即恶法非法。法官和人民都没有遵从的义务，甚至有反抗的义务，有抵制的权利。而实证法学派则认为恶法亦法，法律只要是按照法定程序制定的，就要承认它是法，不管它是不是符合正义，都必须遵守。经典的例子就是苏格拉底被指控亵渎神灵和蛊惑青年的罪名，根据雅典的法律，五百人组成的审判团以260：240判处他有罪，然后以280：220判处他死刑。当时他的学生、朋友劝他逃跑，苏格拉底却说，尽管这个法律和审判本身不公正，但是恶法在没有改变之前，必须遵守，作为一个整体的法律带给我们这个国家的福祉很多，不能因为它对自己不利就不去执行它。所以，他最后还是慷慨赴死，以身护法。马克思也提过恶法亦法的观念，认为大多数人的意志是必须遵从的，但是他主张在司法过程中通过法官的能动性，尽量避开立法的恶性。资产阶级夺取政权之后，占支配地位的还是恶法亦法的观点，主张法律至上，因为当时资产阶级是属于第三等级，他们登上历史舞台是从占领议会席位开始的，他们从自己的利益出发，主张立法至上，即使错的也必须遵守。后来资产阶级不仅掌握了议会，还掌握了行政权和司法权，他们的观点也发生了变化。德国和日本法西斯发动战争，在绝大多数情况下都是通过议会立法来进行的，特别是德国，在发动侵略战争时是通过法律来推行的。在纽伦堡审判时，战犯们都以法律来作为自己的挡箭牌，都说是按照法律的规定办事，这就涉及恶法是不是法律，要不要执行的问题，个人执行了恶法是否有责任的问题。二战以后，各国普遍对法律持保留态度。如何避免恶法的实施？如果把恶法和良法的判断权交给每一个公民，就容易产生混乱。任何人都会认为对自己有利的是良法，对自己不利的是恶法，任何人都会找到借口来不执行国家的法律，这就会带来无法无天，带来秩序的混乱。经过发展，产生了违宪审查权，即由专门的机构通过法定的程序，对法律规范进行过滤，对法律规范的合法性、正当性和合宪性进行确认，这样可以两全其美：一方面防止恶法进入实施过程，另一方面避免了个人以自己的利益为标准来决定是否执行法律。因此，在当代，已有相当多的国家建立了违宪审查制度。笔者认为，要正确处理好正当性与合法性的关系，要注意以下几点：首先，在一般情况下，尤其是在我国目前的宪政框架之下，应该严格按照法律规定办事。其次，对不同层级的规范，可以持不同态度。对于法律、行政法规、地方性法规，是应当尊重的，法官不具有审查权。但是对于规章以及规章以下的文件，是可以参照执行的，参照执行就意味着合法的就执行，不合法的就不执行，这里就潜藏着法院对规章和规章以下的文件是有合法与否的判断权以及选择适用权的。再次，对于存在问题的法律规范，应当通过法定程序请求有关机关做出确认。如认为地方性法规有问题，应当送请全国人大常委会作出确认和判断，如果认为地方法规和行政法规存在冲突，应当首先送请国务院确认，国务院如果认为行政法规不存在问题，还要送请全国人大常委会做进一步决定。最后，如果一个法律规范的合法性本身没有问题，法官在法律规范的空白地带要尽可能实现司法裁判的正当化，要全面掌握相关的法律规范，要尽可能地理解法律的本意、掌握法律的精神实质，而不是简单地搞法律教条主义，要让法律适用更接近公平正义。

（二）正确处理好法的正当性价值与法的安定性价值的关系

解释法律的时候应当尽量向公平正义的方向靠拢。法律解释是一门学问，法官不是机械地解释法律的工匠。近代的解释学、现代的解释学和后现代的解释学是不一样的。近代的法律解释学，要求法律解释必须符合立法原意。因为资产阶级登上历史舞台是从议会开始的，因此，要求按照议会的意思办事，解释必须符合立法原意。现代的解释学要求解释法律不一定完全恢复立法者立法时的本意，而是要求符合立法机关现在对于这个问题的看法，就是说要看立法机关现在对这个问题是什么意见。后现代的解释学超脱于立法机关，不仅要看立法者的意图，还要看立法者的意图是否符合正义的要求。三种解释学的结论可能是不一样的，但都是在追求一种正当性，所以，一定要以良善的目的来解释法律，要用良知来解释、适用法律。

法的安定性是西方法理学和司法审判中非常重要的概念，就是法的确定性、稳定性、持续性和连续性。主张法的安定性的人认为，实行法治就是为了提供一种可预见性，使人们可以预测自己行为的法律后果，以增加社会的能见度。要使法律能增进行为的可预见性，就必须保持法的安定性、稳定性和确定性。不能对法律随意解释，不能去看立法机关过去的想法和现在的想法，也不能看解释者本人的正义观念，而应该严格遵守它的字面意义。按照一般的语法规则来理解法条，要保持法的安定性，就要遵守文义解释规则，不能附带更多的内容，否则就是随意解释。解释混乱，就没有了法律的确定性。

法律的正当性和安定性对实现司法公正都是有价值的，但不能走极端。要保持两者的平衡，需要注意以下几点：首先，必须要进行文义解释，只有在文义解释完全与我们的目的、一般的正义观念相冲突的情况下，才有可能寻求其他的解释方法。其次，法律解释必须要在语词可能承载的范围内进行选择，绝不可以把笔解释为杯子，因为杯子完全承载不了笔的含义。杯子是用来盛水的，但也可以砸人，说它是打击物也可以讲得通，但是把它解释为书写工具就完全超出它的字面范围。再次，要注意到解释的连续性和公开性，不能朝令夕改，必须具有一贯性。不能今天为了个案正义，对法律就这样解释，明天觉得不行，又那样解释，结果法律条文成了橡皮筋，如此，法律就失去了确定性。当然，有些解释可以发展，但这种发展必须讲规则。

（三）正确处理协商正义和规则正义之间的关系

规则正义就是依法裁判，按照法律规定办事；调解结案属于协商正义。康德曾说，当一个人就他人的事情作出决定的时候，可能存在不公正，但当他就自己的事情作出决定的时候，绝不可能存在任何不公正。这话说得有点绝对。调解是当事人行使处分权，当事人对自己的命运作出决定的时候，通常是公正的，所以人民法院在处理民商事案件时强调调解。但也应看到，由于缺乏一定的透明度、信息不对称或者对法律存在错误理解，当事人也可能作出错误的决定。还应注意到这种处分可能损害到国家和他人的利益，尽管对当事人双方来说有利可图，但对于国家和他人就不公正。所以，对协商正义还是要提高警惕，不能因为强调调解而走回头路。过去强调以调解为主曾产生了一些弊端，那些弊端在新的历史条件下是完全可能重新出现的。要避免走回头路，就要在强调协商正义的同时注意规则正义。

（四）正确处理监督权和法官自由裁量权的关系

自由裁量权不是说一个案件可以这样判，也可以那样判，怎样判都是正当的。因为对一个案件的处理，最好的裁判结论不可能存在多种可能性。但是，在某些情况下，可能几个裁判结论的利弊相差不远，存在选择空间。在这种情况下，作为上级法院，作为院长、庭长，不能以自己的判断来代替法官的判断，以自己的自由裁量代替法官的或者一审法院的自由裁量。只有自由裁量明显不当或者具有滥用职权性质的时候，才可以进行干预。"高一点低一点，轻一点重一点，就不要去改它了。"虽然这种说法意思差不多，但不准确。对有些案件的处理，"高一点低一点"，是权力滥用，是应该改判的。当然主要审查裁判有没有违反自由裁量的基本规则，违反了就要改，没有违反就不能改。在审判职能这个领域，不存在命令服从关系，院长、庭长必须尊重合议庭的职权，尊重法官个人独立的判断。当然，庭长、院长发现合议庭意见不妥或有问题，可以提出异议，但是合议庭和独任法官可以不受院长、庭长意见的约束。庭长、院长不同意合议庭的复议意见，可以建议或提请审委会讨论决定。审委会的决定，合议庭或独任法官必须执行。合议庭或独任法官坚持自己的意见，最后被上级法院或通过审判监督程序纠正的，有关法官至少要说明情况和理由，要对自己坚持明显不正确的意见负责，尤其应当对自己明显违反法律适用规则、程序规则和证据规则的行为承担责任。

（五）正确处理好司法权和其他国家权力的关系，特别是正确处理好司法权与行政权的关系

在行政诉讼中，行政机关的行政行为，很多涉及自由裁量权的运用。《行政诉讼法》第5条明确规定，人民法院审理行政案件，对具体行政行为是否合法进行审查。这就意味着，人民法院只能管合法性问

题，对于合理性的问题，法院原则上不干预。行政机关明显滥用自由裁量权，可以以滥用职权为由，撤销行政行为。如果没有证据证明行政机关滥用职权，行政机关只是行使自由裁量权时稍有不合理，法院就无权撤销该行政行为；当事人如果有意见，只能建议当事人寻求行政机关自我纠正，法院对此不当行为不能干预。

第十五章　论司法解释

正确理解和解释法律规范，不仅是正确运用法律的前提，而且是良善司法的重要环节。这里就司法解释所涉及的相关问题进行研讨。

一、司法解释的含义

司法解释通常是指最高司法机关对在司法活动中如何具体运用法律、法规所作出的具有普遍司法效力的规范性文件。最高人民法院享有司法解释权，最早来源于 1955 年全国人大常委会《关于解释法律问题的决议》：凡关于审判过程中如何具体应用法律、法令的问题，由最高人民法院审判委员会进行解释。到 1981 年，根据该决议的规定，最高人民检察院也被赋予司法解释权。最高人民法院对审判工作中具体应用法律的问题进行解释，最高人民检察院对检察工作中具体应用法律的问题进行解释。

司法解释在我国的法律体系中已成为非常重要的法律渊源，它是随着我国法制建设的不断完善，法院地位的逐步提高而发展起来的。在党的十一届三中全会召开之前，我国的立法很不完善，法律体系还没有建立起来，法院审判工作的主要依据是党的政策，最高人民法院对下级法院请示的审判工作中的问题和具体案件所作的批复、答复、指示、复函等，只属于对党的政策的解释。① 十一届三中全会后，社会主义法律体

_____

① 参见王允：《中国司法解释发展之回顾》，《人民司法》1999 年第 8 期。

系开始建立和发展，大批法律被制定出来，有法可依的局面基本形成。但是，由于立法贯彻"宜粗不宜细"的指导思想，法律普遍制定得比较概括、原则，而社会生活的迅猛发展使法院面对着具体的情况各异的案件，在这种状况下，必须发挥司法解释的补充作用，司法解释的地位开始凸显。另外，我国受大陆法系的影响，倾向于限制法官自由裁量权，在立法不完备的情况下，只有通过最高人民法院的权威解释来控制法官的个人影响。我国法官培养及遴选制度的不足，法官素质有待提高的事实，也促成了司法解释的发展。目前我国司法解释主要是两类：一是对颁布的法律作比较全面和系统的细则性解释；二是针对某一类案件或某一类问题作出的司法解释。经过多年实践经验的积累，最高人民法院的司法解释形式日益成熟和规范。特别是1997年发布的《关于司法解释工作的若干规定》，从司法解释的法律依据、主体、效力、制定程序、发布、样式、时效等主要方面作了系统的规定。这标志着我国司法解释已发展到比较成熟的阶段。2005年出台的《司法解释备案审查工作程序》规定了司法解释的备案、司法解释的报送和接收、审查工作的分工负责、被动审查和主动审查、同宪法和法律相抵触的司法解释的纠正程序等，是对司法解释的进一步完善。

尽管司法解释对于指导法官适用法律起到了很大的作用，但司法解释的缺陷也受到了一些批评，主要集中在司法解释的抽象性和侵入立法领域方面。本章通过对司法解释必要性、司法解释应遵循的规则、司法解释的功能定位、司法解释的效力等方面的论述，阐明司法解释的抽象性是我国司法解释实践的现实需要，司法解释的创制功能也是司法解释的功能之一，在经济和社会快速发展的现阶段，司法解释将继续发挥其不可替代的作用。

二、司法解释的必要性

（一）司法机关在运用法律的过程中对法律进行解释，是世界上的通例

赋予司法机关以解释法律权是世界通行做法。在相当一些国家，司

法机关的解释权是一种限制专断的举措。在他们看来，如果立法者既能制定法律，又拥有法律解释的垄断权，就会导致立法者的专权，而任何权力都有滥用的可能性。因此，把法律解释权赋予法院和法官，是政治上的一种限权措施。法官对法律的解释实际上是对立法权扩张的限制。还有一些国家甚至只赋予法院以最终的法律解释权。

（二）司法解释有其优越性

首先，法律的模糊性和不确定性使法官的自由裁量权呈现扩张的趋势，司法解释可以用来填补规则的不确定性而出现的约束力真空，减少对同一事实作不同认定、对同一法律作不同理解的情况的发生，而这种对法官自由裁量权的限制可以增加裁判的公正性、透明度和可预见性。其次，在整个法律解释的体系中，由于司法机关站在适用法律的第一线，直接面对具体的社会现实，因此，法律解释与司法活动的联系最为紧密。法律应当具有稳定性，不能朝令夕改，频繁的变动将会使法律失去应有的权威性。然而社会是丰富多变的，尤其是现阶段，社会结构和经济结构处于快速变动之中，司法实践中的新情况、新问题层出不穷，而立法者在制定法律时不可能预见到社会生活的所有变化，不可能涵盖所有的新的社会问题，因此掌握第一手情况的最高司法机关应通过司法解释及时补充、完善法律，从而使法律得以适应社会的发展变化。再次，司法解释也是完善法律的重要途径。社会的发展对法律规则的完善所提出的要求，在很大程度上需要通过诉讼活动反映出来，而法律规则只有通过司法活动适用于具体案件方使其应有的价值得以验证。因此，司法解释可以为立法提供可靠的实证经验，从行之有效的司法解释中所形成的法律规则，一般结果是在实际适用中行之有效的。多年来，司法解释的运用和发展为立法工作提供了丰富的经验，我国许多重要的法律如刑法、民法通则、继承法、婚姻法、刑事诉讼法、民事诉讼法等都大量吸收了司法解释的成果。司法解释也为法律规则在实际运用中的合理性提供了足够的信息。大量的司法解释也是我国立法取之不尽的宝贵资源。①

（三）立法解释有其局限性，需要司法解释予以弥补

我国《立法法》第 42 条第 2 款明确了全国人大常委会进行立法解释的两种情形：一是"法律的规定需要进一步明确具体含义的"，二是"法律制定后出现新的情况，需要明确适用法律依据的"。立法机关的主要任务是制定和修改法律，是从大处着眼来确立法律的一般准则，而"不是陷于每一可能发生的问题的琐细规定"，让其关注法律制定后的个案显然勉为其难，也浪费立法资源，而司法机关天天处理具体案件，最了解社会发展的动态，最持续地进行法律适用研究，最具有信息优势和资源优势。因此，司法解释可以弥补立法解释的局限性。

（四）司法解释存在不断扩张的问题，应予以必要的规范，以在确保法治的前提下充分发挥其作用

目前有人批评甚多的是司法解释的抽象性和侵蚀立法问题。大量的规范性司法解释并非针对个案的、适用具体情况的具体解释，而是适用法律的抽象解释，因此有人认为这不是真正意义上的司法解释。实际上，这种观点是受普通法司法制度及其理念的影响，将法律解释仅理解为具体解释不能满足我国法律解释实践的需要。由于立法技术和社会的发展及多变，司法实践的解释的需求是大量的，因此仅仅采用针对个案的、适用具体情况的具体解释显然不能满足我国司法实践需求，因此，法律解释不应仅理解为具体解释。还有人认为司法解释不仅仅是对适用中具体问题进行解释，而且对法律没有规定的问题也作了一般性规定，甚至有些解释对现行法律的规定进行了突破，因此，有人侵立法领域之

---

① 胡夏冰、冯仁强编著：《司法公正与司法改革研究综述》，清华大学出版社 2001 年版，第 387 页。

嫌。关于这一点，我们在后面将论及，司法解释不仅可以进行扩张解释，填补法律漏洞，而且在法律没有规定的情况下，司法解释还具有一定的创制功能，因此，某些司法解释会呈现出"准立法"的性质。但是，司法解释的这种扩张并不是无限制的，它必须有一定的依据和限度，只要司法解释遵从这些依据和限度，就不会造成对法治基础的破坏。

三、司法解释应遵循的规则

（一）法律解释的一般方法

司法解释作为法律解释的一种类型，应遵循法律解释的基本规则。法律解释的主要方法有文义解释、论理解释、比较法解释和社会学解释，而论理解释包括体系解释、历史解释、扩张解释、限缩解释、当然解释、目的解释和合宪性解释。文义解释法是从法律规范的字面含义或者语法结构进行的解释。[①] 根据解释者对该方法适用的灵活程度，文义解释法可分为两种：一种是机械的文义解释法，即近乎机械地追随法律文本的含义，在绝大多数情况下，机械的文义解释法宁可牺牲立法目的，也要遵从文字含义。另一种是明达的文义解释法，它虽然也是从字面含义出发，但有一定程度的灵活性。[②] 历史解释法又称为法意解释、沿革解释，[③] 是指通过对一项法律规范产生的历史背景、发展过程的分析，发现该法律规范的真实含义。目的解释法，是指法律的解释者运用法律的目的来确定法律文本的真实含义的方法。在目的解释中，解释者看到的不只是法律文本表现出的含义，而且要到法律条文的后面来探寻立法者制定该条文要达到的目的。[④] 限缩解释是指按照法律规定的文义

---

① 孔祥俊：《法律解释方法与判解研究》，人民法院出版社 2004 年版，第 255 页。
② 致远：《文义解释法的具体应用规则》，《法律适用》2001 年第 9 期。
③ 蒋惠岭：《历史解释法在司法裁判中的应用》，《法律适用》2002 年第 11 期。
④ 蒋惠岭：《目的解释法的理论及适用（上）》，《法律适用》2002 年第 5 期。

进行解释，其适用的范围过于宽泛，遂限缩其文义的范围，使其局限于核心部分，以此达到立法的本来意图。① 扩张解释是指法律规范文义过于狭窄，不足以表示立法的用途，遂扩展其含义（内涵和外延），使其适用于其文义不能包含而又符合立法意图的事项。② 体系解释是指以法律条文在法律体系中的地位或相关法条之法意，阐明其规范意旨的法律解释方法。当然解释是指法律虽无明文，但依规范目的衡量，某事实较之法律所规定者更有适用理由，因而适用该规定。合宪性解释是指依宪法及位阶较高的法律解释位阶较低的法律。比较法解释是指通过参照借鉴其他法律的规定或外国立法及判例学说，以为理解和说明所解释法律的参考资料，进而阐释出被解释条文意义的解释方法。社会学解释是指将社会学方法运用于法律解释，着重于社会效果的预测和目的的衡量，在法律条文可能文义范围内阐释法律规范的意义。③

（二）司法解释的顺序规则

上述每一种解释方法的功能都有其局限性，单独运用一种解释方法不可能解决所有的法律疑难问题。因此，在司法实践中要注重对解释方法的综合运用。但是，在具体运用解释方法的过程中，应遵循基本的顺序：首先，应运用文义解释法，如果没有出现复数解释的可能，则不得再运用其他的解释方法，如果有出现复数解释的可能，则继续采用其他的解释方法。

在运用论理解释时，应首先采用体系解释方法和法意解释方法，以探求法律意旨，在确定规范意旨的前提下，可继续采用扩张解释或限缩解释或当然解释，以判明法律之内容；如果仍然不能澄清法律文意之疑义时，应进一步作目的的解释，以探求立法目的，或在依上述方法已初步确定法律意义内容后，再作目的的解释，以立法目的检查确定；法律规范

---

① 孔祥俊：《法律解释方法与判解研究》，人民法院出版社 2004 年版，第 421 页。
② 孔祥俊：《法律解释方法与判解研究》，人民法院出版社 2004 年版，第 428 页。
③ 单忠献：《关于司法裁判中适用法律的解释问题》，《兰州学刊》2004 年第 2 期。

意义内容确定后，可再以合宪性解释，审核其是否符合宪法之基本价值判断。如果经采取论理解释各种方法后，仍然不能确定解释结论，可进一步作比较法解释或社会学解释。所作解释，不得完全无视法条之文义。在与文义解释结果相抵触时，在不超过法条文义可能的范围内，应以其他的解释方法所得之结果为准。经解释存在相互抵触之解释结果，且各种解释结果均言之有理，持之有据，则应进行利益或价值判断，从中选出具有社会妥当性的解释结果，作为解释结论。①

（三）权限规则

最高人民法院和最高人民检察院是司法解释的法定主体，从法律上说，除最高人民法院和最高人民检察院，其他任何机关都无权作出司法解释。但是，我国的司法解释体制却呈现出多元化的特点，一些非司法机关实际行使着司法解释权。在许多事实上属于司法解释的规范性文件中，大量的非司法机关也参与了司法解释的制发，如公安部、司法部、财政部、外交部、中国人民银行等等。在 1980 年至 1990 年的十年间，最高人民法院共制发 152 个刑事司法解释，其中 62 个是与没有司法权的单位联署制发的。② 由于非法定司法解释主体参与制定司法解释，使司法解释带有严重的部门利益倾向，解释形式也缺乏严肃性。

另外，下级司法机关即地方法院和地方检察院在司法实践中也拥有一定的司法解释权。近年来，最高人民法院和最高人民检察院在许多涉及数额、情节、后果的法律适用问题的司法解释中，特别授权各省、市、区高级人民法院可以根据本地区经济状况制定具体的数额标准，从而导致全国各地掌握的标准各不相同。③ 司法解释的多级制必然造成法律适用中的诸多消极影响，有违法治精神：权力的扩张应节制有度，如

---

① 单忠献：《关于司法裁判中适用法律的解释问题》，《兰州学刊》2004 年第 2 期。
② 参见尹伊君、陈金钊：《司法解释论析》，《政法论坛》1994 年第 1 期。
③ 参见胡夏冰、冯仁强编著：《司法公正与司法改革研究综述》，清华大学出版社 2001 年版，第 410～411 页。

果超出法治国家的形式合理性和权力制约范围，就难免违背法治精神，突破或超越现行法律规范创设权利义务，违背法的确定性和可预测性原则；地方司法机关的各行其是，造成法律适用的不统一，违背法律的统一性和平等性原则；地方司法机关规则不透明，要求当事人承担法律未明文规定的义务和责任，违背法律的公开性和公正性原则。因此，应严格司法解释主体的合法性，强调最高人民法院和最高人民检察院的司法解释权，除这二者外，立法机关、行政机关、军事机关、党务机关、社会团体和下级司法机关均无权单独或参与制发司法解释。

（四）程序规则

2007 年最高人民法院《关于司法解释工作的规定》对司法解释的程序作了明确规定，主要内容包括：（1）立项。司法解释的立项由最高人民法院各审判业务庭、室，根据审判工作中应用法律的问题，提起意见，经研究室协调后，分别报分管副院长批准。最高人民法院审判委员会认为需要作出司法解释的，由有关审判业务庭、室直接立项。（2）起草。司法解释的起草，由有关审判业务庭、室负责。（3）审核。经论证、修改的司法解释草案，送研究室协调提出意见后，由起草部门报送分管副院长审核。（4）司法解释必须经审判委员会讨论通过。（5）发布。司法解释通过后以最高人民法院公告的形式在人民法院报上公开发布，并下发各高级人民法院、地方各级人民法院和专门法院。（6）补充、修改和废止。司法解释需要补充、修改和废止的，由原起草司法解释的审判业务庭、室提出具体意见，按照司法解释的制作程序办理。《司法解释备案审查工作程序》规定，最高人民法院和最高人民检察院制定的司法解释应当自公布之日起 30 日内报送全国人大常委会备案。国务院等国家机关、社会团体、企事业组织以及公民认为司法解释同宪法或其他法律相抵触，均可向全国人大常委会书面提出审查要求或审查建议。

首先，在司法解释的程序中，应注意司法解释必须是对法律适用的法理说明，事实问题不是司法解释的内容，因此，司法解释必须要有专家的意见和法理说明。其次，制定司法解释是法理与学理结合的过程，要有一定的说明力和说服力，所以必须有不同意见的记载，包括多数意见和少数意见的记载。再次，参与制定司法解释的审判委员会成员要对自己的立场观点负职业上的责任，尽管根据司法独立原则，他们不负法律上的责任，因此，司法解释中要载明每个委员的立场观点、分歧和最终的多数人意见。最后，任何司法解释必须经过审判委员会讨论确认的程序。司法解释必须具有合法性和权威性，因此，只有经过审判委员会，才能保障司法解释的统一性和严肃性，才能使司法解释制度化和规范化。

四、司法解释的功能定位

（一）扩张解释的问题

判断、识别、确认立法原意，依据对立法原意的适当理解，以保持与立法原意一致的方式，对法律规定进行解释，在世界各国的司法解释中获得普遍承认和适用，所有国家的司法机关都把实现立法原意作为最高的价值取向和司法目标。立法原意是立法者在法律条文中体现出的意思、愿望、要求和目的。[①]

为了正确适用法律，使立法原意在司法裁判中得以实现，司法解释首先应遵循文义解释方法。文义是规范学中解释的基本界限，作为一般解释方法之通例，文义解释是法律解释之基础，分权和合法性原则要求法院和行政机关的决定应当认真遵守现行法律规定，因此，法律者应当首先接受法律条文字面含义的约束。[②] 文义方法因其能体现法律解释的客观性、确保法律意义的安定性而备受青睐。虽然文义解释具有优先性或基本价值，但法官纯粹地依文义解释法律的思想是过于机械地理解了

---

① 参见陈春龙：《中国司法解释的地位与功能》，载武树臣主编：《判例制度研究》，人民法院出版社 2004 年版，第 746 页。

② ［瑞士］马斯托拉蒂：《法律思维》，高家伟译，载郑永流主编：《法哲学与法社会学论丛》（六），中国政法大学出版社 2003 年版，第 7 页。

法律解释。无论从法律性质，还是从法律所使用的语言工具来看，这种纯粹的语义解释都是有局限性的。成文法肯定会有不足之处，成文规则几乎永远不可能被表述得完美无缺，以致所有应隶属于立法政策的情形都被囊括在该法规的文字阐述中，而所有不应隶属于该法规范围的情形都被排除在该法规语词范围之外。① 因此，当法律规则含义会导致荒谬而无益的结果时，法官也应撇开语词的含义而去考虑该法律的目的。即使当明确的含义未产生荒谬的结果而仅仅只是产生了一种与整个立法政策明显不相符合的不合理的结果时，法官也应遵循其目的而非文字措辞。② 因此，司法解释可以进行扩张解释，法官在将法条文义与立法目的相比较，发现文义过于狭隘，无法表达立法目的之时，便应做出比字面含义较广的解释。扩张解释虽然扩张文义范围，但有其限度，即必须是依据法律之目的或意图，而且仍在法条可能文义的范围内。

（二）填补法律漏洞的问题

法律漏洞是指法律体系存在着违反立法计划的不圆满状态，换言之，是指关于某一个法律问题，法律依其内在目的及规范计划，应有所规定却未设规定的现象。它具有两个特征：一为违反立法计划性，一为不圆满性。③ 法律漏洞和法律空缺是有区别的，法律漏洞与立法规划有关，而法律空缺则是指与案件纠纷比较，没有相对于案件的法律规定。④ 法律漏洞有不同的分类。以存在的时间先后为标准，有自始漏洞与嗣后漏洞之分。所谓自始漏洞是指法律漏洞在法律制定时即已存在。所谓嗣后漏洞是指在法律制定和实施后，因社会客观形势的变化发展而产生了新问题，

---

① ［美］E. 博登海默：《法理学——法哲学及其方法》，邓正来、姬敬武译，华夏出版社1987年版，第502页。

② ［美］E. 博登海默：《法理学——法哲学及其方法》，邓正来、姬敬武译，华夏出版社1987年版，第514页。

③ 参见王泽鉴：《民法实例研习·基础理论》，三民书局1993年版，第164页；黄建辉：《法律漏洞·类推适用》，蔚理法律出版社1998年版，第21~22页。

④ 陈金钊：《司法过程中的法律方法论》，《法制与社会发展》2002年第4期。

但这些新问题在法律制定时并未被立法者所预见以致没有被纳入法律的调控范围，由此而构成法律漏洞。对嗣后漏洞有学者又将其划分为明显漏洞（积极漏洞）与隐藏漏洞（消极漏洞）。前者是指法律应对某问题明文规范却未加规范而致的法律漏洞；后者指法律对某一问题虽有规定，但缺少对该问题的特殊情形的规范以致消极地呈现为一定的欠缺状态。

确认立法原意，是司法解释必须遵循的原则。但是，仅仅局限于此，在某些情况下，仍不能达到遵从"立法原意"的目的。因为制定得再完备的法律，也永远不能涵盖社会关系的方方面面，成文法的滞后性使法律永远滞后于社会发展，立法总会存在漏洞和空隙。"法律必须稳定，但又不能静止不变。因此，所有的法律思想都力图使有关对稳定性的需要和变化的需要这种相冲突的要求协调起来。"① 协调的主要办法即是对立法原意的深化。② 因此，制定司法解释必须吃透立法精神与原意，同时发挥司法解释的能动性，有限制地填补法律漏洞，在进行司法解释时，不仅要探讨"立法者在立法时的想法，还应该探讨立法者在现实的情况将会如何想"，这样司法解释本身才能适应现实发展的需要，才能保证司法解释拥有鲜活的生命力。1804 年《法国民法典》第4 条赋予法官对法律作出补充性解释的正式权力。该法典的主要起草人波塔利斯解释说："裁判官面对很多法律没有规定的事项是必然的。在这种场合，应该允许裁判官有根据正义、良知和睿智光辉补充法律的权能。"瑞士、奥地利、意大利、荷兰、土耳其、泰国等国的民法典也相继作出类似规定，为法官填补法律漏洞提供了法律依据。③

司法解释填补法律漏洞的功能表明司法解释不仅应服从法律，同时还具有一定的创造性。承认制定法的缺陷，在尽力追求立法完善的基础

---

① ［美］庞德：《法律史解释》，曹玉堂等译，华夏出版社 1987 年版，第 1 页。

② 参见陈春龙：《中国司法解释的地位与功能》，载武树臣主编：《判例制度研究》，人民法院出版社 2004 年版，第 748 页。

③ 参见陈春龙：《中国司法解释的地位与功能》，载武树臣主编：《判例制度研究》，人民法院出版社 2004 年版，第 749 页。

上，让司法者通过其创造性的法律解释活动弥补制定法之不足，既能体现立法与司法的分权和制衡，又互为促进，相得益彰，良性循环。一方面，立法权立于国家权力之中心，司法活动的性质乃法律之适用，司法不可超越立法，即便是法律解释亦须依规则进行而非司法者的恣意；另一方面，司法者创造性的法律解释活动能够在个案寻求最合理的裁判依据的同时也为立法的完善提供经验与借鉴，没有创造性的司法者的法律解释的适用是不可想象的，它不仅会扼杀司法的创造功能，最终也会萎缩以至窒息立法的价值空间。

但是，填补法律漏洞必须依据一定的方法，如果走过了头，这种创造性活动便会成为极端的司法主观主义。首先，填补法律漏洞只能运用于实在法的缺口之处。法官应尊重立法者所立法规的优先地位，只有在现行法律本该覆盖却未能覆盖的领域才能够进行这种创造性活动。① 其次，填补法律漏洞应具有合理依据。尽管法官可以运用多种方法填补漏洞，如类推适用、目的性扩张、目的性缩限等，但其必须以现有的法律为规范背景，其创造性的成果必须与既有法律和谐一致，而且，这种创造性的解释的依据必须是人类已经认可的法律原则、法律价值等。此外，司法裁判总是要作用于社会现实，因此法官的创造性解释也必须注意所处时代的习俗，考虑相关的社会影响，就此而言，法官的创造必须以法秩序的意义整体为准据。②

（三）如果法律完全没有作出规定，司法解释在一定范围内具有创制功能

司法解释的创制功能在其诸种功能中是最高层次的。事实上，世界上很多的最高法院都拥有规则创制权，本质上属于一种授权立法或委托立法，例如美国国会 1934 年授权联邦最高法院制定联邦地区法院第一审审理程序

---

① 参见武飞：《法律解释的难题：服从还是创造——法律方法视觉的探讨》，《法学论坛》2005 年第 6 期。

② ［德］卡尔·拉伦茨：《法学方法论》，陈爱娥译，商务印书馆 2003 年版，第 248 页。

规则；1966 年、1967 年国会再次扩大最高法院授权立法的权限，包括上诉
程序、证据规则以及涉及法院组织体制等方面的规则制定权。基于国家的
授权，这种超出原有意义上的司法权（审判权）的权限，也成为司法权限
的重要组成部分。这部分具有立法性质的规则虽不称之为司法解释，但与
美国最高法院的判例以不同的形式共同承担着司法统一的功能。①

　　我国的某些规范性司法解释实际上承担着规则创制的功能，但由于
司法权受制约于立法机关，并没有赋予其授权立法的形式上的权限，它
只能以"司法解释"的名义出现，"对属于法院审判工作中具体应用法
律、法规的问题进行解释"。司法解释的创制功能是司法实践中司法统
一适用的客观要求。现行立法存在原则性、滞后性的缺陷，正因为不能
听任法官自由、恣意地解释这些原则性、纲领性的法律条文，同时又不
能等待立法来逐一填补所有的法律空白，并将每一规则完善起来，那
么，为了实现最低限度的司法统一，最佳办法就是以规范性司法解释来
创立规则。可以预见，以抽象的规则形式出现的司法解释不仅不会减
少，而且在一定时期内还会继续发挥不可替代的作用。②

　　由于司法解释的创制功能具有准立法的性质，因此必须严格划定司
法解释可以创制的领域和限度，否则，这种创制就会成为毫无羁绊的活
动，也会使司法逾越立法，损害法治原则。毕竟司法机关并不是专为创
制目的而设立的机构，即便为了实现司法的职能，需要进行创制活动，
其仍然是基本职能所附带的职能。

五、司法解释的效力

（一）溯及力问题

　　笔者认为，对司法解释的溯及力应区别对待。如果某一司法解释是

---

　　① 范愉：《关于司法解释的几个问题》，http：//www.aisixiang.com/data/9197.html，2013 年
12 月 26 日访问。

　　② 参见范愉：《关于司法解释的几个问题》，http：//www.aisixiang.com/data/9197.html，
2013 年 12 月 26 日访问。

在法律规定的范围内对法律含义的阐释,是进一步说明在法律生效之日起在法律的原则和规则中隐含着而在具体文字表述中不甚清楚的立法意图,该司法解释原则上不应具有溯及力,应从法律生效之日起生效,而不是从司法解释规定之日或发布之日起生效。但是,如果某一司法解释具有一定的创制性,实际上便具有了准立法的性质,这时,它原则上不应具有溯及力,而应从规定之日或发布之日起生效。

(二) 两院司法解释的关系问题

虽然最高人民法院和最高人民检察院都有司法解释权,但事实上两个机关的司法解释只在本系统内部有效。如果要取得统一的拘束力,则要采取最高人民法院和最高人民检察院联合发布司法解释的形式,但如果检察机关和审判机关不能就同一法律问题达成共识,就会出现各行其是发布解释的情况,影响法制统一。有些问题,最高人民法院没有发布司法解释,但最高人民检察院却单独制发了司法解释。对于最高人民检察院单独制发的司法解释,有些法院置之不理,有些法院则作为参考依据,这导致法律适用的混乱和不统一,有损法律的权威性和严肃性。①

根据《立法法》,两院解释如有原则性分歧,应报请全国人大常委会解释或决定。由于审判机关和检察机关的职能不同,检察机关主要行使追诉权和法律监督权,而不直接行使定罪和刑罚适用权,因此,对于两院司法解释中的非原则性分歧,审判阶段的事项可考虑以最高人民法院的司法解释为准。

六、结　语

立法不是万能的,这已成为人们的共识,在社会快速发展的今天,最高司法机关的司法解释更具有突出的意义:它在法律的稳定性与社会

---

① 参见胡夏冰、冯仁强编著:《司法公正与司法改革研究综述》,清华大学出版社 2001 年版,第 394～398 页。

的变易性之间保持适度平衡；在法律的普遍性与案件的具体性之间寻求
个案公正；在法律的局限性和社会矛盾的复杂性之间保持动态的和谐；
在法律规范的原则性与司法实务所要求的可操作性之间架设沟通的桥
梁。因此，我们应从思想上高度重视司法解释的功能和意义，在实践中
遵循司法解释的程序和规则，并运用各种法律方法，平衡服从法律和创
造之间的张力，在不偏离法治的轨道的前提下充分发挥司法解释的
作用。

第十六章 论司法自由裁量权

正确行使司法自由裁量权，确保司法自由裁量权不被滥用，是良善司法的基本要求。

正确行使司法自由裁量权是我国当前司法审判所面临的一个紧迫而现实的问题。它的意义主要体现在：第一，司法自由裁量权在审判实践中大量存在，缺乏必要的规范；第二，在人民群众认为处理不公的大多数案件中，真正明显枉法裁判的并不多见，而主要是自由裁量权的滥用问题或自由裁量权把握不准的问题；第三，法官司法能力和执法水平的提高在很大程度上是自由裁量权水平提高的问题。因此笔者拟从三个方面对司法自由裁量权作一论述。

一、全面认识司法自由裁量权

对于司法自由裁量权，无论学术界还是实务界都存在许多不同的认识。有人认为它会带来很多好处，有人则认为它有害无益；有人认为应该保留，有人认为应该限制；有人认为应该扩大，有人认为应该控制。所以有必要从理论上对司法自由裁量权有一个全面的认识。司法自由裁量权的内涵至少应该包括以下几个方面：

（一）司法自由裁量权是一种选择权和判断权

司法自由裁量权是指法官或者审判组织根据自己的认识、经验、态度、价值观以及对法律规范的理解而选择司法行为和对案件进行裁判的权力。这一定义有五个方面的特点：

第一，这里所指的是司法自由裁量权，而不是其他的自由裁量权。自由裁量权的适用范围很广，不仅司法机关、行政机关具有，甚至立法机关也具有。比如立法机关是否任命或罢免法官就可能有自由裁量的问题；是否立法，什么时候立，什么时候实施，也有一个自由裁量的问题，这是立法中的自由裁量。行政机关的自由裁量就更普遍，比如对行政相对人是否发放许可证，什么时候给予处罚，处罚的轻重如何，行政机关在一定范围是有自由裁量权的。但这里所讲的是司法自由裁量权，行使的领域是在司法过程中，行使的主体是法官和审判组织或者说司法工作人员。当然广义司法自由裁量权的主体包括公、检、法三机关，这里主要是指法院的法官和审判组织的司法自由裁量权。

第二，自由裁量权的行使是否必须依照法律的规定并无限定。不少学者在给司法自由裁量权下定义时，往往强调是根据法律或法律原则、法律精神来作出的一种判断和选择。其实自由裁量权是一个中性的概念，如果自由裁量权只能依照法律或其精神、原则来作出判断和选择，那就不是在真正行使自由裁量权了，这种定义是欠全面和准确的。当然，自由裁量权的行使有时候是受到法律一定约束的，并不是绝对地不受法律支配。也就是说，有时候是有法律或法律精神依据的，但有时候没有任何法律，法律精神不明确，也要进行裁量。总之，在给司法自由裁量权下定义时，没有必要加上"根据法律或其原则、精神"这样的限制，这也是本书定义与一般定义的不同之处。

第三，司法自由裁量权的行使不仅存在于裁判过程中，而且存在于司法的整个过程。比如对实施妨碍诉讼行为的当事人给予处罚，在依法处理的同时也有一个自由裁量的问题，如其情节轻重如何、是给予罚款还是拘留，必须作出决定。又如在诉讼指导过程中是否行使释明权，将有关诉讼事项告知当事人并解释清楚，法律并无硬性要求，这也有一个自由裁量的问题。再如法官在开庭时，对双方当事人的发言时间如何限定，是半个小时还是 20 分钟，也是一个自由裁量问题。正是由于自由裁量权不仅存在于法官作出裁判之时，而且存在于整个司法审判过程中。所以说司法自由裁量权是选择司法行为和对案件进行裁判的权力。

第四，司法自由裁量权不仅是一种选择权，还是一种判断权。如判决当事人赔偿多少数额显然是一种选择权，但是当法律规定在必要的时候采取某某措施，对"必要"如何理解就是一个认识和判断问题了。又如对"情节严重"如何理解，法律规定了属于严重情形的可称之为法定情形，如果法律没有规定就是个认识判断问题。所以，自由裁量权是包括选择权和判断权这两种权力在内的。

第五，司法自由裁量是相对于拘束裁量而言的。所谓拘束裁量是指法律规定得十分清楚明白，法官在没有任何选择和判断余地的情况下作出裁判。中国古代的刑律如唐律、大明律、清律中，量刑权的行使是没有选择余地的，基本上属于拘束裁量，如笞五十就是打五十鞭子，杖一百就是打一百大板，徒一年就是坐牢一年，规定得非常具体，没有任何量刑幅度。而现在刑法规定有不少幅度，如受贿十万元以上的可以判处十年以上有期徒刑、无期徒刑或死刑，需要根据量刑情节进行选择，这就有自由裁量的问题，而不是拘束裁量。一般来说，自由裁量往往发生在法律对特定案型没有任何规定的情况下，但有些情况下法律没有规定，法官不能行使自由裁量权。尽管在没有法律规定时，法官不能拒绝裁判而必须解决纠纷。在有些情况下，尽管法律规范缺位，但法官也未必一定要行使自由裁量权，因为法官在适用法律时还有填补漏洞的责任。即虽然法律没有规定，但可根据一定的原则推论出法律规则来，这实际上仍然属于拘束裁量，如适用"举重以明轻，举轻以明重"的规则，法律如果规定对立有级别较低的功应给予奖励，那么当某一个人立功的级别更高时，不能说由于法律没有规定，法官可以自由裁量是否给予奖励。因为根据"举轻以明重"的规则，既然立了级别较低的小功应给予奖励，那么某人立了级别更高的功就更应给予奖励。当然，奖励数额是一个自由裁量问题，但在是否奖励上是没有自由裁量余地的，它属于存在法律适用规则的拘束裁量。总之，自由裁量权存在于两种情况，一是法律没有任何规定的情况，但法律没有规定未必一定就得行使自由裁量权。二是法律有规定，但规定不具体或者不明确。不具体的情形如量刑幅度，从有期徒刑到死刑赋予了一些选择的空间。不明确的情形如"情节严重"需要法官作出判断，当然有些司法解释对"情节严重"也规定了具体的情形。尽管自由裁量是相对于拘束裁量而言的，但自由裁量与拘束裁量之间在一定条件下也可以互相转换。一方面，自由裁量在有时候可能会转变为拘束裁量，如对"情节严重"如何理解，最高人民法院通过司法解释列出了多种情形，就将自由裁量变成了拘束裁量。即通过权威机关的解释和细则的规定实现自由裁量向拘束裁量的转换。另一方面，拘束裁量也可能会转变为自由裁量，如最高人民法院的司法解释被废除了或撤销了，拘束裁量就重新转变为自由裁量。

（二）司法自由裁量权具有多种形态

司法自由裁量权的形态多种多样，依照不同的标准可以分为不同的类别。

第一，按照司法自由裁量权的性质，可以分为判断自由裁量权与选择自由裁量权。所谓判断自由裁量权，是指法官或审判组凭借自己的经验、认识、水平以及价值观对某一法律概念进行判断的权力。如公共利益、紧急情况、公共场所等等，都是一些模糊概念，通常需要法官进一步地认识和判断。也就是说，法官有一定的判断余地，国外也有称之为判断余地权的。这种判断权通常出现在法律规范的行为模式部分。法律规范的结构通常包括两部分：一部分是行为模式部分，即法律规范的假定条件；另一部分是处分或者处理部分。如《治安管理处罚法》规定"殴打他人的，或者故意伤害他人身体的，处五日以上十日以下拘留，并处二百元以上五百元以下罚款"。"殴打他人的，或者故意伤害他人身体"是一个给定的条件，属于行为模式部分，"处五日以上十日以下拘留、二百元以上五百元以下罚款"则属于处分部分。判断自由裁量权通常发生在对"殴打他人，或者故意伤害他人身体"的理解上，如

良善司法的制度逻辑与理性构建

什么叫"殴打"，过失地碰一下是否是"殴打"？什么叫故意伤害？这里都有一个判断问题。选择自由裁量权通常发生在法律规范的处分部分，如"殴打他人"到底是给予拘留还是罚款？拘留多少日罚款多少？就有一个选择权的行使问题。在很多情况下，自由裁量权中的判断权和选择权是同时存在的，但在有些情况下可能只有判断权而没有选择权，也可能只有选择权而没有判断权。

第二，根据自由裁量权是否有明确的法律授权，可以分为有授权的自由裁量权与无授权的自由裁量权。授权的自由裁量权如法律规定法官可以根据情节轻重等具体情况作出处理。而在相当一部分情况下，法律并没有明确授予法官自由裁量权或法律没有任何规定，但又必须对案件进行处理，这时行使的自由裁量权叫无授权的自由裁量权。需要注意的是，并非法律没有规定的情况下，行使的一定是自由裁量权，它要受到两方面的约束：一是根据法律适用规则本身是一个拘束裁量，二是凡属于涉及当事人权利义务的，尤其是涉及剥夺当事人权利，增加当事人义务的行为，根据法治原则必须要有法律明确的规定，法律如果没有明确规定应该视为是被禁止的。有一种似是而非的观点，认为对公权力机关而言，法无明文规定即不可为，而对公民来说，法无明文规定即可为。这种观点有一定的普遍适用性，但并不具有绝对性。实际上只有当公权力机关的行为可能影响到相对人的权利义务，即剥夺和限制了相对人的权利，或增加了相对人义务的情况下，必须有法律的明确授权，否则是不可为的。在这种情况之外，尽管法律没有规定，是可为的，可以行使自由裁量权。比如学雷锋做好事，法律并没有规定，但大家都能为之。

第三，根据自由裁量行为的性质来分，可以分为作为的自由裁量权与不作为的自由裁量权。作为的自由裁量权如对某人进行处罚，或判决某人赔偿多少等等，是以法官或审判组织实施一定的行为为前提的。有时也存在一些不作为的自由裁量，如法律对处罚与否并没有明确规定，需要法官根据情况来确定，如果法官确定不处罚，那就是一种不作为的自由裁量。又如，对于某些具有高度政治性、敏感性的案件（一般为行政案件），在是否受理问题上，有时候也可能存在司法自由裁量权的行使问题，不受理也是一种不作为的自由裁量。

第四，按照自由裁量的内容属于实体问题还是程序问题，可以分为实体自由裁量权与程序自由裁量权。对被告人给予一定的量刑，判某甲赔偿某乙一定数额的损失，认定某人是否有过错及过错的大小，都存在一个实体自由裁量权的行使问题。但在大多数情况下，司法过程中也存在着程序自由裁量权，比如对案件是否受理，对当事人给予多少发言时间，对某个当事人的行为是否进行干预，都存在程序自由裁量权的行使。

第五，按照法律的限定程度如何，可以分为绝对自由裁量权与相对自由裁量权。绝对自由裁量权是指法律没有作任何限制和规定，比如法律规定法官可以根据情况采取措施。相对自由裁量权是指法律规定了一个幅度如三至五万，或规定了几种行为方式如警告、拘留、罚款等。执法人员只能在幅度内或处罚种类内选择。

自由裁量权的形态多种多样，因此在认识自由裁量权时，不能简单地认为它只存在于某一个方面或领域，或只以某一种形态存在，这不利于全面把握自由裁量权的内涵并对自由裁量权进行有效的控制。

（三）司法自由裁量权具有普遍性和不可避免性

司法自由裁量权的普遍性主要在于它存在于司法的全过程，司法审判包括发现和认定事实、适用法律、作出判决和裁定等三个环节，每一个环节里都存在着自由裁量权的行使问题。在发现和认定事实环节，如证据是否采信，证据合法性的判断等需要一定自由裁量。依据证据规则，从发现客观真实的需要来说，并不是所有的违法证据都不能采用，而要看违法的程度和性质如何，如果只是轻度地违法或存在轻微的瑕疵就不能一律排除，这里就有一个自由裁量的问题。在适用法律过程中通常存在法律解释的问题，如什么叫公共利益？什么叫情节严重？什么叫自首？什么叫立功？这里也有一定的自由裁量，尽管有的规定了一些法定情形。作出判决和裁定的环节更涉及自由裁量的行使，法官通常面临一定的选择。总之，从司法的整个过程或基本环节来看，自由裁量权是自始至终存在的。司法自由裁量权的普遍性还体现在历史上没有任何一个国家表明自己的司法只是拘束裁量而没有自由裁量，而且将来也不会有这样的国家。即使号称无法律即无行政、无法律即无司法的国家也无法摒弃所有的司法自由裁量权。司法自由裁量权具有普遍性，但并非所有的自由裁量权都是合理的和必要的。

司法自由裁量权具有不可避免性的原因是多方面的：

第一，是由社会事务、社会存在的复杂性所决定的。法律是社会关系的调整器，而社会关系是复杂的并不断变化的，因此要使立法完全规范所有的社会关系是不可能的。

第二，是由人的认识能力的局限性所决定的。根据唯物辩证法的观点，世界是可知的。既然人可以认识世界，当然可以用法律来对所处社会生活进行规范，但人的认识毕竟是有局限性的，某一个时代的人只能掌握相对真理而不能掌握绝对真理。所以，人不可能对所有的事物都认识得很清楚，所制订的法律也不可能对所有的社会现象都作出明确无误的调整，因而在客观上不得不为司法人员留有一定的自由裁量空间，不得不用一些模糊概念来加以规范，这种情况有时是故意的，并不是水平问题或失误所致。

第三，是实现个别正义和实质正义所需要的。法律和司法所追求的目的都是要在全社会实现公平与正义，这也是党的十六大所提出的明确要求。但由于客观事物是千差万别的，如果用一个简单的条文去规范千差万别的事物，表面上法律面前人人平等，但实际上是不公平的。从整个社会来说，可能实现了正义，但对于个体来说不一定公平。比如刘邦入关时曾约法三章，即"杀人者死，伤人及盗抵罪"。"杀人者死"表面看很公平，但事实上并非如此。杀人有多种情况，包括谋杀、仇杀、误杀、义愤杀人、为民除害杀人等等，如果统统判死罪那就很不公平了，那种简单的法条是很难实现个案公平的。因此随着历史的演进，后来的九章律、唐律等封建律例慢慢变得复杂起来，区分情况进行不同的处理。与此同时，法官也被要求必须具有一定的自由裁量权，否则很难实现个案正义。总之，我们追求的是一个个别正义与整体正义相统一的社会，否则现实社会是不公平、不和谐的。此外，还有一个实质正义的问题。实质正义是相对形式正义而言的，依法办事看起来符合形式正义，但未必满足实质正义的要求。如对为民除害杀人的也判死罪就不符合法律本质上的要求。要实现形式正义与实质正义的统一，不能不设立自由裁量权，否则，公平和正义的目标是很难实现的。

自由裁量权的不可避免性并不是说自由裁量权越多越好，现存的自由裁量权也不一定都是合理的。目前恰恰有很多自由裁量权是不合理的，或者是不必要的。人们受制于认识能力的局限性和经验的不成熟，加上我国社会正处在一个转轨时期，有的人从某些集团利益出发，总希望自己的自由裁量权多一些，尤其是行政机关常常通过规章给自己设置非常宽泛的自由裁量权。实际上一些司法机关也存在这样的想法，希望法律不要束缚自己的手脚。另外，法律对有些问题本来可以规定得细致、具体，但立法机关有时是因为疏忽，有时候是因为碰到矛盾绕道走，把难题留给司法机关。虽然赋予司法机关一定的自由裁量权，但自由裁量权的行使有时候对司法机关来说却是个难题，并不一定是必要的。正是由于自由裁量权有这么一些不合理与不必要的问题，所以也就存在着限制自由裁量权的范围与规范自由裁量权的问题。

二、理性地对待司法自由裁量权

理性地对待司法自由裁量权可以从以下几个方面来认识：

（一）司法自由裁量权是一把双刃剑

人们对司法自由裁量权的认识在实践中并不一致。一种看法认为司法自由裁量权是一种极其有害的权力，把司法自由裁量权等同于擅断权和任意裁判权，因而极力主张取消自由裁量权或尽可能地限制自由裁量权，甚至主张把自由裁量权限制到零。主张不赋予司法官吏以自由裁量权在中国古代刑法中是登峰造极的，世界上很少有国家像中国一样，其目的是防止司法官吏任意出入人罪（出罪即放纵犯罪，入罪即无罪判有罪，轻罚判重罚），而一律实行拘束裁量。英国法治的初始阶段也是这样强调的，法治就是防止自由裁量权滥用的一整套规则。另外一种看法认为自由裁量权是一种非常有益的权力，可以实现个案正义和实质正义。其实，自由裁量权本身是一把双刃剑，运用得好有利于实现个案正义和实质正义，运用得不好可能被滥用，变为一种恣意和专横的权力。正确地对待司法自由裁量权，一方面要看到它的优越性，另一方面又要看到它的危害性。

司法自由裁量权的优越性主要体现在：（1）司法自由裁量权是实现个别正义和实质正义的工具。没有司法自由裁量权而完全寄希望于拘束裁量权是很难实现个案正义和实质正义的。（2）司法自由裁量权是实现法律效果与社会效果统一的途径之一。如果法律规定得很绝对，没有一定的裁量余地和选择空间，要取得好的法律效果和社会效果是很困难的。而法官如果有了一定的裁量空间，在此空间内做一些协调工作，使当事人都胜败皆服，社会效果才有实现的可能性。（3）司法自由裁量权是司法机关避免重大政治风险和法官寻求自我保护的一道屏障。司法机关作出裁判有时会面临极大的政治风险，而有了司法自由裁量权，司法机关在特殊情况下，可以躲避一些政治风险。当然有的情况法律明确规定是不能躲避的，否则构成违法。（4）司法自由裁量权是克服我国经济文化发展不平衡对司法消极影响的重要方法。我国幅员辽阔，经济文化发展很不平衡，如果适用同一个法律标准，肯定会带来执法上的不公平。（5）司法自由裁量权是使法律调整具有更大包容性和可适用性的重要方法或机制。法律规定得越具体，适用的范围也就越狭窄；法律规定得越抽象，适用的范围也就越宽。法律规范得越机械，就会缺乏灵活性；法律规定得越灵活，其适用性就越广并且越方便。司法自由裁量权实际上使法律具有了一定的张力，这种张力使法律的适用具有更大的包容性和可适用性。（6）司法自由裁量权是提高法官司法能力，培养法官创造性才能的重要途径。行使自由裁量权时，法官必须动脑筋思考，才会增长才干，提高素质。如果法律把任何事物都规定得很具体，法官就完全成了一个适用法律的工匠。

司法自由裁量权的危害性主要体现在：（1）由于司法自由裁量权往往产生于法律概念不清楚、不明确、不具体的情况下，因而法官有可能滥用解释权和判断权，使作出的解释和判断背离法律的目的和社会的目的。（2）由于司法自由裁量权的行使完全凭借法官个人的判断、认识与经验，由于各个法官的价值观不同，认识能力、认识水平有高下之分，因而就可能出现对同一种事实作出不同判断、处理的情况，即"同案而异论"的情况。（3）如果法官在案件中有了自己的利益，或者是出于歧视和偏袒，司法自由裁量权就有可能成为以权谋私、枉法裁判的工具，甚至成为打击报复的工具。（4）如果对司法自由裁量权不加以规范和限制，那么这种权力极有可能被法官用作实现自己目的和利益的工具和手段。正是由于司法自由裁量权具有以上这些危害性，所以必须对其进行适度的限制、规范和控制。

（二）尽可能维持法律原则、规则与自由裁量的平衡

前面提到司法自由裁量权是一把双刃剑，既不能将它等同于一种恣意的权力，也不能把它视为一种天然的特权；既要看到它的优越性，又要看到它的危害性。因此，在立法和司法的过程中应当尽可能地维持法律原则、规则与自由裁量的平衡即自由裁量权既不能太宽泛，也不能太狭窄。如果自由裁量权太宽泛，可能会带来权利滥用，使当事人承受专横和恣意的痛苦；如果太狭窄，正义将缺乏必要的个别化而被摒弃。由于太宽泛和太狭窄都有问题，所以必须保持一种平衡。

怎样保持平衡？即在人们的认识能力所能达到的地方，尽可能地使法律规范明确化、具体化，以避免裁判的任意性；同时在人们的认识能力达不到的地方或者对事物没有一个完全把握的情况下，应当赋予法官

一定的必要的自由裁量余地，也就是判断余地和选择余地。这样对待自由裁量权，才有可能使自由裁量权扬长避短。

（三）既要发挥自由裁量权的优势，又要注意控制自由裁量权，防止自由裁量权的滥用

发挥自由裁量权的优势，必须做到：（1）当法律赋予自由裁量权时，法官应当尽可能地考虑应当考虑的相关因素，根据具体案情和背景，选择唯一合适、恰当的行为和裁判结论。（2）法官在作出裁判时，要尽可能地考虑法律的精神和社会效果，在立法的意图和目的与社会效果之间寻找最佳的平衡点。（3）法官在处理案件时，不仅要注意案件情节的一般性和共同性，更要注意每一个案件自身的特点和特殊性。只有真正把握住它的特性和个性，才能真正寻找到个案的正义，这是发挥自由裁量权优势很重要的一点。（4）法官适用法律时应该具备娴熟的适用法律的技巧，掌握解释和适用法律的各种规则和方法，尽可能避免机械地适用法律。适用法律有许多规则和技巧，作为法官必须具备解释法律和填补法律漏洞的能力，以及在相互冲突的规范中选择恰当与合法有效法律的能力。因此必须要掌握一些规则，首先是解释法律的规则，法律不是随便可以解释的，必须按照规则来解释。其次是选择规则，不同的法律规范之间可能有冲突，必须按照规则进行选择。再次是法律漏洞的填补规则。另外还有法律的适用规则、认定事实的规则、证据的认定规则等等。只有真正掌握好了这些规则，才能行使好自由裁量权，充分发挥其优势。

控制自由裁量权，防止自由裁量权的滥用，总结古今中外的经验，其基本方法有以下几种：

第一，通过制定司法解释和指导意见以及发布判例、典型案例的方式尽可能限制自由裁量权的范围，也就是使法律规定更为明确化、具体化。由于立法机关不在司法和行政执法的第一线，不可能把法律规定得太具体、太明确。实际上国外大都是通过司法和行政执法的实践将法律

具体化的。行政机关可以通过制定实施细则，司法机关可以通过制定司法解释来具体化、明确化。当然我国的司法解释权只有最高人民法院和最高人民检察院才具有，高级人民法院、中级和基层人民法院是没有司法解释权的，但可以允许高级、中级和基层人民法院制定一些适用法律和司法解释的具体指导意见及规定，这些具体意见和规定实质上都是在限制自由裁量权的范围。如对于哪些情况属于"情节严重"，可以根据本地实际作出规定。只要不违反法律和司法解释，不和高层级的法律规范相抵触，使法律规定具体化是一件好事而不是坏事。如果解释得不正确，可以建立过渡机制不予适用，而不可因噎废食。大陆法系国家基本上都是通过制定司法解释、司法政策或指导意见的方法来限制司法自由裁量权，英美法系国家则采取独特的方式即通过判例来限制司法自由裁量权。但现在两大法系有些融合的趋势，大陆法系不仅是通过司法解释、司法政策和指导意见限制自由裁量权，而且通过大量的判例或指导案例来限制，如法国的行政诉讼基本上是靠判例来开辟道路的，法国的行政法判例甚至比美国还多。没有实行判例制的国家也通过一些指导性案例来限制自由裁量权，如我国最高人民法院公报公布的案例。英美法系国家的司法机关则不像制定法律规范那样制定大篇的司法解释，但承认每一个法官都具有司法解释权，可以在个案中来行使解释权。法院也制定了很多规则，特别是在刑事审判领域制定了很多量刑指南，规定得非常具体，且每年修订一次。

第二，实行规则控制或原则控制，即为司法自由裁量权的行使制订、确定一系列的规则，法官在行使自由裁量权的时候不得违反这些基本规则。具体的规则包括符合目的规则、正当考虑规则、平等对待规则、尊重先例规则、比例规则、利害权衡规则、避免专断规则等等。如果违反这些规则可能会被视为是滥用自由裁量权。

第三，实行程序控制。这是控制自由裁量权的一个非常重要的方法，其基本思路是通过程序的合理化来规范自由裁量，促进裁量的理性化与正当化。程序控制有以下几种基本方式：一是确定正当的程序规则。即确定一个基本标准和要求，规定哪些程序是正当的，哪些程序是不正当的。比如任何人都不得为自己案件的裁决；任何人的权利和义务受到影响时必须要事先听取他的意见；任何裁决必须要以听证或开庭所获取的证据和理由为依据等等。二是使自由裁量过程透明化，增强自由裁量过程的透明度和能见度。即在程序中尽可能公开裁判的理由、公开裁判所依据的事实、公开裁判所依据的法律规范、公开有关的判例和先例，等等。三是在程序中授予当事人或相对人适度的权利，防止自由裁量权的滥用，对自由裁量权进行适度地制约和监督。如在某些情况下授予当事人同意权、选择权和确认权等，在作出自由裁量时必须要取得当事人的同意或者得到当事人的认可。这实质上是一种制约，即通过当事人或相对人的权利来制约司法自由裁量权的实施。

第四，以权力限制权力。即通过设置监督权来防止裁量权的滥用，如上诉后上级法院的监督权。又如行使重大自由裁量权时，必须提交审判委员会讨论，通过审判委员会的权力来限制合议庭的权力。这些控制都必须在程序中进行，通过程序的安排来实现。

总之，对于自由裁量权有很多控制办法，但从宏观上进行概括和归纳主要是以上四种类型，在每一种里面又有若干具体的办法和方式。

三、正确行使司法自由裁量权

如果每一位法官都能正确行使司法自由裁量权，法院的公正司法水平将会大大提高，司法的公信力也会大大提高，而申诉上访率会大大下降，因为从现在申诉上访的情况来看，大多是司法自由裁量权行使得不好的问题，明显违法的为数很少。如何正确行使司法自由裁量权？

（一）要有正确的认识和目的

首先，每一个审判人员一定要认识到自由裁量权绝不是一种任意或专横的权力，更不是一种随心所欲的权力。法律之所以授予法官以司法自由裁量权，目的是为了针对个案和特殊情形作出唯一正确、恰当、能够体现个案公平的结论或行为。绝不是对同一个事实既可这样认定又可那样认定，既可作出这种裁判又可作出那种裁判。有人认为法律没有规定，不管怎样裁判都是合法、合理的，这种观点并不正确。尽管在某些情况下可能存在许多效果大体均等的可供选择的裁判方式，但对于某一个案件来说，寻求所谓最好的方式必须遵循比例原则。否则，自由裁量权就可能会变成一种专横和恣意的权力。目前，由于有的司法自由裁量权行使不当，以至于有人说法官的自由裁量权是一种精美但无福消受的奢侈品，还有人说自由裁量权是一种令人恐惧的权力。因此必须对司法自由裁量权有正确的认识。

其次，行使司法自由裁量权要有正确的目的。行使司法自由裁量权的目的是为了实现普遍正义和个别正义的统一，形式公正和实质公正的统一，法律效果和社会效果的统一。只有带着这样的目的和态度去行使自由裁量权，才能做到正确行使。另外，行使司法自由裁量权的目的，一定要围绕实现公正，而不是为了实现个人的目的和偏好，不能带有私心。我们常常讲公正，"公"是相对于"私"而言，无私谓之公；"正"是相对于"偏"而言的，无偏谓之正。在审理案件时，只要做到没有私心，不偏袒任何一方当事人，也不歧视任何一方当事人，十之八九会实现公正；如果存有私心，偏袒一方当事人，就很难做到公正。

（二）要严格遵守自由裁量规则

自由裁量的规则归纳起来，有以下几种：

第一，合法规则。司法自由裁量权的行使尽管没有法律的明确规定，但还有一个是否合法的问题。所谓合法是指法官行使司法自由裁量权不能超过法律所给定的限度、幅度、时间、手段、方式等等。即尽管有选择的空间，但还是有一定的范围。除了个别自由裁量权没有边界以外，绝大多数自由裁量权是有边界的。既然有边界就不能逾越，超过了就构成逾越权限，那是违法的。合法规则是自由裁量首先必须考虑的。

第二，符合目的规则或目的一致性规则。指法官行使司法自由裁量权时，必须符合法律授予这项自由裁量权的目的，并且与法律所追求的目的相一致。这个规则有两层含义：（1）要符合法律授予自由裁量权的目的。行使自由裁量权首先要考虑法律为什么不搞拘束裁量，授予自由裁量权是基于一些什么样的考虑。法律授予自由裁量权通常是为了寻求个案公正，要求法官根据具体情况选择一种相对正确、恰当的方式。（2）要与法律所追求的目的相一致。如在诉讼中对妨害诉讼行为进行制裁处罚，如果这种制裁或处罚是为了让被处罚者执行裁判，就与制止妨害诉讼的目的相悖了，因为对妨害诉讼的行为进行制裁是为了保障诉讼的顺利进行。如果是为了执行的目的，可以采取其他的措施。

第三，正当考虑原则。所谓正当考虑是指法官行使自由裁量权时应当考虑法律所要求或者就案件的性质而言应当考虑的一些因素，而不能考虑不相关的因素，要排除不相关因素的干扰。如法官在决定赔偿数额的时候可能会有很大的弹性，那么他考虑的应当是赔偿人主观的过错和造成损失的程度，而且要全面考虑相关的因素，不得遗漏。如果决定赔偿时考虑的是赔偿人长相如何，长相不好就让他多赔一点，这就考虑了不应当考虑的因素，属于滥用自由裁量权。另外在决定赔偿时还要考虑赔偿人有否有赔偿能力，如果他家徒四壁，一贫如洗，即使判他赔，事实上也无法执行兑现。又如在决定司法制裁时，情节的轻重、后果是否严重都是必须考虑的，如果不加考虑也是在滥用自由裁量权。总之，考虑不周、非法考虑和不当考虑都是滥用自由裁量权。

第四，平等对待规则。所谓平等对待是指法官在行使自由裁量权时，必须一视同仁，做到相同情况相同处理，不同情况区别处理。平等对待并不是一刀切，其实质是相同情况相同处理，不同情况区别对待。如果基本案情都是一样，而处理有明显不同，即畸轻畸重，那是不允许的，因为这是在滥用自由裁量权。古哲有云：人不能两次跨入同一条河流。还有谚语说：世界上没有完全相同的两片树叶。这在认识论上是正确的，但就案件来讲，不需要每个细节都完全绝对相同，只要构成要件、基本情况和法定情节相一致，即使细节不一致，也要相同对待。也就是说，我们应当考虑的是情节的相似性，而不是所有情况的雷同。

第五，尊重先例规则。即司法机关在行使司法自由裁量权时，应当保持适用法律的稳定性和连续性，尊重先前已经作出的裁判，与其保持一致性，如果没有重大的理由不能推翻或违背先前的裁判。同等情况同等对待，同样案件同样处理，这是法治的基本原则。尽管我国不是判例法国家，但是这个基本原则和精神是相通的，无论任何国家都要遵循这个基本原则。这一原则在判例中的应用就是要尊重先例，如果要改变必须要有正当理由。当然，司法不一定完全受先例的拘束，尤其是我国这样的非判例法国家，但与先例不一致，必须要有正当理由。如果没有任何理由而与先例不一致，就会被认为是滥用司法自由裁量权。

第六，比例规则。比例规则是大陆法系国家尤其是德国发明的控制自由裁量权的一种非常重要的规则。这一规则如今也被英美法系国家所接受，可以说只要是法治国家都接受了比例规则。它是指审判组织和法官在行使司法自由裁量权的时候必须注意所采取的司法行为和作出的裁判的适当性、必要性和均衡性。比例原则是针对自由裁量权所追求的目的和所采取的措施与手段相比较而言的，要求有三：一是适当性，即所采取的手段与目的有一种适当性关系，也就是说采取的手段、措施足以实现所追求的目的。如果采取的手段不能实现目的，就认为这种手段是不适当或不适应的。如本来目的是为了排除对诉讼的妨碍，如果采取的手段根本不可能实现排除妨碍的目的，这种手段就是在滥用自由裁量权，违反了比例原则，等于南辕北辙，抱薪救火。二是必要性。指如果实现一种目的存在着多种可供选择的手段和措施，审判组织和法官所选择的必须是最必要的手段和措施，或者是对当事人来说损害最低、权益影响最小、成本最低的手段，简单地比喻，就是不能"用高射炮打蚊子"。哪种方式成本最低就采用哪种方式。强调"必要"是指足以实现这个目的，不能过分地铺张和浪费资源，不能过分地损害当事人权益。如一个小孩爬到树上偷吃别人的果子，要把他弄下来可以采取多种方式：可以一枪把他打下来，可以通过说服教育让他自己下来，可以把他骗下来，也可以把他抱下来。尽管法律规定要把他弄下来，但如果开枪把他打下来显然就是在滥用自由裁量权了。必须采用成本最低、损害最轻的方式来达到目的。在诉讼中如采取强制措施时，尤其要注意必要性原则。有时候很多赔偿问题当事人申诉不止，主要是因为没有掌握好比例原则中的必要性原则所致。比如当事人明明有一笔钱在账户上，执行人员却非要将他的房子给拍卖掉；明明可以将当事人的财产作抵押，却非要把他的财产拍卖等，都是违反比例原则的。三是均衡性。指对相关人权益的干扰不得超过所追求的司法目的。也就是说目的和手段要均衡，只要目的达到了，手段必须马上中止，不能过分，即过罚相适应。如一个人偷了根针，却要把他拘留 15 天；只盗窃了 5 元钱，却要罚他几十万，就太不均衡了。又如采取强制措施排除司法妨碍，一旦目的达到了，强制措施就要尽快结束。总之，比例规则是行使司法自由裁量权的一个很重要的规则，它的适应性是指手段和目的必须一致，不能背道而驰；必要性是指存在多种手段和措施时，一定要选择损害最小、成本最低的那种手段；均衡性是指手段和目的要相应相称，不能太过分。目前行使自由裁量权的一个很大问题就是没有比例规则的概念，滥用自由裁量权也往往滥用在这个方面，带来很多问题，因此每一个法官的思想、意识和观念中一定要有比例规则。

第七，利害权衡规则。指审判组织和法官在行使自由裁量权时，一定要权衡利弊，遵循利弊选择的原则。"两害相权取其轻，两利相衡取其重"，这就是利害权衡的规则。如果不进行利害权衡很容易造成社会效果和法律效果无法统一，带来不好的社会效果。

第八，价值衡量规则。在司法裁判时，经常会碰到价值判断的问题，有时候还会出现两种权利的冲突。如个人的隐私权与知情权就有冲突。从保护公民的了解权、知情权的角度来讲，肯定是信息越公开越好，但是从保护隐私权的角度来讲，有些事情是不能让人知晓的。在这种情况下，对隐私权与知情权的保护必须平衡。又如平等权和自由权是两种基本权利，当只能保护其中一种权利时，到底是自由权优先还是平等权优先就有个价值判断的问题。在这时必须要遵循价值判断的一些基本规则。当权利发生冲突的时候，应当要看到底是基本人权还是一般的权利。一般来说，一般的权利要让位于基本人权。对于平等权和自由权来说，这是个非常深层次的判断。有人认为，自由权是最基本的，有人认为平等权是最重要的。这需要根据涉及的群体、社会影响，从政治经济社会方方面面来进行综合权衡判断。价值判断和利益衡量是一个非常复杂的问题，在此不赘述。

第九，避免专横规则或可能性规则。指审判组织和法官在判断和选择的时候，一定要注意裁判实现的可能性。如果没有实现的可能性，这种裁判和司法行为的选择就是一种专横的选择。古代的判决中曾有判官非要判决一头公牛生下一只小牛崽，那是不可能实现的，除非将来科技发展到能实现的程度。在无法实现的情况下非要实现，这就叫专横。如有的法官第一天通知，第二天就开庭，使当事人来不及准备。有的当事人因路远根本赶不过来，法官就视为放弃权利，缺席判决。这种自由裁量权行使得就比较专横。法官所作出的决定和选择一定是当事人经过努力可以办到的，如果经过努力办不到而非要当事人去办就是司法专横了。

总之，如果真正遵循以上九条规则来进行裁判，自由裁量权便会得到较好的行使；如果违反其中一种规则，便会构成自由裁量权的滥用。

（三）要自觉接受有权机关对司法自由裁量权的监督

第一，关于司法自由裁量权是否要接受监督、能否接受监督的问题在很长时间里是有争议的。有相当一部分人主张司法自由裁量权是不能监督的，因为它是完全凭法官个人的判断、经验所作出的一种选择，不能用一种自由裁量权来取代另一种自由裁量权。这种主张认为上级司法机关不能监督下级司法机关的自由裁量权，司法自由裁量权作为法官的天然客体，不受监督也无法监督。如果监督，就意味着用一种自由裁量权取代另一种自由裁量权；而且每个人都有自己的主张，最终形成不了一个权威的判断，故不宜进行监督。基于这些主张，自由裁量权成了一种天然的不受监督的特权。众所周知，任何一种权力只要不受监督，就会没有边界，就可能会产生恣意和滥用。英国的阿普顿勋爵说过："绝对权力产生绝对腐败"，自由裁量权如果没有监督就是一种绝对权力，肯定会导致腐败。这是一条铁则。但从最近几十年，从形式法治向实质法治过渡的进程来看，社会各界越来越呼吁对自由裁量权，包括行政自由裁量权和司法自由裁量权的监督。而且目前监督的力度越来越大，司法自由裁量权不受监督已经成为历史。不管是英美法系还是大陆法系国家，对司法的监督越来越严厉，程度越来越深。总之，不能认为司法自由裁量权是不受监督的权力。引申开来，二审法院在审理上诉案件，审监庭在审理再审案件的时候，能否对司法自由裁量权进行监督，能否对滥用司法自由裁量权的一审和二审裁判进行改判，过去一般认为是不可以的，但现在应该是可以改的。原因有：（1）自由裁量权不是一种无规则的权力。随着现代法治的发展和完善，其已不再是一种难以琢磨、漂浮不定的权力，而是具有一定的规则（前面已提到九个规则）的权力，如果明显违反这些基本的规则行使自由裁量权，上级法院就有权进行改判。（2）为了防止司法自由裁量权的滥用，必须建立一种监督机制。如果没有监督机制，必然会导致自由裁量权的滥用。（3）现实中有关司法自由裁量权规则的确立，为监督司法自由裁量权提供了条件。因为有了规则，违反规则就可以评判，而在过去没有规则的情况下，很难对自由裁量权的行使进行判断，可能会众口不一。如果遵循了基本的规则，自由裁量权就会行使得较好，而违反了规则就可能会造成自由裁量权的滥用。

第二，要注意监督的程度和深度。如果不注意监督的程度和深度，就极易可能导致以一种自由裁量权取代另一种自由裁量权，以一种不合法不正确的自由裁量权取代另一种不合法不正确的自由裁量权。也就是说监督自由裁量权是有限制的，这个限制的前提是自由裁量权必须达到滥用的程度。而一般的不合理不要轻易改动，否则极易损害司法的权威性和既判力。因此在对司法自由裁量权进行监督时，要在防范自由裁量权的滥用与维护法院的既判力和司法权威之间保持适度的平衡，这种平衡的把握就是司法自由裁量权是否达到滥用的程度。这里的"滥用"必须有两个要件：（1）违反了法律授予司法机关和审判人员自由裁量权的目的以及法律的目的，考虑了不应当考虑的因素，违反了自由裁量权行使的基本规则。（2）处理的结果明显地不合理、不正当。只有违反了这两个方面的要件，才是自由裁量权的滥用；如果没有达到这两个要件，通常不要轻易改。总之，只有正确把握了司法自由裁量权的程度和深度，才能对自由裁量权进行有效的监督。

第十七章　论事实认定

以事实为根据，以法律为准绳是人民法院审理案件的基本准则。在司法实践中，一些案件当事人申诉不已，缠诉不断，一个很重要的原因就是因为事实认定不清。在审判中把好事实关，是法官必须认真解决的问题，也是良善司法的必备条件。

一、关于客观真实与法律真实的关系

在相当长的一个时期内，我国强调法官在审理案件中应以追求客观真实为目标，不承认法律真实的概念。改革开放以后，特别是最近几年来，对诉讼证据制度的研究日渐深入，从国外引进了一些证据法的新理念，出现了法律真实的概念。有相当一部分学者认为在诉讼过程中，只能求得法律真实，无法求得客观真实。于是出现了客观真实与法律真实这样一对既有区别又有关联的概念。诉讼过程，无论是刑事诉讼、民事诉讼还是行政诉讼，到底是以追求客观事实为目的，还是以追求法律真实为目的？这在学术界是个有争议的问题。有的学者强调以客观真实为追求的诉讼目标；而另外一些学者则认为应当而且只能追求法律真实。有些法官在实践中直接或间接地接受了法律真实这样一个概念，但是从审判实践的情况来看，效果不是太理想。笔者认为，诉讼应以追求客观真实为目标，只有在客观真实无法恢复的情况下，才能退而求其次，追求法律真实。笔者不赞成审判无法恢复客观真实的绝对论断。无法实现客观真实这个论断是相对论的观点。这种观点的主要论据是：要完全恢复过去的客观事实是不可能的，所以不可能追求客观真实，只能追求法律真实。笔者认为，在诉讼中确定事实，并不要求完全恢复原貌，只要恢复案件基本事实即可。在司法审判中，通常要恢复的是与特定法条所规定的行为模式有关的事实，或与法定事实要件有关的事实，并不要求每一个细节都再现出来。

从司法审判实践来看，大多数案件在认定事实方面是可以达到内心确信标准的。如果认为只有带有概然性、或然性的法律真实存在，没有客观真实存在，我们的确信建立在什么基础上呢？

主张将法律真实作为追求目标的学者也不能不承认，法律真实完全取决于诉讼程序和诉讼规则，而诉讼程序和诉讼规则在不同的法制背景下是不同质的：有的规则符合审判规律，具有相当程度的正当性，有利于发现客观真实，有的则可能违背审判规律，正当性程度较低，不利于发现客观真实。其结果是，有的程序和规则产生的法律真实具有较高程度的客观性，而有的程序和规则产生的法律真实的客观性较低。如果以法律真实为追求目标，奴隶社会根据神明裁判的程序和规则所获得的事实属于法律真实，封建社会根据刑讯逼供的程序和规则获得的事实也是法律真实。这样，就必然降低法院和法官认定事实的标准，从而使裁判远离客观事实基础，为司法的任性和专横留下了空间。所以笔者不赞成客观真实是无法发现的观点，也不赞成把审判的目标定位为追求法律真实，这种观点与唯物主义"客观世界是可知"的观点相违。

另一方面，唯物辩证法认为世界是可知的，同时也认为人的认识是有一定的局限性的，人认识世界是有条件的。因为恢复案件的真实情况也是有条件的，一旦条件丧失或者不复存在，那么对某些案件来说，客观真实就无法恢复。在这种情况下，我们只能借助人们所公认的程序和规则来审结案件。因为既然当事人将案件起诉至法院，请求法院作出判断和裁决，法院和法官就不能以本案事实无法查清为由拒绝裁判或者驳回起诉。对这类案件，只能依据法律真实进行裁决。也就是说，法律真实是在法官无法求得客观真实的情况下无奈的选择，一种退而求其次的选择，这就是笔者所主张的客观真实与法律真实的关系。从这种认识出发，我们才能够在办案中坚持实事求是的原则，而不是简单地"走程序过场"、"玩规则游戏"；有了这种认识，我们才能在常态诉讼中去努力发现客观真实，在特殊情况下，即在事实的真假虚实难以判断的情况下按照正当的、法定的证据规则来裁判案件，以避免案件久拖不决；有了这样一种认识，我们就会在审理案件时努力做到法律效果与社会效果的统一，实现形式正义和实质正义的统一。

二、关于举证责任

举证责任问题是法官在认定事实时首先面临的一个问题，是查清事实首先必须解决的问题。虽然举证责任这个概念使用频率很高，但并不是所有的人都能准确理解举证责任的内涵、作用和功能。按照通常的理解，举证责任是由诉讼主体的某一方对特定的事实提供证据加以证明的责任。在诉讼过程中，通常会有许多事实需要加以证明，而在诉讼中，当事人会提出各种各样的主张，例如张三打了人，李四欠了王五的钱没还等等，这些都是当事人所主张的事实。谁来证明主张，就是举证责任的分担或分配问题。

事实上，举证责任制度在古罗马法中就有，但古代中国没有建立类似的规则，一个重要的原因是，中国古代的司法过分强调主观确信，强调察言观色的技巧，而不注意运用客观规则处理纠纷。应当说，在一般情况下，当事人为了证明自己的主张，总会千方百计地提供证据，加以证明和支持，没有必要确定谁应承担举证责任。问题是在有些案件里真假虚实难以判断，虽然原告、被告、第三人都作了陈述，都提供了相应证据，但这个案件事实还是无法查清，谁的主张也否定不了，这时法院不能以这个案件事实查不清楚而拒绝裁判或各打五十大板。怎么裁判呢？例如，某甲说某乙欠了他的钱，某甲丢失了某乙出具的借据，只能找张三作证。张三作证那天某乙确实借了某甲的钱。某乙也找出个证人说那天某乙没借某甲的钱。经过质证任何一个证据都无法否定。又如，张三说李四打了他，李四说没有打，当时旁边就有一个人在场，但那个人说当时天上来了一架飞机，他在看飞机，没有注意他们在做什么，这个事实又不清楚了。遇到这种情况如何办？不同的文化背景，有不同的处理办法。在古代的东方和西方，都出现过用神明裁判的方式解决疑难案件的尝试和做法（如火审、水审、占卜等）。在中国，周以后遇到这种情况，主要以"五声"听狱讼辅之以刑讯逼供，来达到内心确信，判断真假，这是人治传统的反映。还有一种是包公断案法，即通过略施小计，引蛇出洞，让当事人自我暴露。有这样一个故事，两个妇人均主张某子系其所生，但双方都拿不出过硬的证据，那时也没有 DNA 鉴定技术。包公说那好办，你们两人，一人拽着孩子一只手，谁拉赢了，孩子就是谁的。结果包公将孩子判给拉输的一方。原因是，在包公看来，亲生母亲是不忍心用力拉自己孩子的，因为使劲拉会把孩子胳膊拉断。古代相当多的案子是采取这样的"招数"判的。无独有偶，在《古兰经》里记述着这样一个故事，两个妇女争一个孩子，所罗门的办法不是叫两个人拉，而是说让她们把孩子劈成两半，一人拿一半，亲生母亲当然说她不要了，因为她疼自己的孩子。所罗门就把孩子判给了不愿意劈的母亲。可见，古东方人的思维模式是一样的。但古罗马人不同，古罗马人不把解决疑难案件寄托于个人智慧上，在证据的真假虚实难以判断的情况下，是通过客观规则来解决争端。第一条规则是，谁向法院先提出一个积极主张，就必须提供证据加以证明，如果提不出证据他就败诉；第二条规则是，如果承担举证责任的人提出了证据，但是其提出的证据未能占有优势，或者对方提出的反证与其势均力敌，则该主张者败诉。就凭这两条规则，所有的疑难案件都能解决了。可见，与古东方人关注客观真实不同，古罗马人关注的是法律真实，关注的是如何了结案件，如何息诉止争。

上述规则的合理性在哪呢？第一，谁主张谁举证，有利于防止滥诉，它告诉每一个起诉者都必须提供相应的证据，否则就可能承担败诉后果，这种机制有抑制诉讼、减少争端的功能；第二，从认识论的角度来看，举证责任承担一方提供证据没有占有优势，就意味着对方提供的证据足以使举证责任承担者的证据发生动摇，不足以说服各方诉讼主体，因为是主张者挑起的争议，让主张者承担败诉的风险是合理的，这也符合认识论的法则。尽管按这一规则判案，不一定能求得客观真实，并且可能出冤错案件，但上述举证责任规则具有合理性。打个比方，我宣称我和某甲扳手腕一定能扳倒某甲，但是扳了半天我和某甲力气和技巧不相上下，没有扳倒某甲，某甲也没有扳倒我，那么在这个时候是谁胜谁负呢？有人说是不分胜负，但仔细分析起来，这个结论是不正确的。因为我的主张是要扳倒某甲，但是最后我没有扳倒某甲，没有实现我的目的，事实上是我没有实现自己的主张，我没有实现要达到的目的，尽管我们俩的力气和技巧是势均力敌的，但因为我是挑战者，那么应当是我失败了。举证责任规则与这个事实关系正相吻合，所以举证责任规则是合理的，按照这个规则来裁决案件是正当的。因为按东方人的思维，以"五声"听狱讼，主观性太强。西方的现实主义法学派认为，一个法官在家里早餐吃得如何，和妻子是否有一个良好的关系都会直接影响案件的审判结果。当今一些犯罪嫌疑人狡猾多端，说谎一点都不打颤，无论你如何适用"五声"，也未必感觉出真实情况，所以东方人的思维只在个案中有效，不具有普遍效力。

在弄清为何设立举证责任制度之后，我们有必要进一步分析，承担举证责任和不承担举证责任的区别。很明显承担举证责任的一方有更多的举证负担和败诉风险。由于举证责任加在他身上，他提供的证据就必须压倒对方，必须占有优势，也就是说，只有当他提供的证据在质和量上压倒对方时他才能胜诉；而不承担举证责任一方提供的证据只要在质和量上与对方势均力敌，就稳操胜券。可见承担举证责任与不承担举证责任是不一样的。谁承担举证责任，谁的败诉风险就大。

那么，如何分配举证责任呢？举证责任能否由法官任意指定？回答应该是否定的。因为指定哪方承担举证责任，就增加了哪方败诉的风险，所以举证责任的承担不能任意由法官指定，因为这直接关系到他们的诉讼后果。对此问题，学术界有很多不同的主张。笔者的观点是应当坚持谁主张谁举证这条最基本的规则，但在特殊情况下举证责任可以发生转移。由主张者承担举证责任有利于和谐社会的构建，构建和谐社会就是要减少争端，谁主张谁举证告诉大家，不要随便惹是生非，不要轻易发动诉讼。但是社会问题是异常复杂的，并非用一个简单的原则就足以解决所有问题。所以在这个原则之外，还必须有其他规则，有一些例外。我国三大诉讼法都有一些例外规定，还有的是在实体法中加以规定的。比如说，对巨额财产来源不明，按一般规则应由控方提出证据，但法律规定，在这种情况下，只能由被告方提供证据，提出财产来源合法的证据，否则就要承担巨额财产来源不明罪的后果。在行政诉讼和民事诉讼中，最高法院的司法解释也明确列举了一些例外规则。我们知道，法律不可能穷尽一切，案件也五花八门，完全按照简单的规则来套就容易出现问题。由非主张者承担举证责任通常要遵循以下原则：第一，举证责任的分配必须有利于发现客观真实，这是基本原则。当一个人在特定情况下根据一般标准确实无法提供任何证据或在事实上无能为力，如果把举证责任强加给他，显然不利于发现客观真实。第二，举证责任分担必须有利于息诉止争，谁主张谁举证就非常有利于息诉止争。第三，举证责任的分配必须有利于实现正确的价值导向。必须有利于鼓励正当行为，抑制非正当行为。通常情况下，以下几种情况可以由非主张者承担举证责任：第一，主张者一方完全没有举证的条件，难以提供证据，那就要考虑由非主张一方提供证据，承担举证责任。比如说，一个囚犯或一个当事人被完全限制了人身自由，他在监狱中被人打伤了，甚至是打死了，其亲属要求看守所或某一个加害人来赔偿。在此情况下，要他的亲属举证是不可能的，举证责任显然只能转移到狱管部门、看守所或其他在场人，在这种情况下由原告方举证是不正当的。第二，在某种特定的情况下，主张一方已提供了初步的证据或事实，而要进一步证明这一事实，只能由相对一方来提供证据，这就是举证责任转移。比如说一个人死在看守所中，人死了这就是初步事实。至于怎么死的，死者家属无法说清楚，只能由看守所一方加以说明。这就是举证责任的转移，由原告方转移到被告方去了。在刑事审判中，检察机关从被告人家里搜出一些钱，而且明显地证明与其合法收入不相符合，这就是初步证据。至于这些钱是怎么来的，检察机关是难以调查的，只能由被告人加以说明，这也是举证责任的转移。举证责任的转移不是任意的，而是有规则的，遗憾的是我国现行法律没有作出明确规定。笔者认为，除了法律已经做了明确规定的以外，转移必须具备以下条件：第一，主张者已经提供了初步证据，而且这个初步的证据已经初步具备了证据有效性所具备的基本要件，但是还不能完成它的证明过程；第二，主张者要进一步证明的待证事实，已经非常困难或者按照常理已无法办到；第三，相对方拥有提供证据的更多资源或方便条件，由相对方提供更有利于发现案件事实。

坚持谁主张谁举证的原则，如何解释行政诉讼法中的被告对做出的行政行为承担举证责任的规定呢？笔者的看法是，行政诉讼法规定，被告对做出的行政行为承担举证责任，与谁主张谁举证的原理是一脉相承的。以行政处罚为例，如果仅从诉讼这一环节看，好像主张者是原告，是行政管理相对人，但从行政法律关系整个链条来看，最先发起争端的还是作出行政处罚的行政机关，作为被告的行政机关是最初的主张者，所以行政诉讼法规定行政机关（被告）对作出的行政行为承担举证责任。有的学者把这一规定做了不适当的延伸，使之绝对化，认为在任何情况下都由被告行政机关承担举证责任，这是不对的。事实上在许多情况下，不能也不应该由被告行政机关承担举证责任。比如说在诉讼中，原告违反了诉讼规则，伪造了证据，那么法院要对原告进行处罚，在这种情况下还要被告承担举证责任吗？显然只能由法院自己承担举证责任。再如原告一方申请法官回避，法官要作出是否回避的决定，谁来承担举证责任？显然只能由原告承担举证责任，不能由被告承担。这些程序上的事项，显然应适用谁主张谁举证的原则。对于实体上的某些事项，例如原告起诉被告不作为，被告没有作出许可决定，若要被告承担举证责任，这是很难证明的，而由原告举证更为方便，更有利于发现客观真实，因为原告掌握着被告不作为的很多证据，由其提供显然更为方便，更有利于发现客观真实。当然在特殊情况下，仍然会有举证责任的转移问题。

从以上分析可以发现，严格按照举证责任规则判案，就不会产生事实不清，难以下判的问题。因为，如果某个案件存在事实不清楚的问题，根据谁主张谁举证原则，主张者应当承担败诉责任。举证责任发生转移后，如真伪虚实仍然难予判断，或者最终承担举证责任者提供的证据未能占有优势，谁最终承担举证责任，谁就败诉。所以要重视举证责任制度的应用。但必须认识到，根据举证责任规则所认定的事实，是一种法律真实，而且容易出现错判。因此，在适用举证责任规则来判案的时候，一定要注意以下几个问题：第一，确定举证责任人，要符合法律、司法解释的规定。第二，精准确定举证责任发生转移的情形。第三，确定当事人双方提供的证据是否具有可采性，也就是具有真实性、关联性和合法性，对明显有问题的要予以排除。第四，确定当事人双方是否提供了全部证据，法院是否给予当事人充分提供证据的机会。

三、关于提供证据的时效性

提供证据的时效性问题在认定事实中最容易发生争议，出问题也比较多，也是审理案件过程中比较棘手的问题。提供证据的时效性，不仅涉及承担举证责任的当事人一方，而且涉及不承担举证责任的当事人一方。因为不承担举证责任的一方，如果在提供证据上稍有懈怠，就有可能吃亏，对方就可能轻而易举地完成举证责任，占有优势，从而胜诉。不承担举证责任一方的诉讼活动通常主要是使对方的证据不占有优势。无论是承担举证责任一方还是不承担举证责任一方都有一个提供证据的问题，提供证据就有一个时间问题。"公正与效率"的矛盾，在提供证据方面表现得比较突出。从有利于发现客观真实来说，当事人提供证据应该是无限期的，只要有利于发现客观真实，就应当允许他提供证据，而且法官也应该予以接纳。但是如果允许当事人无限期地提供证据，那么案件就可能永远不会有作出裁判的一天，当事人随时都可能主张有新的证据提出，法院的审理活动也永远没有终结的一天，裁判也永远没有确定的一天。所以提供证据必须有时间限制。过去我们比较重视发现客观真实，只要在法院作出判决之前提供证据，法院都应接纳，并且都可以作为裁判的根据，即使一审作出判决后，当事人提供了新的证据，二审也可以改判，甚至再审有新的证据还可以改判，没有任何限制。现在我们要寻求公正与效率之间的理性平衡，尽管公正是第一位的，但效率也不能忽视；既要强调裁判的正确性，又要强调裁判的权威性，维护裁判的既判力。对这几种价值，既要搞重点论，也要搞两点论。在这种情况下，有必要重新审视证据的时效性问题。在三大诉讼法中，从证据时效性的要求看，要求最严格的是行政诉讼法，其次是民事诉讼证据规则，最宽的是刑事诉讼，因为刑事诉讼涉及检察机关，涉及对人的生命权、自由权的尊重问题。但不管是哪种诉讼都有可能出现超出法定或指定提出证据时间范围的问题。对这个问题怎么解决？如何把握时效性的尺度？笔者认为应当注意以下几点：

第一，原则上效率要服从公正，这是个大的原则，尤其是在某一个证据材料涉及全案的基本或主要事实时。

第二，要把握立法者设定证据时效性的主要目的，是督促当事人各方尽快地提供证据，让那些没有正当理由而拒绝提供证据或无故拖延提供证据的当事人，承担不利后果。

第三，法院要严禁当事人通过拖延时间达到非法或不正当的目的。如有的当事人故意拖延提供证据的时间以赖账不还，有的当事人通过拖延搞证据突袭，有的当事人通过拖延寻求不法干预和非法支持。

如果法院或法官拒绝接纳某一个证据，或不采纳当事人在法定时间和指定时间之外提供的证据，必须注意以下几个问题：第一，法官必须向当事人说明举证责任的分担、举证的要求以及不举证的法律后果。第二，要注意了解当事人是否确因客观原因不能自行收集。第三，如果提供证据的时间是指定的，指定的时间必须合理。第四，当事人在法定期限内不能提供证据是否有正当理由，如果有正当理由，就不能拒绝接纳当事人逾期提供的证据。第五，如果一方当事人逾期提供证据的，人民法院应当责令其说明理由；拒不说明理由或理由不成立的，由人民法院根据不同情形可以不予的采纳该证据，或者采纳该证据但予以训诫、罚款。这是 2012 年《民事诉讼法》修订的内容。第六，当事人如果超过了举证期间，是否有重新举证的事由存在。比如《关于民事诉讼证据的若干规定》第 35 条规定，如果一方当事人变更了诉讼请求，必须给对方当事人重新举证的机会。第七，当事人是否提出了延期申请或再次延期申请，根据《关于民事诉讼证据的若干规定》第 36 条的规定，如果当事人提出了延期申请，法院没有做出裁定，而是紧接着作出实体判决，就会被认为违反正当程序。当事人既然在法定期间内提出了申请，法院必须作出裁定，否则不能进入实体判决。第八，按一般规则在交换证据以后，就视为提供证据的期间届满，但是一方如果提出了反驳并且提供了新的证据，也必须给对方提供证据的机会和时间。《关于民事诉讼证据的若干规定》第 40、45 条对此作了规定。第九，要考虑证据是否是在举证责任期限届满后当事人新发现的证据，如果某一证据在法定或指定期限内根本没有发现或不可能发现，当事人逾期向法院提供，法院应当予以接纳。第十，当事人是否申请法院调取证据，当事人的申请是否合理合法。如果法院应当调取而没有调取，就不能让申请人承担不利后果。总之，如果不接纳一个证据，不让某个证据进入质证过程，必须有充分的理由，必须考虑到方方面面的情况，否则作出拒绝接纳的裁定就很危险。

那么，怎么杜绝超审限案件？笔者认为应该注意以下几点：第一，要根据案件情况及时地进行证据披露或证据交换，使双方都处于一个非常透明的状态下，使双方及时主动地去收集证据。在交换证据时，一定要把握住争议的焦点，明确告知双方当事人证明对象有哪些，谁承担举证责任，提供证据有何要求等等。第二，开庭不一定非要一次完成。国外的开庭很多很频繁，但实际上是进行了分解，一个案件可以多次开庭，当然这样会加重当事人的诉讼成本，也应当引起注意。第三，应该建立一种机制，如果因一方当事人的过错，没有及时提供证据，导致对方当事人增加诉讼成本和额外负担的，应当赔偿对方的损失。第四，对妨害诉讼、伪造证据的行为要适时地采取制裁措施。

四、关于庭审质证

庭审质证是法院认定事实的一个最重要的环节。事实的认定基本上要通过质证来完成。根据三大诉讼法和最高人民法院的司法解释的规定，结合审判实践经验，庭审质证需要注意以下几个问题：

（一）中　立

这里的中立是指法官在庭审质证的中立性。法官在质证过程中要保持中立性，需要做到以下几点：第一，法官不得参与一方的辩论，法官只能是辩论的主持者，不能作为一方当事人的喝彩者、欣赏者、支持者。第二，在调查取证时不能仅为一方当事人调查取证，如果要为一方调查取证必须具备几个条件：当事人提供了一个明确的申请和证据线索；当事人确实无法或没有能力调取证据；当事人申请法院调取证据原则上要经过质证或听取双方当事人的意见。第三，法官在法庭上不得以任何举动、任何肢体语言表现对一方当事人的亲近或歧视。有的法官不太注意这一点，比如向熟悉的当事人或代理人点头打招呼，在庭上借一方当事人的手机打电话；在听取一方当事人或代理人陈述辩论时表现出心不在焉、烦躁不安或轻蔑鄙视等情绪。

（二）透　明

整个质证的过程必须保持高度透明。这是因为：第一，只有在高度透明的状态下，当事人才能进行有理智的攻击和防卫，质证不透明，势必导致无的放矢。第二，只有高度的透明才能提高质证的效果和效率。第三，只有高度透明才能增加当事人和代理人对质证的确信和信心。

透明的实质是要使当事人在信息上保持对称性。同一信息既要让原告知道，也要让被告知道，双方当事人都要能够知道所有证据的性质和证明作用。要保障当事人都有平等获取信息的权利。要保持质证的高度透明，需要做到以下几点：第一，法官要正确行使释明权，解释法律的含义，解释有关法律要求的具体内涵，解释应由谁承担举证责任，提示当事人正确行使诉讼权利，及时履行诉讼义务。法官行使释明权不使用法言法语不行，但只使用法言法语，不进行解释也不行。例如很多老百姓就不懂"回避"的含义，法官就要进行适当解释。行使释明权要注意对等，不能私下给一方当事人出主意，这是法律所严厉禁止的。向当事人提供法律咨询或解释，原则上必须双方当事人都在场，否则容易引起对方当事人的合理怀疑。第二，必须确保双方当事人平等享有获取信息权和了解权，如查阅卷宗、复印有关资料等。第三，必须保证双方当事人都充分了解对方采用的证明手段（攻击和防卫手段），防止任何一方当事人搞证据突袭。第四，确保双方当事人对重要的问题和待证事实有明确的意思表示，法官要及时提示当事人是否认可、承认有关事实，提示要记入笔录。第五，出示的所有的证据原则上应是原件或原物，并向当事人展示，书面证据要宣读。

（三）对 等

对等即要确保双方当事人在质证过程中对等。诉讼是对等的争辩，是排除外力影响的公平竞争。要做到对等，必须注意以下几点：第一，必须保证双方当事人在不重复的前提下充分地发表意见，提供证据。对等并不意味着双方发言时间一样长，因为道理有多有少，证据有多有少，都给同样的时间实际上是不公平。许多案件当事人申诉不止，就是埋怨法官没让他把话说完，明显偏袒对方。另一方面对当事人、代理人的陈述和辩论也不能放任自流，对重复啰嗦、与案件无关、纠缠于细枝末节、侮辱谩骂对方当事人或代理人等行为要进行及时、适度、有效的干预。法官可以而且应当要求当事人、代理人在不重复的前提下就与案件主要或基本事实相关的问题进行有条理地陈述和辩论。要特别注意没有聘请律师的当事人的发言，因为在我们国家并不要求所有诉讼全部由律师代理。律师一般知道哪些是重要的，哪些是不重要的。而不懂法的当事人絮絮叨叨离题万里，或滔滔不绝却抓不住要点或重点。在这个时候法官当然要干预，但问题是如何干预，怎样干预才真正有效。一些国家有反对制度或抗议制度，对于离题万里，与本案无关的发言，或者违规的发言，对方当事人、代理人可以提出反对或抗议，法官以中立的立场裁决是否有效。这种制度有利于保持法官的中立地位，值得借鉴。我们一些庭审发生法官与当事人、代理人争吵，与我们没有建立良好的反对制度有关，但还有与我们主持庭审的艺术和表达能力有关。经验告诉我们，为了避免与当事人发生冲突，法官在庭审前应就某些注意事项事先交代清楚或予以说明，并申明，如有违反本庭将予以制止或干预。一些国家的诉讼法为了避免这些问题，设置审前程序让当事人双方拟定讼审时间表，就容易使争议的问题在讼前达成共识，值得借鉴。

（四）科　学

要进行科学质证，必须深入研究质证的方法。如何保证质证过程的科学性？笔者认为应注意以下几点：第一，原则上要根据待证事实的多少，依次对每个事实逐一进行质证，实行各个击破，不能搞"胡子眉毛一把抓"，也不能搞"一锅煮"。第二，在质证的时候，一定要弄清楚谁是正方、谁是反方。质证、辩论就像一场辩论赛，在辩论赛中我们经常看见有一个正方、一个反方，而且正方有正方的规则，反方有反方的规则，输赢是根据正方和反方的规则进行判断的。在质证的时候一定要注意谁是正方谁是反方。一般说来，承担举证责任的一方是正方，相对方则为反方。正方反方确定以后，就应当先安排正方发言，要正方先提供证据，然后由反方提供反证。第三，要正确处理好法庭调查与法庭辩论的关系。庭审方式改革，已经打破了法庭调查与法庭辩论两阶段划分法。机械地分为两个阶段，有时候效果不好，而且浪费时间。两分法之所以不科学，因为调查的是法律事实，而辩论的不全是法律问题。第四，必须及时归纳当事人的争议焦点。一个法官的庭审水平如何，在很大程度上就表现在他对争议焦点的归纳是否适时、全面、准确。法官的听审能力，在很大程度上是通过归纳当事人的争议焦点所表现出来的，而且只有不断地对焦点进行归纳，不断地缩小争议范围才能把庭审推向深入。第五，法官必须有善于发问的智慧。法官每问一句话必须深思熟虑；发问必须注意循序渐进，必须与整个庭审结构相协调；不能在发问中带有任何先入为主的观念和个人感情色彩；发问必须有利于法官对庭审过程的驾驭、控制和指挥；发问必须有利于节省诉讼时间，有的庭审时间拖得很长，一个问题纠缠很久，很大程度上就是因为法官发问的方法不对。

（五）节　约

所谓节约，主要是指节约庭审质证的时间。要确保以最短的时间查清必须弄清楚的问题。要做到节约，需要注意以下几点：第一，要根据案件具体情况决定是否进行庭前证据披露。主要是看是搞庭前证据披露节约时间还是不搞庭前证据披露节约时间。一般说来，如果证据比较多，安排庭前证据披露，是一个节约时间的好办法。第二，要注意提问的内容和方式。要节约时间，法官的提问内容和方式至关重要，同时要注意审理的顺序，并随时归纳争议焦点。第三，要正确地运用认可、承认制度。并非所有的案件事实都需要用证据证明，有些事实是不需要用证据加以证明的。一方当事人认可和承认的，对方当事人原则上就不需要列举证据加以证明。第四，要善于运用推定的方法。恰当运用推定方法也可以减轻当事人的举证负担。但推定具有一定的或然性，必须遵循推定的适用规则。对此，民事诉讼证据规则和行政诉讼证据规则，都有明确的规定。

（六）有　效

所有质证活动都必须围绕待证事实和争议焦点，必须让当事人双方充分提供证据，发表意见。除明确规定无需质证的外，凡没有经过质证的证据，不能作为定案的依据。此外，裁判必须以庭审的记录为基础，否则质证就不具有有效性。